校企合作双元开发新形态信息化教材
高等职业教育城市轨道交通运营管理专业技能型人才培养实用教材

城市轨道交通安全管理与应急处置

主　编　郭小蕊　陈　念　邢　芳
副主编　焦雪婷　李　曦　田　可　赵俊杰　姜川芬

西南交通大学出版社
·成　都·

图书在版编目（CIP）数据

城市轨道交通安全管理与应急处置 / 郭小蕊，陈念，邢芳主编. -- 成都：西南交通大学出版社，2025. 5.
ISBN 978-7-5774-0445-5

Ⅰ. U239.5

中国国家版本馆 CIP 数据核字第 20250RJ884 号

Chengshi Guidao Jiaotong Anquan Guanli yu Yingji Chuzhi
城市轨道交通安全管理与应急处置

主　编 / 郭小蕊　陈　念　邢　芳

策划编辑 / 陈　豪
责任编辑 / 宋浩田
责任校对 / 张地木
封面设计 / 曹天擎

西南交通大学出版社出版发行
（四川省成都市金牛区二环路北一段 111 号西南交通大学创新大厦 21 楼　610031）
营销部电话：028-87600564　　028-87600533
网址：https://www.xnjdcbs.com
印刷：四川森林印务有限责任公司

成品尺寸　　185 mm × 260 mm
印张　18　　字数　448 千
版次　2025 年 5 月第 1 版　　印次　2025 年 5 月第 1 次

书号　ISBN 978-7-5774-0445-5
定价　52.00 元

课件咨询电话：028-81435775
图书如有印装质量问题　本社负责退换
版权所有　盗版必究　举报电话：028-87600562

PREFACE 前 言

随着我国城市化进程的快速推进，城市人口不断增加，城市交通的需求增长迅速，由此带来的城市道路拥堵、环境污染等一系列问题亟须得到解决。城市轨道交通因其所具有的运量大、正点率高、清洁环保、安全性高及占地少等优点，越来越受到人们的重视，轨道交通网络的规模也因此逐渐扩大。同时，轨道交通相关设施的出入口相对较少、空间封闭、人员密集、疏散路径少等缺点，又使城市轨道交通运营安全方面的问题凸显了出来，遇到突发灾害事件时，一旦应对不当，便会造成巨大的社会危害和影响。随着国内外城市轨道交通运营企业逐渐认识到突发事件管理的重要性，城市轨道运营相关单位开始制定标准的应急处理程序以应对突发事件。

"城市轨道交通安全管理与应急处置"是城市轨道交通类专业的核心课程之一，通过本课程的学习，读者可以了解并初步掌握各种突发事件下的应急处置措施，为后续工作打好基础。

本书遵循职业教育、技术技能人才和学生身心发展等的规律，教学内容由浅入深、循序渐进，强调对基础概念认知和理解的重要性，突出专业的应急处理知识，相关知识点严格参照国家标准和技术规范，并大量引入真实案例，通过理论联系实际，加深学生对知识点的理解。

本书由重庆电信职业学院郭小蕊、重庆现代制造职业学院陈念、云南交通运输职业学院邢芳担任主编。在本书的撰写过程中，编者参考引用了城市轨道交通领域专家、学者的著作和成果，部分图片及资料来自网络，在此一并向这些资料的作者表示诚挚的感谢。

本书内容深入浅出，实践性强，可作为高等院校，中、高等职业技术院校城市轨道交通专业教材，也可供城市轨道交通运营企业技术管理人员和各专业人员阅读参考。

由于城市轨道交通发展迅速，研究成果日新月异，加之编者经验和水平有限，书中难免存在疏漏之处，敬请广大读者批评指正。

编 者

CONTENTS 目 录

项目一
安全管理 ··· 001

任务一　安全管理概述 ·· 001
任务二　认识城市轨道交通安全管理 ·· 005
习题及思考题 ··· 009

项目二
城市轨道交通危险源辨识与安全标志 ·· 011

任务一　认识危险源及危险源辨识 ··· 011
任务二　城市轨道交通安全色和对比色 ··· 018
习题及思考题 ··· 022

项目三
城市轨道交通车站安全管理 ·· 024

任务一　城市轨道交通车站人员安全管理 ··· 025
任务二　城市轨道交通车站安检管理和反恐防暴处理 ·· 029
习题及思考题 ··· 034

项目四
城市轨道交通行车安全管理 ·· 036

任务一　认识城市轨道交通行车安全 ··· 036
任务二　城市轨道交通行车安全管理 ··· 040
任务三　城市轨道交通行车事故处理与救援 ·· 047
习题及思考题 ··· 051

项目五
城市轨道交通应急处置体系 ·· 053

任务一　认识城市轨道交通突发事件 ·· 053
任务二　认识城市轨道交通应急处置 ·· 060
习题及思考题 ·· 069

项目六
车站突发事件应急处理 ·· 071

任务一　车站设备故障应急处理 ·· 071
任务二　安全门系统故障应急处理 ·· 078
任务三　电梯事故应急处理 ·· 088
任务四　大客流的应急处理 ·· 095
任务五　地铁安检突发事件应急处理 ·· 104
任务六　恐怖袭击应急处理 ·· 108
任务七　路外伤亡应急处理 ·· 118
习题及思考题 ·· 123

项目七
行车突发事件应急处理 ·· 125

任务一　列车车门故障应急处理 ·· 125
任务二　列车牵引制动系统故障应急处理 ·· 134
任务三　列车冲突、脱轨应急处理 ·· 140
习题及思考题 ·· 147

项目八
火灾事故应急处理 ··············· 149

任务一　列车火灾应急处理 ··············· 149
任务二　车站火灾应急处理 ··············· 160
习题及思考题 ··············· 172

项目九
供电设备故障应急处理 ··············· 174

任务一　正线大面积停电应急处理 ··············· 174
任务二　牵引变电所故障应急处理 ··············· 184
任务三　接触网故障应急处理 ··············· 189
习题及思考题 ··············· 201

项目十
信号设备故障应急处理 ··············· 203

任务一　轨道电路故障应急处理 ··············· 203
任务二　道岔故障应急处理 ··············· 211
任务三　ATS 系统故障应急处理 ··············· 219
任务四　ATP 系统故障应急处理 ··············· 224
习题及思考题 ··············· 237

项目十一
恶劣天气与自然灾害的应急处理 ··············· 238

任务一　暴雨天气应急处理 ··············· 238
任务二　暴雪天气应急处理 ··············· 243

任务三　大雾和台风天气应急处理……………………………247
任务四　地震应急处理……………………………251
习题及思考题……………………………259

附　录……………………………261

附录A　城市轨道交通常用专业术语（中英文对照）表……………………………261
附录B　某市轨道交通禁止限制携带物品目录……………………………263
附录C　某市轨道交通乘坐规则……………………………266
附录D　乘梯须知……………………………268
附录E　城市轨道交通运营管理规定……………………………269
附录F　轨道交通票务规则……………………………276

参考文献……………………………279

项目一 安全管理

知识目标

（1）理解安全管理的相关经验，包括安全概念、安全管理、安全事故、安全生产。
（2）理解现代安全生产管理的理论和模式。
（3）理解城市轨道交通运营安全的意义和影响因素。
（4）理解城市轨道交通安全管理的内容和手段。

能力目标

（1）能够与实际案例结合，分析影响城市轨道交通运营安全的主要因素。
（2）能够与实际案例结合，体会城市轨道交通安全管理的内容和手段。

思政目标

通过案例分析、模拟演练等方式，让学生亲身体验安全问题的严重性和处理安全问题的方法，强调"安全第一，预防为主"原则的重要性，使学生树立正确的安全观念，将安全意识融入日常学习和工作中。

任务一 安全管理概述

任务引入

2011年9月27日，上海轨道交通10号线列车发生追尾事故，致270多人受伤；2017年11月15日，新加坡轨道交通列车发生追尾事故，致28人受伤。虽然以上两起事故没有造成人员死亡，但它们都被定性为重大安全事故，由此可见社会对城市轨道交通安全的重视程度。特别是"9·27"上海10号线列车追尾事故，为上海轨道交通及全国其他城市的轨道交通运营企业长久地敲响着安全警钟，如图1-1所示。

图 1-1　上海地铁 10 号线追尾事故

在上面的两起轨道交通事故中,设备故障是导致事故发生的一方面原因,相关工作人员的失误则是另一方面的原因,而这些因素都可归结为城市轨道交通运营企业的安全管理不善。为什么学习安全管理?

安全,无危则安,无损则全。当前,城市轨道交通已成为城市居民出行的重要方式,由于其客流量大、人员集中且其线路一般处于封闭的地下空间,一旦出现安全事故,极易造成严重后果和恶劣影响。因此,安全管理是城市轨道交通运营企业管理工作的核心内容之一。

一、安全概念

安全是在人类生产过程中,将对人类的生命、财产、环境可能产生的损害控制在人们能接受水平以下的状态。安全也泛指没有危险、不出事故的状态。对于城市轨道交通系统来说,安全是指不发生行车、客运、人员伤亡、火灾、爆炸等事故。

二、安全基本特性

(一) 系统性

安全一般涉及生产活动的各个方面,包括人员、设备、环境等因素,特别是城市轨道交通这样的开放系统,安全既受相关运营企业的内部因素影响,同时也受到乘客、天气等外部因素的干扰。因此,安全具有系统性,分析和解决安全问题时必须从系统的观点出发,运用科学的方法进行综合治理。

(二) 依附性

安全依附于生产而存在。只要存在生产活动,就会出现安全问题,也只有在保障了安全的前提下,生产才能顺利进行。

(三) 持续性

安全工作是一个长期的过程,必须坚持不懈,始终如一地进行。

(四)相对性

世界上没有绝对安全的状态,安全性是相对于危险程度而言的,是指不超过允许限度的危险。

三、安全生产

安全生产是指企业在生产经营活动中采取相应的事故预防和控制措施,使生产过程在符合安全的条件下进行,以保障相关人员的人身安全、设备和设施免受损坏、环境免遭破坏,保障生产经营活动得以顺利进行。把握好安全生产的要素和方针,是实现安全生产的根本途径。

(一)安全生产的"五要素"

安全生产的"五要素"是指安全文化、安全法则、安全责任、安全科技和安全投入。企业要实现安全生产长治久安,必须全面落实安全生产五要素。其中,安全文化即安全意识,是指存在于人们头脑中,支配人们行为是否安全的思想;安全法则是指安全生产法律法规和安全生产执法;安全责任是指安全生产责任制度和责任心;安全科技是指安全生产科技与技术;安全投入是指保证安全生产必需的经费。

(二)安全生产的方针

安全生产方针是对安全生产工作的总要求,代表了安全生产工作的目标和工作原则,如图 1-2 所示。《中华人民共和国安全生产法》第三条规定:"安全生产工作应当以人为本,坚持安全发展,坚持安全第一、预防为主、综合治理的方针。"

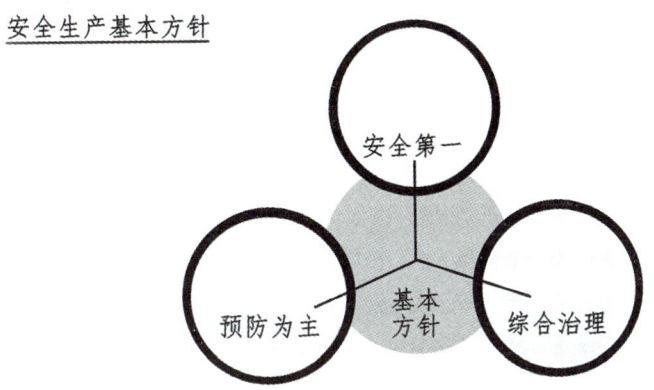

图 1-2 安全生产方针

四、安全事故

安全事故是指企业在生产经营活动中突然发生的,伤害人身安全和健康,损坏设备设施,或者造成经济损失的,导致原生产经营活动暂时中止或永远终止的意外事件。

城市轨道交通运营安全事故是指运营过程中发生的造成人员伤亡、财产损失或系统运营受到影响的意外事件,包括火灾事故、水灾事故、电梯事故、列车追尾事故、公共安全事故等,如图 1-3 和图 1-4 所示。

图 1-3　城市轨道交通运营安全事故

图 1-4　城市轨道交通运营安全事故

演练实例

讨论：图 1-5 中事故发生的原因是什么？涉及安全生产方针的哪些内容？假设你是车站值班站长，如何预防和处理该事故？

图 1-5　雨水倒灌入车站

五、安全管理

安全管理是企业管理的重要组成部分，是企业为实现安全生产目标而进行的有关决策、计划、组织和控制等方面的活动。它主要运用现代安全管理理论、方法和手段，分析和研究企业生产经营活动中的各种不安全因素，并从技术上、组织上和管理上采取有力的措施，解决这些不安全因素，从而防止安全事故的发生，使企业生产经营活动处于安全状态。

安全管理的对象是企业生产经营活动中一切人、物和环境。企业在生产经营活动中必须坚持"全员、全过程、全方位、全天候"的"四全"动态安全管理，要发挥全体员工的主观能动性，防止走过场、搞形式主义。

六、现代企业安全管理模式

事故致因、安全系统工程、安全风险管理等理论与企业安全生产实践的不断融合，奠定了现代企业安全管理模式的主要内容。目前，最常用的企业安全管理模式是系统化安全管理模式。系统化安全管理模式以安全系统工程理论和安全风险管理理论为基础，从企业整体出发，把管理重点放在对安全事故的整体预防上，实行全员、全过程、全方位的安全管理，通过全面降低系统中各种危险源的风险程度来使企业达到最佳的安全状态。系统化安全管理模式的实施过程如图1-6所示。

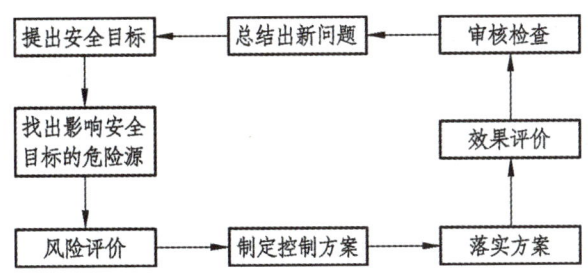

图1-6　系统化安全管理模式的实施过程

首先根据安全生产的实际需要提出安全目标，然后以系统整体为分析对象，辨识系统中存在的危险源，最后通过风险评价找出具有不可容许风险的危险源，并采取控制措施将其消除或使其风险性降低到可容许的范围内。

在控制方案落实之后，还要对系统安全状态进行效果评价和审核检查，为下一步的安全工作提供改进的依据，总结出新的安全目标，在新的安全水平上重新进行上述程序。这样通过持续性改进的安全管理工作，能最大限度地保证生产安全。

任务二　认识城市轨道交通安全管理

任务引入

2011年某日6时34分，北京市轨道交通10号线知春路站换乘13号线通道内2号自动扶梯因故障停梯。7时2分换乘通道内火灾报警探测器报警，车站综控员立即报告值班站长。

值班站长、综控员马上赶到现场进行处置，发现 2 号自动扶梯头部盖板下往外冒烟。车站工作人员立即启动应急预案，使用灭火器对扶梯头部进行喷扑，同时值班站长下令知春路车站封闭换乘通道，启动地面换乘预案。

7 时 25 分机电公司人员到达现场后，打开自动扶梯井盖，进入自动扶梯基坑检查通道进行灭火处理。7 时 45 分对自动扶梯故障处置完毕。8 时 25 分知春路站恢复换乘。

案例分析：

导致上述火灾事故发生的直接原因是自动扶梯梯级间隙照明灯线路短路，引燃扶梯桁架、梯路上的油污和毛絮，属于"物"的因素；间接原因是机电公司电梯维保人员未按维保计划对扶梯进行维护保养，致使扶梯欠修，扶梯桁架、梯路中的灰尘没有得到及时清理，属于"人"的因素。此外，管理因素也是导致上述事故发生的间接原因，如果机电公司加强了电梯设备的运行维护管理工作，严查漏检、漏修问题，使设备处在良好的运行状态，就不会导致上述事故发生。

一、城市轨道交通运营安全的意义

城市轨道交通运营安全是其满足乘客出行安全需求、获得良好社会效益和经济效益的根本保证。

（1）满足乘客出行安全需求的保证：由于城市轨道交通大部分线路处于地下空间，环境封闭、人员密集，一旦发生事故，极易造成乘客伤亡，因此必须加强安全管理。

（2）获得良好社会效益的保证：城市轨道交通是城市的重要公共交通运输工具，是解决交通拥堵问题的重要方式之一，具有明显的社会效益。只有保障了乘客的安全出行，才能吸引更多的客流，才能在更大范围内解决城市中的交通拥堵问题，提高其社会效益。

（3）获得良好经济效益的保证：城市轨道交通企业通过为乘客提供运输服务来实现其经济效益，如果在运输过程中发生了安全事故，会为企业带来一系列经济损失。例如，停运会减少企业收入、维修受损设备需要资金付出、对乘客伤亡事故进行赔偿等。

二、影响城市轨道交通运营安全的因素

城市轨道交通系统主要包括人的因素、物的因素、环境因素和管理因素几个方面的内容，即人、机、环、管四大安全要素，具体如图 1-7 所示。

（一）人的因素

人的因素包括乘客、城市轨道交通工作人员、其他人员。其中，城市轨道交通工作人员包括各级领导人员、专职管理人员和基层工作人员等，他们是保障城市轨道交通安全的最关键人员。此外，城市轨道交通的运营安全与乘客的行为也十分密切。乘客在乘车过程中，一些不合理的行为会导致城市轨道交通安全事故发生。

（二）物的因素

物的因素包括车辆系统、供电系统、消防系统、线路及轨道系统、机电设备系统、通信系统、信号系统、环境与设备监控系统、屏蔽门系统、土建系统等。

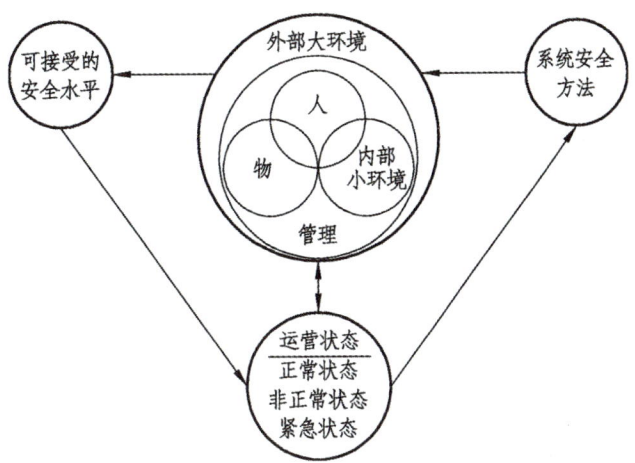

图 1-7　影响城市轨道交通系统运营安全的因素关系

(三) 环境因素

环境因素包括自然环境因素（如自然灾害）和社会环境因素等。

(四) 管理因素

采用系统化安全管理方法对上述 3 个因素进行安全管理。其中，人既是影响城市轨道交通安全的因素，又是防护对象；物既是影响城市轨道交通安全的因素，又是保障安全的基础；环境既可能是影响城市轨道交通安全的因素，又可能是应予以保护的社会财富。因此，必须用系统化安全管理方法对这 3 个因素进行合理组织、管理和控制，使城市轨道交通系统成为安全可靠的系统。

三、城市轨道交通运营安全管理的内容

(一) 建立健全安全管理规章制度

完善安全管理规章制度是抓好城市轨道交通运营安全工作的保障。规章制度是管理工作的基础，建立科学的、完善的、全面的安全生产管理制度，使安全生产有章可循。城市轨道交通企业应在严格执行国家、省、市各项安全法律法规的同时，建立健全《安全生产管理办法》《安全奖惩办法》《行车组织规章》等制度和各类操作规程，涵盖企业的各个运营环节，用规章制度约束员工的工作行为，为员工提供安全生产指引。

(二) 人员安全管理

首先要通过安全宣传和安全教育培训提高员工的安全意识和业务素质，这是抓好城市轨道交通运营安全工作的基础。调度员、驾驶员、维修人员、值班员等关键岗位的工作人员，应通过培训取得上岗资格；而特种作业人员应通过培训取得相应的特种作业操作证，并按规定复审。

其次要落实安全生产责任制，上到总经理，下至基层员工，逐级签订安全生产目标责任状，将安全生产目标纳入日常工作考核，明确各层级的安全职责和安全生产目标，形成安全生产、人人有责的良好氛围。此外，还应自上而下建立完整的安全监督、保障、应急体系，形成安全工作一级抓一级、一级监督一级的网络化安全监督管理体系。

（三）行车安全管理

行车安全是指城市轨道交通列车在运送乘客的过程中对行车人员、行车设备及乘客产生作用和影响的安全。行车安全管理包括行车调度安全管理、列车驾驶安全管理、接发列车安全管理、调车作业安全管理等。

行车安全是城市轨道交通运营安全中最重要、最核心的部分，是衡量城市轨道交通运营管理水平和各部门工作质量的主要指标之一。如果行车发生任何差错和事故，都会直接关系到乘客人身安全，从而影响企业声誉和城市交通，不利于社会稳定。

（四）车站安全管理

车站是城市轨道交通线网的关键运营节点，一个站点发生安全事故将严重影响其他站点甚至整个线网的运营；同时车站也是客流集散地，确保其安全是提供客运服务的基本要求，因此车站安全管理是城市轨道交通安全管理的重要环节。

车站安全管理的要点包括大客流组织、应急疏散设施及标志设置、乘客安全管理、乘客安全监控、乘客安全宣传教育、票务组织等。

城市轨道交通的设备设施包括车辆系统、供电系统、消防系统、线路及轨道系统、机电设备系统、通信系统、信号系统、监控系统等，任何一个设备设施出现问题，都有可能导致安全事故发生或使事故后果扩大化。因此，必须加强对城市轨道交通设备设施的安全管理。

城市轨道交通设备设施的安全管理包括采用符合安全标准的设备设施、正确使用设备设施、定期对设备设施进行安全检查、加强对设备设施的维护和保养等。

（五）事故安全管理

城市轨道交通应建立事故处理机制，落实责任追究制度。当事故发生后，按照"四不放过"原则（事故原因没有查清不放过、事故责任者没有严肃处理不放过、职工没有受到教育不放过、防范措施没有落实不放过）和安全奖惩办法，定因、定性、定责，严格惩处，通过教育和处罚使员工吸取教训，增强岗位意识、责任意识和纪律意识。同时，对发生的事故由此及彼，由表及里，透过现象看本质，研究制定有针对性的措施，避免同类事故再次发生，从而变事后惩处为事前预防。

（六）应急救援安全管理

根据国内外城市轨道交通救援抢险的经验和突发事件的特点，建立健全应急预案体系，增强应急处置能力。例如，针对轨道交通运营线路发生火灾、列车脱轨、列车冲突、大面积停电、自然灾害、设备故障、客流冲击、恐怖袭击等非常情况制定相应的应急预案。

组织员工对各种预案进行学习，按计划进行演练。通过实战演练可以及时暴露预案的缺陷，提高员工的安全意识和业务技能，增强员工对事故的应急处理能力。

四、城市轨道交通运营安全管理手段

（一）治理安全隐患

"治"就是治理安全隐患，即通过系统化的方法找出运营系统中存在的各种安全隐患（危险源辨识），然后采取相应的措施治理安全隐患，力争将安全风险降至最低。治理安全隐患是"安全第一、预防为主、综合治理"安全生产方针在现代安全管理中的具体应用。

例如，工作人员安全意识不强、业务素质不精或不遵守岗位纪律是运营系统中存在的安全隐患，需要通过宣传、培训、考核等方式提高其安全意识和业务素质，日常检查其是否按岗位作业标准工作、是否存在违章乱纪的现象，及时发现隐患并进行整改。

（二）控制安全隐患

"控"就是控制安全隐患，是指通过先进的管理制度，监控城市轨道交通系统的各种不安全因素，避免事故发生或将事故控制在萌芽状态。例如，通过安全管理制度、岗位作业标准等制度控制员工的行为，用制度管人。此外，引进ISO 9000质量控制体系，对安全管理工作实行目标化管理，即"人员配备专业化、业务技能熟练化、设备管理规范化、设施运营正常化、日常养护制度化、事故救援快捷化、安全管理目标化、安全服务人性化"。同时，依据ISO 9000质量体系，制定安全管理工作控制程序并严格遵照执行。

（三）救援安全事故

"救"就是救援，即在日常制定各类应急处理预案并演练，在事故发生时正确处理并及时报告，在事故发生后要及时分析原因，处理责任人，并提出整改措施，以防止同类事故发生。

习题及思考题

一、选择题

（1）城市轨道交通安全管理的核心目标是（　　）。
  A. 提高列车运行速度　　　　B. 保障乘客与工作人员生命安全
  C. 降低运营成本　　　　　　D. 增加车站商业收入

（2）以下哪项属于安全管理中的"预防为主"原则？（　　）。
  A. 事故后追责　　　　　　　B. 定期开展应急演练
  C. 仅依赖技术设备监控　　　D. 减少安全检查频率

（3）城市轨道交通危险源辨识的主要方法是（　　）。
  A. 问卷调查   B. 安全检查表法
  C. 社交媒体分析   D. 随机抽查

（4）《城市轨道交通运营安全评估规范》规定，一般事故的直接经济损失上限是（　　）。
  A. 10万元   B. 50万元
  C. 100万元   D. 500万元

（5）以下哪种标志表示"禁止通行"？（　　）。
  A. 红色圆形带斜杠   B. 黄色三角形
  C. 蓝色方形   D. 绿色矩形

（6）安全培训中，"三级安全教育"不包含（　　）。
  A. 公司级   B. 部门级
  C. 班组级   D. 个人自学

（7）下列哪项是物理性危险源？（　　）。
  A. 员工操作失误   B. 设备机械故障
  C. 管理制度缺失   D. 乘客恐慌情绪

（8）"海因里希法则"中，死亡重伤事故与未遂事故的比例是（　　）。
  A. 1∶29∶300   B. 1∶10∶100
  C. 1∶5∶50   D. 1∶3∶30

二、判断题

（1）安全管理仅是管理人员的责任，与普通员工无关。（　　）
（2）应急预案演练应每年至少开展一次。（　　）
（3）安全色中黄色表示指令和必须遵守的规定。（　　）
（4）隐患排查治理需要建立闭环管理机制。（　　）
（5）LEC法中的"E"代表暴露于危险环境的频繁程度。（　　）
（6）城市轨道交通的"安全门"属于主动安全设备。（　　）
（7）安全教育培训记录保存期限不得少于1年。（　　）
（8）"安全第一"意味着生产效益需让位于安全保障。（　　）
（9）危险源和隐患是同一概念的不同表述。（　　）
（10）城市轨道交通信号系统的故障可能导致列车追尾事故。（　　）

三、简答题

（1）城市轨道交通运营安全管理手段有哪些？
（2）简述安全管理的概念。
（3）简述安全生产的方针。
（4）简述城市轨道交通运营安全管理的内容。
（5）简述安全生产的"五要素"。
（6）影响城市轨道交通运营安全的因素有哪些？

项目二　城市轨道交通危险源辨识与安全标志

知识目标

（1）能正确说出"危险源"的定义和分类。
（2）能够识别不同类型的轨道交通危险源。
（3）能够陈述城市轨道交通安全控制的基本方法。
（4）能正确区分安全色和安全标志。

能力目标

（1）能对城市轨道交通危险源进行识别、分析及评价。
（2）能辨识城市轨道交通的常见安全标志。

思政目标

在学习和工作中要做到科学化、精细化，树立风险防范意识，树立全局意识，不让小风险演化为大风险，不让个别风险演化为综合风险，不让局部风险演化为全局风险。

任务一　认识危险源及危险源辨识

任务引入

"不速之客"？高校运动会放飞的气球逼停地铁

2024年5月10日，某学校举办运动会开幕式时放飞气球，由于风比较大，气球意外飘至附近的地铁电缆上，地铁此时刚好经过，地铁驾驶员采取了紧急刹车。地铁公司立即启动《接触网异物侵限专项应急预案》，专业人员立即搭乘列车赶至现场处置，其间部分列车临时停车，经行车调整后恢复运营，未对运营造成大的影响及延误。

一、危险源

危险源又称为危险、有害因素,是指可能导致人员伤害、疾病、财产损失、环境破坏或这些情况组合的根源或状态,如表 2-1 所示。根据能量意外释放理论,可将根源归结为能量、能量载体和危险物质,而状态是指控制能量、危险物质意外释放措施的失效状态。

表 2-1 危险源

危险源	可能带来的危害、危险
搬运重物	扭伤、砸伤
排油烟机噪声	听力损坏
高温物体	烫伤
火焰	烧伤、火灾
手工切割	切伤

二、危险源的分类

(一)根据导致事故的直接原因分类

1. 人的因素

(1)心理或生理性:负荷超限、健康状况异常、从事禁忌作业、心理异常、辨识功能缺陷,其他心理、生理性的危险和有害因素。

(2)行为性:操作错误、监护失误、指挥错误、其他行为。

2. 环境因素

室内作业场所环境不良、室外作业场地环境不良、地下(含水下)作业环境不良、其他作业环境不良。

3. 管理因素

安全组织机构不健全、安全责任制未落实、安全管理规章制度不完善、安全管理投入不足、安全管理不完善、其他管理因素存在缺陷。

(二)根据能量意外释放理论分类

1. 第一类危险源

第一类危险源是指系统中客观存在的、可能意外释放的能量或危险物质。其中,能量包括电能、动能、势能、声能、热能、化学能、辐射能和生物能等;危险物质包括易燃、易爆物品,有毒物质,腐蚀物质,工业粉尘,窒息气体等。

常见的第一类危险源如下:

(1)产生、供给能量的装置或设备,如城市轨道交通的供电设备。

(2)使人或物具有较高势能的装置、设备或场所,如城市轨道交通的站台。

（3）拥有能量的人或物（能量的载体），如城市轨道交通高速行驶中的列车、高空存放的物体等。

（4）危险物质，如易燃、易爆物品。

（5）一旦人体与之接触会导致人体生物能意外释放的物体，如棱角、毛刺、刃等。

2. 第二类危险源

约束或控制措施遭到破坏或失效，使能量或危险物质处于失控状态，从而导致事故发生，我们将导致这些约束条件或控制措施被破坏或失效的因素称为第二类危险源。

常见的第二类危险源如下：

（1）人，指人的不安全行为，主要表现为工作人员业务不精、身体状态不好、不遵守规章制度、不遵守作业程序、操作失误等，如图2-1所示。

（2）机，指物的不安全状态，主要表现为设备设施的设计缺陷和故障，如图2-2所示。

（3）环，指环境的不安全状态，包括自然环境和社会环境。

（4）管理，指不符合安全的管理因素，包括组织程序、组织文化、管理制度等。

图 2-1　司机未下车确认乘客情况

图 2-2　车门故障导致列车开门行驶

3. 两类危险源与事故之间的关系

第一类危险源是导致事故发生的主体，是客观存在的、不可变的，因此可将其称为静态危险源或根源危险源，它决定了事故后果的严重程度；第二类危险源是能量和危险物质意外释放的触发因素，由于它随着现代科学技术的不断创新、管理水平和人员素质的不断提高而发生变化，因此可将其称为动态触发型危险源。两类危险源与事故之间的关系如图2-3所示。

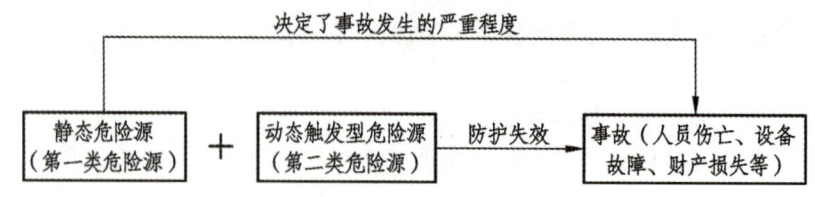

图 2-3　两类危险源与事故之间的关系

三、危险源辨识

（一）危险源辨识

（1）第一是识别危险源的存在，即找出系统中存在的人的不安全行为、物的不安全状态、作业环境中存在的危害、危险因素及管理缺陷等安全隐患。

（2）第二是确定危险源的特性，即进一步理解和分析危险源，确定危险源可能带来的危害、危险及危害、危险的严重程度等，这样才能针对危险源制定约束条件和控制措施。

（二）危险源辨识的方法

1. 直观经验法

直观经验法一般适用于有可供参考先例、有以往经验可以借鉴的危险源辨识过程，其又分为对照经验法和类比法两种类型。

2. 工作危害分析法

工作危害分析的英文全称是 Job Hazard Analysis，简写为 JHA。工作危害分析法是一种比较细致地分析作业过程中存在的危险和危害的方法。它从活动清单中选定一项作业活动，将作业活动分解为相关联的若干个步骤，识别每个步骤中潜在的危险和危害因素，然后判定风险等级，以便制定控制措施。

3. 事故树分析法

事故树分析法是从不希望发生或已经发生的事件（顶事件）开始，层层分析其发生原因，找出引起顶事件的各种事件及其组合，从而辨识危险源或找出事故原因。

（三）危险源辨识的要求

（1）危险源的3种状态：正常状态、异常状态、紧急状态。

（2）危险源的3种时态：过去、现在、将来。

（3）危险源的6种类型：物理性、化学性、生物性、心理生理性、行为性、其他危险源。

（四）危险源辨识的步骤

（1）辨识准备。

（2）划分辨识范围。

（3）划分辨识单元。

（4）辨识危险源。

（5）填写危险源登记表。

四、城市轨道交通危险源辨识

危险源辨识、风险评价和控制的常见状态如图 2-4 所示。为了增强安全工作的主动性，城市轨道交通运营单位对系统进行全面的安全评估，查找系统中可能存在的危险源，通过风险评估确定风险程度，提出危险源控制措施。城市轨道交通运营状态分为以下三种：

（1）正常运营状态是指列车白天和夜间的运营与运行图基本相符的状态。正常运营状态又分为高峰时段和非高峰时段运营状态。

（2）非正常运营状态是指因各种原因造成的列车晚点、区间堵塞、车站乘客过度拥挤、道岔故障、列车故障、沿线设备故障等影响正常运营秩序的情况。

（3）紧急运营状态是指发生火灾、爆炸、水灾、地震、设备故障等，导致部分区间或全线无法运营的情况。

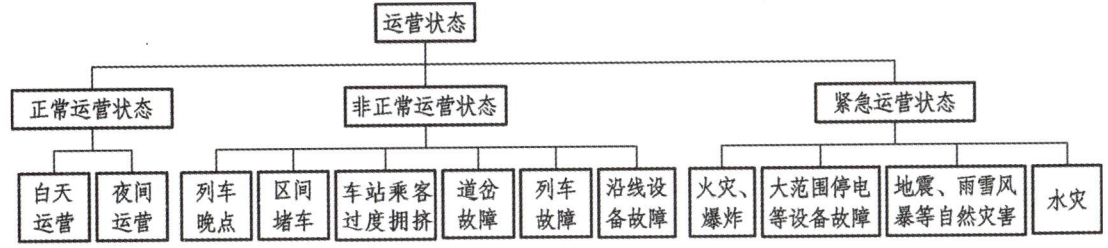

图 2-4 城市轨道交通危险源辨识

（一）确定事故类型

1. 一般危险源事故类型

一般危险源事故类型见表 2-2。

表 2-2 一般危险源事故类型

序号	类型	序号	类型
1	物体打击	13	其他事件/事故 无伤害事件/事故
2	车辆伤害	14	火灾
3	机械伤害	15	高处坠落
4	起重伤害	16	坍塌
5	触电	17	容器爆炸
6	淹溺	18	其他爆炸
7	灼烫	19	中毒和窒息
8	噪声聋	20	其他伤害
9	视力受损	21	尘肺
10	健康受损、健康危害	22	其他职业病
11	列车延误/无客伤的列车延误事件	23	财产损失（2 000 元以上）无伤害事件/事故
12	可能引发行车事件/事故的设备缺陷事件和行为事件	24	行车事件/事故 含人员伤亡的行车事件/事故

2. 城市轨道交通运营事故的典型类型

（1）行车事故。

（2）非行车事故。

（3）火灾。

（4）职业伤害。

（5）恐怖事件。

（6）治安事件。

（7）其他影响运营服务质量的事件。

3. 填写危险源登记与风险评级表

危险源辨识完成后，还需要将确认存在的每一个危险源辨识对象，按照识别范围、识别单元和危险源3个层级分别进行编码，并将其登记在表中，具体如表2-3所示。

表2-3 危险源登记与风险评级表

序号	地点	作业	设备设施	危险源	危害事故/事件	事故类型	风险评价 危害概率	风险评价 事故后果严重程度	风险评价 风险度	风险级别	控制措施	备注
1	车站	客运	屏蔽门	安全标志不醒目	夹伤	伤害事故	中（3）	中（3）	9	三级		
2	车站	客运	验票闸机	乘客不熟悉闸机使用	夹伤	伤害事故	低（3）	低（2）	6	二级		

五、城市轨道交通危险源风险评价

可使用公式 $R=L\times S$ 来评价危险源风险等级。其中，R 表示危险源风险度；L 表示发生事故的可能性（概率），重点考虑事故发生的频次以及人体暴露在这种危险环境中的频繁程度；S 表示发生事故的严重程度，重点考虑伤害程度和持续时间。事故发生的可能性评价标准、事故后果严重性评价标准、危险源风险度及风险级别评价标准分别如表2-4～表2-6所示。

表2-4 事故发生的可能性评价标准

	等级	概率	标准
事故发生的可能性（L）	一级（1分）	几无	有充分、有效的防范、控制、监测、保护措施；人员的安全意识高，严格执行操作规程；极不可能发生事故/事件
	二级（2分）	低	过去偶尔发生过危险、危害事故/事件；事故/事件发生后能被及时发现
	三级（3分）	中	没有保护措施或没严格执行操作规程；过去曾经发生，或在异常情况下发生过危险、危害事故/事件；事故/事件发生后容易被发现
	四级（4分）	高	没有保护和控制措施，或有控制措施但没严格执行；过去经常发生危险、危害事故/事件；事故/事件发生不容易被发现
	五级（5分）	极高	没有防范、控制、监测、保护措施；过去经常发生危险、危害事故/事件；事故/事件发生不能被发现

表 2-5 事故后果严重性评价标准

	等级	概率	标准
严重性（S）	一级（1分）	几无	几乎无伤害
	二级（2分）	低	表面损伤、轻微的割伤和擦伤
	三级（3分）	中	划伤、烧伤、脑震荡、严重扭伤、轻微骨折、耳聋、导致永久性轻微功能丧失的疾病
	四级（4分）	高	截肢、严重骨折、中毒、职业癌；伤害及中毒者肢体或某些器官部分功能不可逆的丧失
	五级（5分）	极高	死亡、火灾、爆炸、群体中毒等

表 2-6 危险源风险度及风险级别评价标准

	风险度（$R=L \times S$）	风险等级	接受控制	控制对策
风险度及控制要求（R）	<4	一级	可忽略的	不必采取措施
	4~8	二级	可容许的	引起注意，但维持现有管理方法
	9~12	三级	可接受的	引起重视，需加强防范、监控措施
	15~16	四级	很难接受的	须制定控制措施，如制定应急措施和定期检查
	20~25	五级	不可接受的	立即停止相关活动并整改

六、城市轨道交通危险源控制

（一）危险源控制措施

（1）通过技术措施，从根本上消除危险、有害因素。

（2）无法消除、预防或减弱危险、有害因素的情况下，应将人员与危险、有害因素隔开或提高监控措施。

（3）在易发生故障和危险性较大的地方，通过设置醒目的安全色或安全标志。

（4）合理管理作业。

（5）科学管理设备。

（6）加强特殊作业的审批。

（7）制定应急程序并定期进行演练，作业现场提供应急设备与设施。

（8）加强工作人员的技能培训与安全教育。

（9）定期进行安全检查，建立安全责任制和奖惩机制。

课堂小练习

请同学们根据 C 城市轨道交通一号线车站的危险源现场调查结果，并结合前面学习的危险源风险评价知识，在表 2-7 中登记其他危险源并评价危险源风险等级及整改措施。

表 2-7　危险源登记与风险评级表

序号	地点	作业	设备设施	危险源	危害事故/事件	事故类型	风险评价			风险级别	控制措施	备注
							危害概率	事故后果严重程度	风险度			
1	车站	客运	屏蔽门	安全标志不醒目	夹伤	伤害事故	中(3)	中(3)				
2	车站	客运	验票闸机	乘客不熟悉闸机使用	夹伤	伤害事故	低(3)	低(2)				

在危险源辨识结束后，危险源辨识小组还需要对辨识对象进行回访，再次进行现场检查，确认整改或控制措施是否落实到位。

任务二　城市轨道交通安全色和对比色

一、安全色

安全色是用来表达禁止、警告、指令、提示等安全信息的颜色，其作用是使人们能够对威胁其安全和健康的物体和环境尽快作出反应，以减少事故发生的可能性。

红色：表示禁止、停止、消防和危险。
黄色：表示警告、注意。
蓝色：表示指令，即必须遵守的规定。
绿色：表示提示、通行、安全、允许。

二、对比色

对比色是能使安全色变得更加醒目的反衬色，有黑、白两种颜色。为了提高安全色的辨识度，一般会使用对比色与安全色搭配，如图 2-5 所示。

图 2-5　对比色与安全色

（1）黑色对比色与黄色安全色搭配，可用于所有颜色安全标志的文字和图形符号。

（2）白色对比色与红色、蓝色、绿色安全色搭配，既可用于这些安全色的背景色，也可用于文字和图形符号。

三、安全标志的类型

安全标志由安全色、几何图形、图形符号或文字所构成，用以表达特定的安全信息，如图 2-6 所示。文字和图形符号安全标志能够提醒人们预防危险，避免事故发生；当危险发生时，则能够指示人们尽快逃离，或者指示人们采取正确、有效、得力的措施，对危害加以遏制。

图 2-6　文字和图形符号

（一）禁止标志

禁止标志是禁止人们出现不安全行为的图形标志，如表 2-8 所示。禁止标志的几何图形是带斜杠的圆环，图形符号为黑色，几何图形为红色，背景色为白色。

表 2-8　禁止标志

禁止吸烟	禁止启动	禁带烟火	请勿坐卧停留
有甲、乙、丙火灾危险物质的场所和禁止吸烟的公共场所等	暂停使用的设备附近，如设备检修、更换零件等	禁止带火种的场所	狭窄的通道或楼梯处

（二）警告标志

警告标志是提醒人们注意周围环境，避免可能发生危险的图形标志，如表 2-9 所示。警告标志的几何图形是正三角形边框，图形符号、几何图形为黑色，背景色、衬边为黄色。

表 2-9 警告标志

（三）指令标志

指令标志是告诉人们必须遵守相关规定的图形标志，如表 2-10 所示。指令标志的几何图形是圆形边框，图形符号、衬边为白色，背景色为蓝色。

表 2-10 指令标志

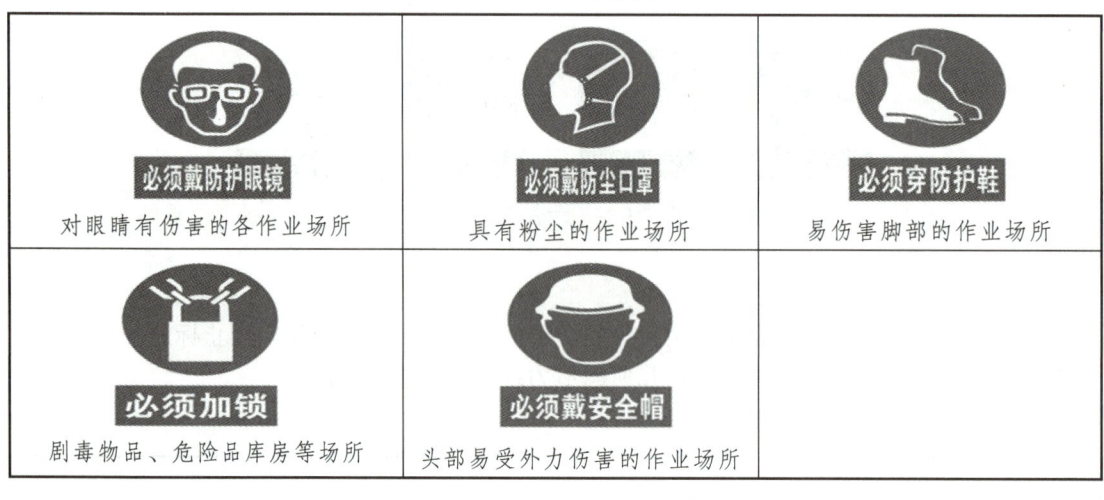

（四）提示标志

提示标志是向人们提示某种信息（如标明安全设施或场所等）的图形标志，如表 2-11 所示。提示标志的几何图形是矩形，图形符号、衬边是白色，背景色是绿色。

表 2-11 提示标志

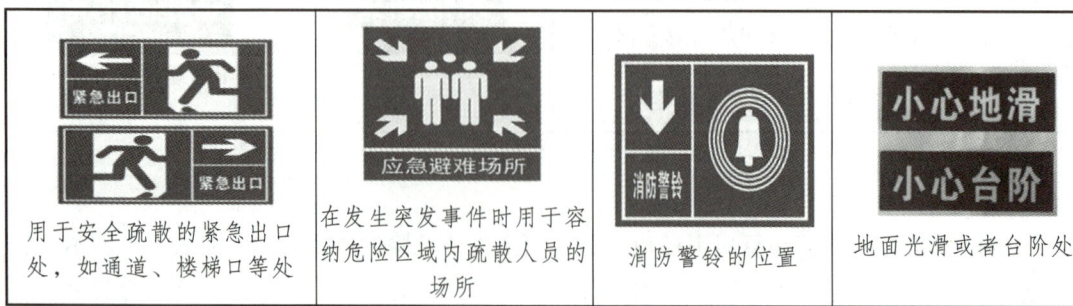

（五）文字辅助标志

文字辅助标志一般是对前述 4 种标志的补充说明或者是重要提示，如图 2-7 所示。

图 2-7　文字辅助标志

（六）消防安全标志

消防安全标志用于向公众表明火灾报警、手动控制装置和灭火设备的位置，发生火灾时的疏散途径以及存在火灾、爆炸危险的地方或物质，如表 2-12 所示。

表 2-12　消防安全标志

四、安全标志牌使用要求

（1）安全标志牌应采用坚固耐用的材料制作。

（2）安全标志牌设置的高度应尽量与人眼的视线高度相一致。

（3）多个安全标志牌在一起设置时，应按警告、禁止、指令、提示类型的顺序，先左后右、先上后下地排列。

（4）安全标志至少每半年检查一次，如发现有破损、变形、褪色等情况时应及时更换。

（5）安全标志牌的固定方式分附着式、悬挂式和柱式 3 种。

（6）安全标志牌应设置在与安全有关的场所且直观、醒目，如图 2-8 所示。

图 2-8　安全标志牌

习题及思考题

一、选择题

（1）危险源辨识的核心目的是（　　）。
　　A. 提高生产效率　　　　　　　　B. 识别潜在风险并采取控制措施
　　C. 减少员工培训时间　　　　　　D. 降低设备采购成本

（2）以下属于化学性危险源的是（　　）。
　　A. 站台湿滑　　　　　　　　　　B. 蓄电池酸液泄漏
　　C. 列车制动失灵　　　　　　　　D. 乘客拥挤

（3）LEC 评价法中，"C"代表（　　）。
　　A. 事故可能性　　　　　　　　　B. 暴露频率
　　C. 事故后果严重性　　　　　　　D. 风险等级

（4）城市轨道交通中，红色安全标志表示（　　）。
　　A. 指令遵守　　　　　　　　　　B. 禁止行为
　　C. 警告危险　　　　　　　　　　D. 安全提示

（5）安全检查表法属于危险源辨识的哪种方法？（　　）。
　　A. 经验分析法　　　　　　　　　B. 系统安全分析法
　　C. 直观判断法　　　　　　　　　D. 概率统计法

（6）安全色中，蓝色对应的含义是（　　）。
　　A. 禁止　　　　　　　　　　　　B. 警告
　　C. 指令　　　　　　　　　　　　D. 提示

（7）"对比色"的作用是（　　）。
　　A. 增强安全色的视觉识别度　　　B. 美化车站环境
　　C. 替代安全色使用　　　　　　　D. 降低照明能耗

（8）以下属于物理性危险源的是（　　）。
　　A. 员工操作失误　　　　　　　　B. 高压电缆裸露
　　C. 乘客情绪失控　　　　　　　　D. 管理制度缺失

（9）《安全色》（GB 2893）规定，黄色对比色应为（　　）。
　　A. 白色　　　　　　　　　　　　B. 黑色
　　C. 红色　　　　　　　　　　　　D. 绿色

（10）危险源辨识的首要步骤是（　　）。
　　A. 制定控制措施　　　　　　　　B. 划分作业单元
　　C. 开展风险评估　　　　　　　　D. 制订应急预案

二、判断题

（1）危险源等同于安全隐患。　　　　　　　　　　　　　　　　　　　　（　　）
（2）安全色中，绿色表示允许通行或安全状态。　　　　　　　　　　　　（　　）
（3）LEC 法中的风险值计算公式为：$D=L \times E \times C$。　　　　　　　　　　（　　）

（4）对比色可以单独使用，无须搭配安全色。（　）
（5）"心理性危险源"包括噪声引起的烦躁情绪。（　）
（6）安全色中红色与白色组合表示"禁止"含义。（　）
（7）危险源辨识只需在工程初期进行，无须动态更新。（　）
（8）城市轨道交通站台的紧急停车按钮应使用黄色标识。（　）
（9）安全检查表法的优势在于主观性强、灵活度高。（　）
（10）"风险分级管控"要求优先控制重大风险。（　）

三、简答题

（1）简述导致事故的直接原因。
（2）简述有哪些危险源辨识的方法。
（3）简述有哪些危险源控制措施。
（4）简述安全色与对比色的概念。
（5）简述有哪些安全标志类型。
（6）安全标志牌的使用要求有哪些？

项目三　城市轨道交通车站安全管理

📖 知识目标

（1）掌握城市轨道交通车站人员安全管理的相关内容。
（2）掌握城市轨道交通车站安检管理的相关内容。
（3）掌握城市轨道交通车站大客流组织和反恐防暴处理的相关内容。
（4）了解城市轨道交通客流的组织原则。

📖 能力目标

（1）具备快速识别和处理车站内突发事件的能力，包括火灾、乘客受伤、设备故障等，能够迅速启动应急预案，采取有效措施控制事态发展。
（2）具备良好的沟通协调能力，能够与乘客、同事及外部相关部门保持有效沟通，协调解决车站安全管理中的各种问题。
（3）掌握反恐防暴的基本知识、技能和法律法规要求，了解恐怖组织和暴力犯罪的特点及趋势。
（4）熟练掌握各类安检设备的操作方法，包括X光机、安检门、手持金属探测器等，确保安检工作的准确性和高效性。
（5）能正确进行日常客流组织工作和接发列车作业。

📖 思政目标

加强安检人员的法制观念教育，使其明确安检工作的法律依据和重要性，自觉维护国家安全和社会稳定。强化车站工作人员的国家安全意识，认识到反恐防暴工作对维护国家安全和社会稳定的重要性。深刻认识行车安全工作是城市轨道运营管理的重中之重，上岗工作时应严格规范作业、服从调度、听从指挥，在工作中发扬"地铁人"的精神，不断增强责任感、使命感，积极履行岗位职责，有担当、有作为。

任务一　城市轨道交通车站人员安全管理

任务引入

2015年4月20日8时30分左右,深圳市地铁黄贝岭站站台因有人晕倒引发部分乘客恐慌奔跑。此次事件发生时正好为人流高峰期,站台上有大量的人员,当听到惊叫声传来时,不明状况的人群开始争相抢上楼梯,形成拥堵,大量乘客的出行因此受到影响,如图3-1所示。

图3-1　深圳地铁乘客晕倒引发恐慌

一、认识车站安全管理

(一)城市轨道交通车站安全管理的要点

(1)车站大客流组织。
(2)应急疏散设施及标志设置。
(3)乘客安全管理。
(4)乘客安全视频监控。
(5)乘客安全宣传教育。
(6)票务组织。

(二)车站工作人员职责

1. 站　长

(1)对车站行车、客运、票务、消防、治安及人身安全工作负总责。
(2)贯彻落实车站各项安全管理制度和措施;制订、落实各项安全工作计划。
(3)落实、监督车站安全检查工作。
(4)监督各层级人员的安全作业情况,统筹安排并协调各岗位的工作。
(5)车站发生事故时组织、指挥车站工作人员及时、安全、高效地处理事故,尽快恢复正常运营。
(6)根据上级要求和车站实际需要制订车站培训计划,安排培训工作,检查培训效果。

2. 值班站长

（1）按规定巡站，监督、检查、指导、考核本站行车、票务、乘客安全服务等工作。

（2）监控车站消防设施设备的运作情况。

（3）做好维修施工的监督和管理工作。

（4）遇突发事件及时组织执行相应的应急处理程序。

（5）组织各岗位人员按程序做好开、关站工作。

（6）做好本班组人员的培训工作。

3. 值班员

（1）行车值班员。

① 负责城市轨道交通的行车组织和调度工作，确保列车按照既定的运行图安全、正点地运行。这包括监控列车的运行状态，如速度、位置等，以及根据客流情况调整列车运行班次。

② 密切关注信号设备的状态，确保信号系统正常运行。在信号设备故障时，能够依照调度命令办理人工组织行车的作业，确保列车运行安全。

③ 管理和监控车站内的各类设备，包括但不限于电梯、照明、空调等，确保它们处于良好的运行状态。定期对设备进行日常检查和维护，及时发现并处理潜在故障。

④ 一旦发现设备故障或异常情况，立即按照相关程序进行处理，包括通知维修部门、采取临时措施等，以确保车站和列车的正常运行。

⑤ 执行车站客流组织预案，确保乘客在车站内的安全。同时，落实疫情防控措施，保障乘客的身体健康。

⑥ 在紧急情况下，如火灾、停电等，能够迅速启动应急预案，采取有效措施保障乘客和员工的安全，包括按下紧急疏散按钮、进行应急广播等。

（2）客运值班员。

① 负责督导车站的客运服务工作，确保站务员和其他客运人员按照规范提供优质的服务。

② 主管车站的票务工作，包括地铁车站车票、钱款（含备用金）的配发、回收及保管，票务收益单据的申领、填写及保管，以及非运营时间内当日营收情况的统计汇总。

③ 为乘客提供票务咨询，解答车票购买、退改签等问题，并协助处理乘客投诉或意见，以提升乘客的满意度。

④ 在值班站长的领导下，组织站务员从事客运服务工作，确保车站的日常运营顺畅高效。

⑤ 负责巡视车站各区域，包括站台、候车区、过道等，及时发现并排除安全隐患，确保车站安全。

⑥ 随时做好应对突发事件的准备，如火灾、地震等，迅速响应并协调指挥相关人员进行救援，保障乘客和员工的安全。

⑦ 监控车控室设备设施状态，处理异常情况并做好记录和交接。同时，参与车站设备的定期检查和维护工作，确保设备正常运行。

⑧ 做好班组间的工作交接，详细了解上一班次或交接本班次车站客运服务、票务运作及相关备品等情况，确保工作的连续性和稳定性。

⑨ 填写及保管车站各类票务所得收益单据和值班员（客运）岗位相关工作台账，为车站管理提供准确的数据支持。

4. 站务员

（1）站厅岗。

① 注意站厅付费区、非付费区乘客的动态，确保乘客行为符合城市轨道交通规定。在客流高峰期或特殊情况下，引导乘客有序进出站厅，防止拥堵和踩踏事件的发生。主动帮助有需要的乘客，如老、弱、病、残、孕等，提供必要的协助和引导。耐心解答乘客的询问，提供准确的乘车信息和建议。发现有违反城市轨道交通规定的行为时，要及时制止并妥善处理。

② 负责站厅边门的管理，对通过边门进出的人员进行严格登记，确保边门的使用符合规定。

③ 留意地面卫生和安全隐患，如发现水渍、杂物等，及时通知保洁人员进行清理，并设置警示牌防止乘客摔倒。负责检查自动扶梯等设备的状态是否良好，确保其运行安全。

④ 特别留意进站的重点乘客，如年老体弱者、小孩、神色异常者、残疾人、携大件物品的乘客等，为他们提供帮助，及时发现隐患并通知其他岗位。

⑤ 在站厅、出入口范围发生治安、安全事件时，要及时赶到现场，注意保护好现场，并报告车控室，协助值班站长处理。

⑥ 在站厅、出入口范围发现非城市轨道交通宣传品时，应及时采取措施并报告车控室。运营时间内定时巡视车站出入口，并将巡视情况报车控室记录。

（2）站台岗。

① 负责站台列车接发、列车折返时的清客工作，以及乘客乘车安全监督工作。特别关注乘客候车状态，确保乘客在安全线内候车，防止意外发生。在列车到站时，引导乘客安全、有序地上下车，防止拥挤、推搡等情况出现。

② 巡视站台，检查站台监控亭设备设施、消防设备设施、PIDS（乘客信息显示系统）以及楼扶梯的运行情况，确保其处于良好状态。发现设备故障或异常情况时，及时采取措施并报告车控室，确保站台区域的正常运行。

③ 按章制止并处理乘客违规行为，如故意损坏或偷窃城市轨道交通设备设施、违反乘车规定等行为。向乘客宣传安全乘车知识，提高乘客的安全意识。

④ 在发生紧急情况时，如火灾、地震等，迅速启动应急预案，协助值班站长进行乘客疏散和救援工作，确保乘客和员工的安全。在发现危及行车、人身安全的情况时，及时通知司机或按压紧急停车按钮，并协调相关部门进行处理。在发现有危及行车、人身安全的情况时，及时通知司机或按压紧急停车按钮，并协调相关部门进行处理。

⑤ 耐心解答乘客的询问，提供准确的乘车信息和建议。与顶岗员工交接后，到会议室休息并学习文件；休息后回岗与顶岗人员交接，确保工作的连续性和稳定性。

（三）车站班组安全工作管理

（1）规范乘客行为。

（2）加大安全宣传教育力度。

二、城市轨道交通车站大客流组织

城市轨道交通是一个大容量的快速运输系统，需要通过合理的、科学的客流组织来完成其大容量的客运任务。客流组织是指通过合理地布置客运相关设备、设施以及对客流采取有效的分流或引导措施，来组织客流运送的过程，其流程如图3-2所示。

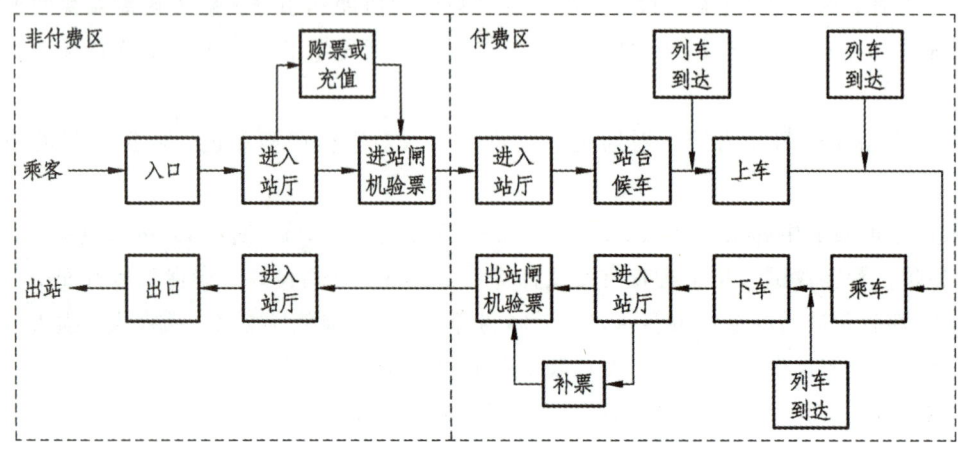

图 3-2　客流运送流程

（一）城市轨道交通车站安全组织客流的要点

1. 制定完善的客流组织方案和应急预案

车站应经常统计、分析客流量，掌握客流变化规律，注意恶劣天气或者特殊节假日期间客流的变化，从而合理地制定客运组织方案和应急预案。

2. 科学合理地引导乘客

车站应科学合理地引导乘客，尽量减少客流相互交叉和对流，以及避免流向不同的乘客相互干扰、冲击。

3. 让乘客在站台安全地乘降

向乘客宣传站在黄色安全线以内排队候车。列车到达并开启列车门后，应组织乘客先下后上，请候车乘客站在车门两侧，待下车乘客下车后再上车。同时加强对站台四角的巡视等。

4. 客流量较大时及时采取大客流控制措施

对进站客流或换乘客流采取大客流控制措施，避免乘客产生拥挤。随时监控客流的骤变，密切注视乘客的安全状况，根据情况启动应急预案。对客流组织和突发事件的处理应遵循统一调度、统一安排、统一指挥的原则。

（二）城市轨道交通车站大客流的概念和分类

1. 大客流的概念

大客流是指城市轨道交通车站在某时段集中到达的，超过车站正常客运设备设施或客运组织措施所能承担极限的客流量。

2. 大客流的分类

（1）可预见性大客流。

① 早晚上下班时段大客流。

② 节假日大客流。

③ 大型活动大客流。

④ 恶劣天气大客流。

（2）不可预见性大客流。

① 突发事件大客流。

② 天气突变大客流。

③ 车站周边临时组织大型活动大客流。

④ 其他不可预见性大客流

（三）城市轨道交通车站大客流的控制等级

1. 第一级：站台客流控制

当站台候车乘客出现拥挤，且有持续增长态势时，启动第一级客流控制措施。即在连接站厅与站台的通道或楼梯、自动扶梯口处设置控制点，通过采取设置隔离围栏及将自动扶梯全部设置为向站厅方向等措施，控制进入站台候车的乘客数量。

2. 第二级：付费区客流控制

当站厅付费区较为拥挤，且有持续增长态势时，启动第二级客流控制措施。即关闭部分自动售票机、进站闸机，减缓售检票速度，限制进入站厅付费区的乘客数量。

3. 第三级：非付费区客流控制

当站厅非付费区较为拥挤，且有持续增长态势时，启动第三级客流控制措施。即在车站出入口处设置控制点，通过采取设置迂回的限流隔离栏杆、控制部分出入口单向使用（只出不进）或关闭部分入口等措施，减缓乘客进入车站的速度或禁止乘客进入车站。

任务二　城市轨道交通车站安检管理和反恐防暴处理

一、城市轨道交通车站安检管理

（一）城市轨道交通车站安检的目的和安检点配置

1. 车站安检的目的

检查并禁止乘客携带枪支、弹药、管制刀具以及易燃、易爆、腐蚀、有毒、放射性等危险品乘车。接收城市轨道交通车站安检是乘客进入车站必须履行的手续，也是保障轨道交通运营安全及乘客人身安全的重要措施。

2. 车站安检点的位置设置

城市轨道交通车站安检点的位置设置体现了车站安检工作的组织形式，分为乘车安检和进站安检两种类型。

3. 车站安检点的设备和设施配置

① X 光安检机。

② 安检门。

③ 手持式金属探测器。

④ 辅助装备,如 800 兆电台对讲机、开包操作台、塑料筐、液体探测仪、爆炸物探测仪、危险品回收箱、警棍等。

车站安检点的设备和设施如图 3-3 所示。

图 3-3　车站安检点的设备设施

(二) 城市轨道交通车站安检员工作职责和安检流程

1. 安检员实施安全检查应遵守的规定

① 佩戴工作证件。

② 文明礼貌,尊重受检查人。

③ 执行安全检查操作规程。

④ 不得损坏受检查人携带的合法物品。

2. 安检员工作职责和安检流程

城市轨道交通车站安检员工作职责和安检流程如图 3-4 所示。

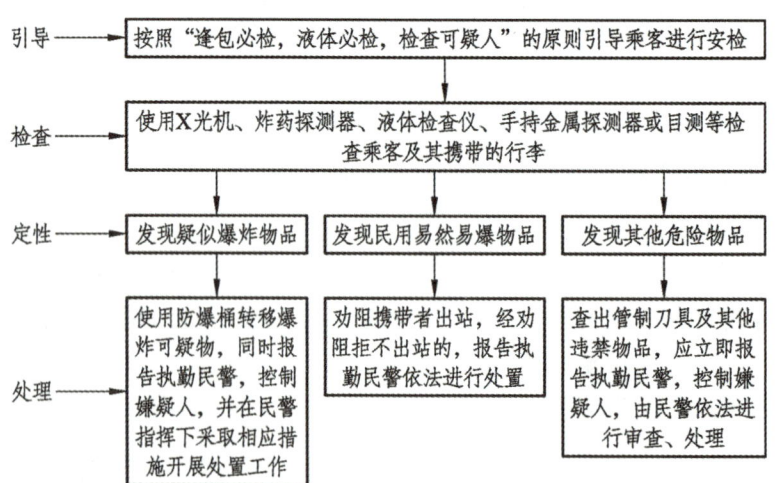

图 3-4　城市轨道交通车站安检员工作职责和安检流程

（三）安检服务——手提式探测器的具体使用

1. 停：乘客您好，请您接受安全检查 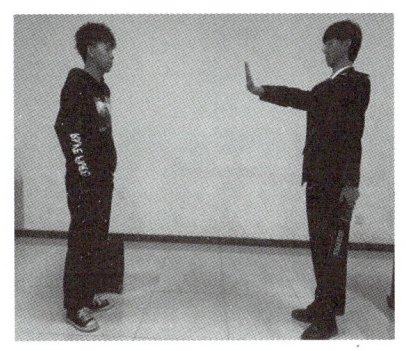	2. 站：乘客您好，请站上安检台 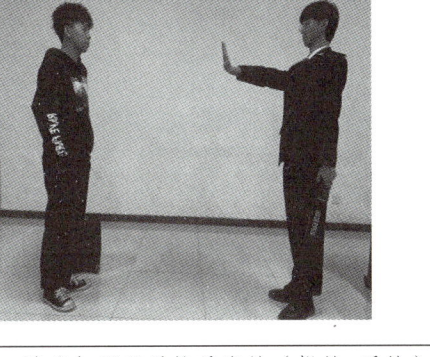
3. 检：请您打开双手接受安检（机检+手检） 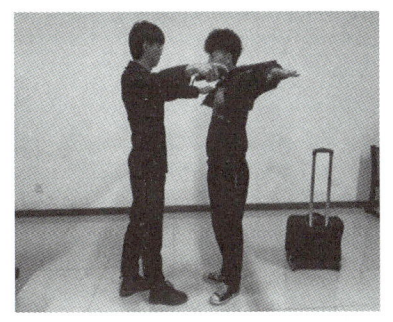	4. 转：乘客您好，请转身接受安全检查
5. 检：请打开双手接受安检（机检+手检） 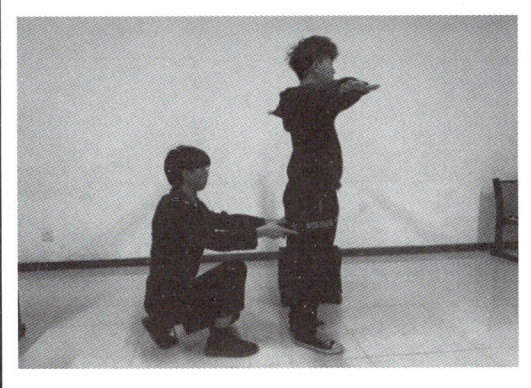	6. 停：乘客您好，您的安检服务已结束（祝您旅途愉快，再见） 

实战演练：

（1）学生可按2人为一组进行分组，分别担任安检员、乘客的角色。

（2）每组学员按照所编写的情景演练，逐步完善演练效果。

（3）每组学员依据最终确定的演练方案，进行汇报演练。

（4）教师对各小组的汇报演练进行评估，指出演练中存在的问题，并加以讨论。其中，评估标准主要包括编写思路是否清晰，内容是否完整，是否具有可操作性，汇报话语是否流畅，表达是否表达清晰、准确和得体。

（四）强化城市轨道交通车站安检管理的措施

（1）开展主动安检宣传。
（2）合理选择安检组织形式。
（3）加强对安检人员的教育和培训。

二、城市轨道交通车站反恐防暴处理

（一）城市轨道交通遭遇暴力袭击时的各种形式

1. 爆炸袭击

爆炸袭击是最容易引起社会恐慌的恐怖袭击方式。爆炸袭击主要表现为极端恐怖分子在城市轨道交通车站或列车内放置炸弹，杀伤大量无辜群众，严重破坏公共设施，在城市中散布恐怖情绪，如图3-5所示。

图3-5　俄罗斯圣彼得堡地铁爆炸事件现场

2. 纵火袭击

发生纵火袭击时，恐怖分子携带的易燃品不仅更具隐蔽性，所造成的后果也极为严重，如图3-6所示。

图3-6　韩国大邱地铁纵火案现场

3. 生化毒气及核辐射袭击

生化毒气及核辐射袭击表现为恐怖分子利用有害生物、有害化学物质和放射性物质袭击人员和基础设施，造成环境污染等。由于空间狭小、人员密集，城市轨道交通渐渐成为恐怖分子进行生化毒气及核辐射袭击首选的公共场合，如图3-7所示。

图3-7 东京地铁沙林毒气事件现场

4. 其他袭击方式

其他袭击方式如将菜刀、匕首等简易工具当作武器进行恐怖袭击等。

（二）城市轨道交通预防暴力袭击的措施

为减少或消除恐怖袭击对人民群众生命和财产造成的威胁，可采取的防范措施如下：

（1）认真做好站厅的巡视工作。
（2）认真做好可疑物排查工作。
（3）认真做好进站安检工作。
（4）认真做好反恐防暴的宣传教育工作。
（5）认真做好许可进入危险品的管理工作。

（三）城市轨道交通处理暴力袭击的要点

1. 发生爆炸或纵火袭击时的处理要点

严格执行车站安检工作可有效防范爆炸或纵火等恐怖袭击的发生。一旦恐怖袭击发生，事发车站要及时上报，启动对应的应急预案，根据事态严重程度向轨道警察、武警、消防、医疗急救中心、政府其他相关单位请求救援。工作人员要做好自身防护，组织现有力量立即救护伤员、疏散乘客。

2. 发现劫持人质事件时的处理要点

发生劫持人质事件后应该立即报警，并根据需要报医疗急救中心；值班站长应立即启动相关应急预案，指示车站人员做好自我防护；在事发现场设置警戒线，阻止乘客围观，立即疏散车站乘客；事态扩大或歹徒攻击性太强时，根据需要进行封站。

3. 车站发现可疑物品时的处理要点

车站发现可疑物品后，应立即报告公安，由公安负责确认；经公安确认为危险品后，车站值班员应立即报告行车调度员、安全保卫部；疏散乘客时，应尽量不要引起乘客恐慌，组织乘客到站外安全地点；行车调度员及时扣停有关列车，避免造成更大的损失。

4. 车站遭到毒气袭击时的处理要点

处理车站遭遇毒气袭击事件的关键是迅速、紧急疏散车站中的乘客，并立即封站；相关人员及时报告轨道警察、消防急救中心、医疗急救中心等；行车调度员拦停开往本站的上、下行列车；若来不及拦停时，应组织列车退回后方站；环调关闭通风系统、水系统，根据现场抢险总指挥的指示开启相应风机；现场救援的工作人员应佩戴防毒用品。

习题及思考题

一、选择题

（1）车站值班站长的核心安全职责是（　　）。
  A. 监督商业广告投放　　　　　　B. 组织日常安全检查与应急指挥
  C. 负责票务收入核算　　　　　　D. 管理车站绿化维护

（2）站务员发现乘客携带易燃物品进站时，应首先（　　）。
  A. 没收物品并罚款　　　　　　　B. 制止进站并报告值班站长
  C. 默许其乘车　　　　　　　　　D. 引导至人工安检通道复检

（3）车站人员上岗前必须穿戴的劳保用品不包括（　　）。
  A. 反光背心　　　　　　　　　　B. 绝缘手套
  C. 防滑工作鞋　　　　　　　　　D. 便携式扩音器

（4）下列行为中，违反车站安全作业规范的是（　　）。
  A. 关闭电梯前检查轿厢是否清客　B. 边操作设备边接听私人电话
  C. 交接班时核对消防器材状态　　D. 引导乘客从安全通道疏散

（5）车站 AED（自动体外除颤器）的正确使用场景是（　　）。
  A. 乘客中暑　　　　　　　　　　B. 乘客突发心脏骤停
  C. 乘客骨折　　　　　　　　　　D. 乘客癫痫发作

（6）根据《城市轨道交通运营安全规范》，站台岗需确保乘客候车时距离站台边缘至少（　　）m。
  A. 0.5　　　　　　B. 1　　　　　　C. 1.5　　　　　　D. 2

（7）车站突发大客流时，优先采取的安全措施是（　　）。
  A. 关闭部分自动售票机　　　　　B. 启动三级客流控制（站外限流）
  C. 增加商业促销活动　　　　　　D. 延长列车停站时间

（8）车站人员安全培训的法定最低时长要求为（　　）。
  A. 每年 8 学时　　　　　　　　　B. 每年 24 学时
  C. 每月 4 学时　　　　　　　　　D. 每季度 12 学时

（9）下列属于车站人员"三懂三会"内容的是（　　　）。
　　A. 懂设备价格、会采购　　　　B. 懂火灾危险性、会报火警
　　C. 懂票务政策、会处理投诉　　D. 懂外语、会翻译
（10）车站防汛应急处置中，应优先保护的是（　　　）。
　　A. 票务室保险柜　　　　　　　B. 变电所设备
　　C. 站台广告牌　　　　　　　　D. 员工休息室

二、判断题

（1）车站保洁人员不需要接受安全培训，仅需要关注清洁质量。　　　　（　　）
（2）站台门发生故障时，车站人员可手动操作"互锁解除"放行列车。　（　　）
（3）车站安检员有权直接对拒绝配合安检的乘客采取强制措施。　　　　（　　）
（4）每日使用手持金属探测器前需要进行灵敏度测试。　　　　　　　　（　　）
（5）车站人员可通过观察乘客行为识别可疑物品。　　　　　　　　　　（　　）
（6）车站发生毒气袭击时，应优先打开排烟系统稀释毒气。　　　　　　（　　）
（7）值班站长需每季度组织一次全员消防演练。　　　　　　　　　　　（　　）
（8）车站工作人员可在设备区边行走边使用手机处理工作。　　　　　　（　　）
（9）《车站突发事件应急预案》应每年至少更新一次。　　　　　　　　（　　）
（10）人工售票窗口发生抢劫时，售票员应优先保护自身安全。　　　　（　　）

三、简答题

（1）城市轨道交通车站安全组织客流的要点有哪些？
（2）简述城市轨道交通车站大客流的控制等级。
（3）简述城市轨道交通车站安检员的工作职责和安检流程。
（4）简述开展安检服务时手提式探测器的使用步骤。
（5）强化城市轨道交通车站安检管理的措施有哪些？
（6）暴力袭击城市轨道交通的主要方式有哪些？
（7）城市轨道交通预防暴力袭击的措施有哪些？
（8）城市轨道交通处理暴力袭击的要点有哪些？

项目四　城市轨道交通行车安全管理

知识目标

（1）熟练掌握行车基础知识。
（2）能复述行车组织的基本原则。
（3）掌握调车作业的基本要求及流程。

能力目标

（1）能正确进行日常客流组织工作。
（2）能正确进行接发列车作业。

思政目标

要深刻认识到行车安全工作是城市轨道交通运营管理工作的重中之重，上岗工作时应严格规范作业、服从调度、听从指挥，在工作中发扬"地铁人"的精神，不断增强责任感、使命感，积极履行岗位职责，有担当、有作为。

任务一　认识城市轨道交通行车安全

任务引入

春节期间，地铁列车上满载着回家心切的乘客。为保障乘客安全，司机们必须时刻保持专注，容不得半点马虎。

每年的春节都有不一样的年味，但不变的春运潮却一直在为"地铁人"布置关于安全的"考试"。下面我们走近轨道交通的幕后英雄们，感受他们是如何维护地铁行车安全的（工作情景如图 4-1 ~ 4-3 所示）。

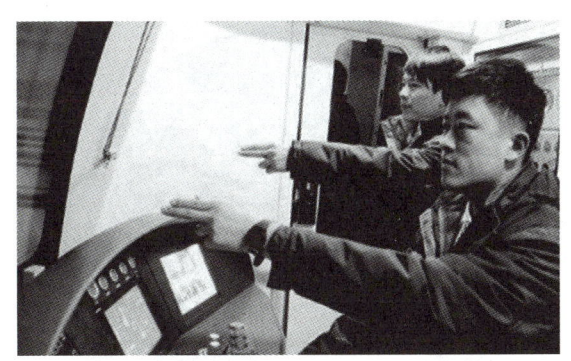

图 4-1 列车司机

"一个单趟就要口呼 440 句话,有时候也是口干舌燥。司机的作用并不体现在列车正常自动驾驶的时候,而是在非正常情况下,对于行车安全的维护。"一位列车司机这样说道。

调度大厅里,巨大的屏幕上显示着某地铁 3 号线的运行情况,值班主任、行车调度、电力调度、环控调度、信息调度,5 个岗位各司其职,全面把控着地铁 3 号线的运行状态,如图 4-2 所示。列车自动监控系统的屏幕上不断闪动的光条,代表的是地铁列车的行驶状态,一名行车调度专注地盯着屏幕,没有丝毫懈怠。而他的身旁,另一名调度正伏案低头,在一摞列车运行图上标标划划。他们的脑子里储存了几十套应急预案和故障处置流程,突发紧急情况时,这些预案和处置方案便会像膝跳反射的生理应激反应一样从脑子里跳出来,迅速传递到一线的处置工作中去。

图 4-2 行车调度

当最后一班列车停稳在车辆段车库后,车辆部轮值四班便开始了忙碌。他们钻进车底,仔细观察每一个部件、查看每一个模块,确保各个零部件状态完好,如图 4-3 所示;他们激活列车,认真测试每一个按钮、检查每一个厢体,确认列车的各项功能正常。通常,一趟列车里里外外检查完毕要花费 45 分钟,春节期间的供车量为 18 列,检修人员要在凌晨 2 点之前结束检查,故障修复也需要在 4 点半之前完成,以保证第二天的供车。每一位检修人员都在与时间赛跑,以保障行车安全。

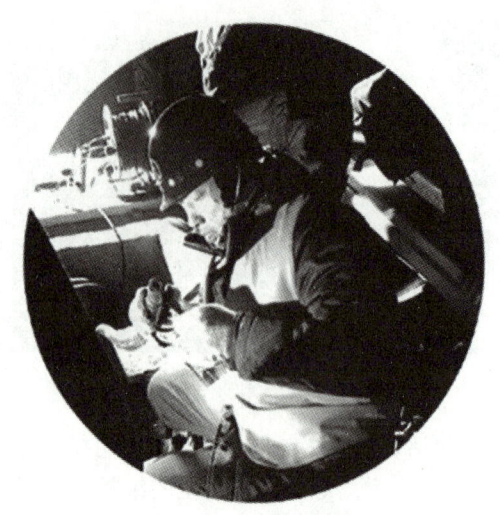

图 4-3 车辆检修工作

平安、便捷、幸福、团聚……这些温暖的词汇因为"行车安全"这一关键词而紧紧联结在一起,而且这种联结不会因为节日的过去而变得松散,因为城市轨道交通运营始终将"安全第一"与"零事故"作为不懈追求的目标。

行车安全是指城市轨道交通列车在运送乘客的过程中对行车人员、行车设备及乘客产生作用和影响的安全,是城市轨道交通安全的核心部分。行车安全的质量指标是衡量城市轨道交通管理水平的重要指标。

影响城市轨道交通行车安全的因素包括人、机(设备设施)、环(环境)和管(管理)4个方面的内容。

一、人的因素

大量研究报告显示,人的因素始终是引发城市轨道交通行车事故的主要因素。

(1)工作人员。

工作人员违章作业、安全意识不够、业务水平不精或身体状态不正常、注意力不集中等是造成行车事故的主要因素。

(2)乘客。

乘客不遵守安全乘车规则也容易造成行车事故。例如,乘客在车门即将关闭时强行上车,导致车门夹人事故;乘客因拥挤或其他原因进入轨道正线等。

二、设备设施因素

设备设施因素主要包括车辆因素、轨道因素、供电因素和信号因素,它们往往是引发城市轨道交通行车事故的直接原因。

(1)车辆系统。

影响行车安全的车辆因素包括车辆走行部、车钩、车门存在问题等。这些问题会导致列车脱轨、设备损坏或人身伤害等事故的发生。

（2）轨道系统。

轨道因素主要包括轨道存在裂缝、轨道偏移、轨道损伤、道岔故障等。这类因素会导致列车运行中断或脱轨等事故的发生。

（3）供电系统。

供电因素主要是指城市轨道交通供电系统故障或城市供电网发生大面积停电等，造成行车中断和乘客被困隧道等事故。从隧道疏散乘客时，还容易造成人身伤害。

（4）信号系统。

信号系统是行车安全的重要保证。在正常运营状态下，列车按照运行图自动行驶，如果出现信号故障且没被发现，列车就会按照错误的指示运行，极易发生列车冲突事故。此外，如果调度因为信号系统故障而采用人工方式组织行车，会大大增加运行风险。

三、环境因素

环境因素指因为外部环境原因导致行车中断，造成人员伤害及设备设施损坏。例如，暴雨天雨水侵入车站、轨道从而迫使行车中断。

此外，随着城市轨道交通影响力的增大，城市轨道交通系统内发生故意破坏和恐怖袭击的可能性也在增大。例如，2017年9月15日，英国伦敦帕森格林地铁一个简易爆炸装置在地铁车厢内爆炸，就造成了至少29人受伤，如图4-4所示。

图 4-4　英国伦敦地铁恐怖袭击

四、管理因素

管理因素包括安全管理制度、安全生产投入、安全教育培训、安全作业规程、事故隐患管理、安全检查制度、事故应急救援体系、事故处理机制等。

案例分析：2014年5月2日下午，韩国首尔上往十里地铁站发生列车追尾事故，一列地铁进站时撞上停在站里的另一列地铁尾部，导致238名乘客受伤，其中3人重伤，如图4-5所示。调查结果显示，事故是地铁信号机发生故障导致的。事故发生时，上往十里站的2台信号机显示了错误的信号，信号器本应亮起指示"停止"的红灯，可是却错误显示了指示"前进"的绿灯，使得列车自动停止装置没有运行，导致后面的列车与前车车尾相撞。信号机故障的原因是 4 月 29 日首尔地铁运营人员在更改联动装置数据时进行了错误操作，把信号系统的数据也一并进行了更改，导致信号机出现了故障。

图 4-5　首尔地铁追尾事故

思考题：请大家谈一谈，在上面的案例中，哪个因素直接导致了韩国首尔地铁列车追尾事故的发生？哪个因素是间接原因？你认为首尔地铁运营单位在管理上出现了什么问题？

任务二　城市轨道交通行车安全管理

一、城市轨道交通行车调度作业安全管理

（一）行车调度的安全职责

在城市轨道交通系统中，行车调度员对保障行车安全具有决定性的作用。行车调度员的基本任务和对行车安全的作用如表 4-1 所示。

表 4-1　行车调度的基本任务和对行车安全的作用

基本任务	在行车安全中的作用
组织指挥各部门、各工种严格按照列车运行图工作	指挥行车人员完成各项行车作业，保证列车安全正点运行
监控列车到达、出发及途中运行情况，确保列车运行秩序的正常	
当列车运行秩序不正常时，及时采取措施，尽快恢复正常运行秩序	
及时、准确地处理行车异常情况，防止行车事故的发生	组织、协调、监督、检查行车各有关部门的安全生产，纠正各种违章现象，及时处理行车中发生的问题，消除事故隐患，防止行车事故发生
随时掌握客流情况，及时调整列车运行方案	
检查监督各行车部门执行运行图的情况，发布调度命令	
当发生行车事故时，按规定程序及时向上级主管部门汇报，并采取措施防止事故扩大，积极参与组织救援工作	在发生事故后，积极组织救援，减少事故损失

（二）行车调度作业安全要求

1. 行车调度员必须参加培训

行车调度人员应经过专业、系统的城市轨道交通调度指挥培训并取得相应的资格证书。培训内容包括正常业务流程和应急预案救援指挥；培训方式包括授课、实战演练或模拟演练。此外，新设备投用或行车调度人员变岗、再上岗（离岗6个月及以上）时，也应对调度人员进行培训，经考核合格后上岗。

2. 行车调度员必须具备较高的业务水平和应急处理能力

行车调度员要具备较高的业务水平和应急处理能力，这是做好安全指挥工作的基础。行车调度员必须熟悉主要行车人员情况，掌握车辆、线路、设备等方面的知识，熟知各项规章制度和各种行车作业的程序，掌握与其他调度员的工作衔接，掌握处理各种行车意外情况和行车事故的方法，做到调度指挥胸有成竹、沉着冷静。

3. 行车调度工作应严格执行单一指挥的原则

城市轨道交通行车组织工作必须严格执行单一指挥的原则。凡是指挥列车运行的命令和口头指示，只能由行车调度员发布，有关行车人员必须坚决执行，不得违反。坚决禁止令出多口或多头指挥，维护行车调度命令的严肃性和权威性。

4. 行车调度员发布命令应准确、及时、完整

（1）发布调度命令前应详细了解现场情况，听取有关人员意见。发布调度命令时应严格按行车相关规章办理，必须先拟后发，不得边拟边发。

（2）对常用的行车调度命令格式和用语应统一规定，使调度命令发布规范化、用语标准化，使调度命令内容更加准确、简练、清晰、完整。

（3）利用电话向多人发布调度命令时，为确保命令的传达准确无误，行车调度员应指定其中一人复诵其口头命令内容，其他人核对，确保无误；书面调度命令须填写记录。

（4）发布调度命令应按"一拟、二签、三发布、四复诵核对、五下达命令号码和时间"的程序办理。

二、城市轨道交通列车驾驶作业安全管理

（一）列车司机和副司机（部分线路）的安全职责

1. 列车司机职责

（1）负责按列车时刻表的要求驾驶列车，严格执行各项规章制度，确保列车安全、准点运营，保证运营期间的行车安全。

（2）在正线听从行车调度员统一指挥，在车辆基地听从车辆基地调度员统一指挥。

（3）负责确认行车凭证，瞭望前方线路，发现危及行车安全的情况时，立即采取紧急措施。

（4）负责正线列车运营和车辆基地调车、调试作业的安全。

（5）加强自身业务学习，提高应急处理能力，发生突发事件时，马上报告行车调度员，冷静、果断、及时地处理，尽快恢复列车运营。

（6）严格执行标准化作业，监督副司机或其他人员按章作业，确保行车安全。
（7）如遇身体不适，应及时转告派班员，请求协助，避免影响正线服务。

2. 列车副司机职责

（1）负责协助司机瞭望前方线路，发现危及行车的情况时，及时通知司机。
（2）发现司机违章动车时，立即采取紧急停车措施。
（3）负责操作屏蔽门，保证屏蔽门开关及时准确，防止夹人夹物。
（4）听从司机安排，并履行相应职责。
（5）负责监控屏蔽门状态和确认站台安全。
（6）协助司机进行车门或屏蔽门故障及紧急情况下的应急处理。

（二）列车驾驶作业安全要求

（1）加强对列车司机的安全管控。
（2）加强对列车司机的业务技术培训。
（3）强化和改善对行车设备的管理。
（4）提高列车司机适应环境变化与处置突发事件的应变能力。

（三）列车驾驶作业的基本规定

1. 列车司机必须参加培训并持证上岗

鉴于列车司机在行车过程中的重要作用，城市轨道交通管理部门规定了列车司机上岗值乘的必要条件：首先，司机必须经过培训并考试合格，取得列车驾驶证后方准独立驾驶列车；其次，司机脱离驾驶岗位6个月以上，如需再驾驶列车，必须对业务知识和安全运营知识等进行再培训，考试合格才能上岗。

2. 列车司机必须掌握设备设施情况

列车司机必须具备较高的业务水平，包括掌握列车的基本构造、性能、一般故障处理方法，熟悉城市轨道交通线路和站场等基本设施情况。

3. 列车司机必须具备一定的应变能力

在行车事故的初期，往往只有司机能够最早发现事故苗头和先兆，所以一名职业素质较好的司机必须掌握有关事件初期的处理方法，使事件能够在初期阶段得到控制和处置，减小损失，稳定现场局面。

4. 列车司机驾驶列车时必须做到"三严格"

列车司机必须牢记"安全第一"的宗旨，驾驶列车时做到"三严格"：
一是严格遵守各种规章制度，正确执行各种作业程序，确保列车运行安全；
二是严格按照运营时刻表及信号显示行车，工作时严守岗位，不得擅自离岗；
三是严格遵守动车前认真确认"行车三要素"（进路、信号、道岔）。

(四)列车驾驶作业安全准则

1. 列车整备作业安全准则

列车整备作业指动车前对列车进行检查、清扫等作业。列车司机在整备作业前必须了解列车停放位置及列车状态;检查列车时必须配带检查灯、一字旋具,并严格按要求整备列车,列车没有经过整备严禁动车;检查列车走行部时,必须确认列车已降下受电弓;进行彻底检查时戴好安全帽,避免碰伤;受电弓升起后,严禁触摸电气带电部分、进行地沟检查及攀登车顶;在车库内动车前,必须确认地沟无人和两侧无侵限物后方可动车。

2. 列车运行安全准则

列车司机必须严格按照运营时刻表动车,动车前必须确认行车凭证;列车退行或推进运行时,运行前端必须有人引导;班前注意休息,班中集中精力,保持不间断瞭望;严禁在列车运行中打盹、看书、打开车门或进行其他无关行车任务的工作;接受调度命令或行车指示时,司机必须认真逐句复诵并领会命令内容,做到手指、眼看、口呼。

3. 站台作业安全准则

列车司机在开关屏蔽门和车门时,必须严格执行开关门作业程序。列车到站停稳后,应先确认列车停在规定的范围内,先开启屏蔽门,再开启车门;关屏蔽门、车门前应先确认车载信号或进路防护信号开放;动车前,应确认屏蔽门、车门关好,同时确认屏蔽门与车门间空隙无人无物后,方可进驾驶室动车。

4. 折返作业安全准则

列车司机在折返作业时必须严格遵守交接班制度;关门前必须确认行车凭证、道岔、进路正确;动车前确认所有人员均在安全区域。

5. 调车作业安全准则

设置铁鞋防溜时,不拿出铁鞋不动车;凭自身动力动车时,没有制动不动车;机车、车辆制动没有缓解不动车;调车作业目的不清不动车;调车作业没有联控不动车;没有信号或信号不清不动车;道岔开通不正确不动车;侵限、侵物不动车。

6. 人身安全准则

升受电弓前,须确认所有人员均在安全区域;严禁擅自带无关人员进入驾驶室,因工作需要有人登乘驾驶室时必须确认其准乘证件;禁止未经调度同意擅自进入轨道线路,避免触电;列车在隧道内故障需要清客时,必须在确认第三轨停电和车站人员上车后才能进行。

三、城市轨道交通车站接发列车作业安全管理

车站与行车相关的主要工作如下:

(1)在正常运营状态下,监视列车的运行和到发情况,监视站台乘客候车秩序,与列车司机建立联控措施,确保站台安全。

(2)遇到特殊情况时,根据调度指令组织行车,包括接车、发车等。

（一）接发列车作业流程

1. 办理列车进站（接车）

（1）办理闭塞。
（2）检查及准备进路。
（3）交付凭证。
（4）开闭信号。

2. 办理列车出站（发车）

（1）办理闭塞。
（2）检查及准备进路。
（3）交付凭证。
（4）开闭信号。

（二）接发列车作业常见事故

接发列车是城市轨道交通行车工作中最重要的环节之一，其安全直接关系到列车运行的安全、正点和运输效率。车站在办理接车、发车和列车通过作业程序中发生的一切行车事故统称为接发列车事故。

经常发生的接发列车作业事故被称为接发列车作业惯性事故。
（1）向占用区间发出列车。
（2）向占用线路接入列车。
（3）未准备好进路接发列车。
（4）未办或错办闭塞发出列车。
（5）列车冒进信号或越过警冲标。
（6）错办或未及时办理信号导致列车停车。
（7）错误办理行车凭证发车或耽误列车发车。

（三）接发列车作业事故原因

接发列车作业的任何一个环节出现漏洞都可能埋下事故隐患。
（1）值班人员离岗、打盹或做与接发列车作业无关的事情。
（2）办理闭塞时没有确认区间处于空闲状态。
（3）不按规定检查、确认接发列车进路。
（4）不认真核对行车凭证。
（5）取消、变更接发列车进路时联络不彻底。

（四）接发列车作业安全要求

1. 办理闭塞作业的安全要求

（1）检查确认前一列车是否完整到达。
（2）检查确认区间是否有列车占用。

（3）检查确认区间是否封锁。
（4）检查确认区间是否遗留车辆。
（5）区间内设有道岔时，检查区间道岔是否向正线开通并锁闭。
（6）检查确认有关记录情况。
（7）车次必须准确清晰。
（8）用语必须准确完整。此外，车站值班员同意闭塞时必须复诵命令。

2. 检查与准备进路的安全要求

（1）确认接车进路空闲。
（2）确认接发车进路正确无误。
（3）确认影响进路的其他作业已经停止。

3. 办理及交付行车凭证的安全要求

（1）要防止误操作信号设备。
（2）要准确填写相关行车凭证。

4. 迎送列车的安全要求

（1）确认列车整列到达。
（2）严密监视列车运行安全状态。
（3）确认列车发车条件无误后，方可指示发车。

四、城市轨道交通调车作业安全管理

调车作业是指除列车在正线运行、车站到发以外的一切机车、车辆或列车有目的地移动。在调车作业中发生的事故则被称为调车事故。

（一）调车作业岗位的安全职责

车辆基地调车工作主要由车辆基地调度员、信号楼值班员和调车司机负责。

（1）调车工作由车辆基地调度员统一指挥。车辆基地调度员根据机车、车辆、列车、线路、设备检修计划和现场作业情况，科学、合理地编制调车作业计划，组织、指挥调车人员安全、及时地完成调车任务。
（2）信号楼值班员根据调车作业计划单和现场作业情况、机车车辆停放股道，正确、及时地排列调车进路、开放调车信号，做到随时监控机车、车辆和列车运行。
（3）调车司机根据信号楼值班员的信号，准确地操纵机车，并时刻注意确认信号，正确、及时地执行信号显示要求，做到安全调车。

（二）调车作业常见事故及原因

调车作业惯性事故分为撞、脱、挤、溜4种类型，即冲突、脱轨、挤岔和车辆溜逸。
（1）调车作业计划有问题或传达不彻底。
（2）调车作业前检查不彻底，准备不充分。

（3）误排进路，未扳、错扳道岔或错误转动道岔。

（4）调车手信号显示不标准。调车手信号显示不标准有 3 种情况：一是未按规定的要求显示信号；二是错过了显示信号的时机；三是显示了错误的手信号。

（5）推进车辆运行时前端无人引导或不试拉。推进车辆运行时如果无人引导，调车司机将无法确认线路和停留车情况，极易造成撞车和挤岔事故；如果不试拉，将无法确定车辆之间是否有假连接，有可能导致车辆因脱钩而发生溜逸，进而导致撞车、脱轨等事故。

（6）没按规定采取防溜措施。

（三）调车作业安全要求

1. 调车作业前期

（1）核对计划。

（2）确认进路。

（3）检查线路上有无障碍物。

（4）检查道岔开通位置。

2. 调车过程中

在某些特殊情况使用手信号指挥调车，调车作业人员需要了解手信号显示内容的意义，并熟练掌握其显示方法。

3. 调车作业四禁止

（1）设备或障碍物侵入线路设备限界时。

① 禁止调车作业。

② 禁止提活钩溜放调车作业。

（2）客车转向架液压减振器被拆除但空气弹簧无气时。

① 禁止调车作业。

② 禁止两组车组或列车同时在一条股道上相对移动。

五、城市轨道交通行车设备设施安全管理

（一）车辆系统

应确保列车内安全标志、引导标志、广播设备和灭火器等齐全。此外，应根据车辆的实际技术状态、行走里程和使用时间等确定检修周期，制定检修规程，对车辆系统进行检修，可采用日检、双周检、月检、年检或大修等方式。

（二）供电系统的接触网

应定期对接触网进行巡视，对其外观等情况进行检查，若在检查中发现影响行车的不安全因素，要立即处理；应定期使用测量仪器和检测车等对接触网的技术状态进行静态检测和动态检测（在运行中检测），并做好数据分析，及时处理问题。此外，还要定期对接触网进行保养维护，进行防腐处理和零部件紧固等。

(三)信号系统

不得擅自变更信号系统中涉及行车安全的硬件和软件配置,必须变更时,应及时对变更部分进行安全认证。当信号系统的轨道占用状态监测设备发生故障时,列车自动监控系统应持续显示占用状态;故障排除后,没经人工确认,不得擅自复位。

(四)轨道系统

应定期对轨道结构、岔道、轨道扣件、车挡等进行检查和维护,若在检查中发现有影响行车的不安全因素,应立即进行处理。此外,还应定期对道床排水沟进行维护,确保排水畅通,道岔区等处无积水。

(五)屏蔽门

应对屏蔽门进行日常检查,确保其门体外观完整无损,玻璃无划伤、裂痕;开关门平衡正常,无异响和异常振动;状态指示灯显示与蜂鸣器声音正常;就地控制盘外观完好,安装紧固。此外,还应定期对屏蔽门进行检修,检修对象包括门体结构、电源系统、控制及监视系统等。

任务三　城市轨道交通行车事故处理与救援

一、城市轨道交通行车事故的报告

车站及运营线路上发生突发事件后的报告,是降低损失、减少事故影响、缩短救援时间的关键。

(一)行车事故报告流程

(1)事故发生在车站时,由车站行车值班员或现场人员立即向行车调度员报告。

(2)事故发生在车辆段时,由车辆调度员或现场人员立即向行车调度员报告。

(3)事故发生在区间时,由司机或现场人员立即向行车调度员或通过车站行车值班员向行车调度员报告。

(4)供电系统发生影响运营的故障,由现场值班人员立即向电力调度员报告,电力调度员接到报告后立即报告值班主任,并向行车调度员通报。

(5)行车调度员接到事故报告后,应立即向运营公司相关部门领导报告。相关部门应视情况立即组织救援。

(6)按就近处理的原则,发生立即需要外部支援的运营事故时:现场人员有条件时应立即拨打110、120;控制中心当值人员接到报告后应立即拨打110、120;控制中心接报后视情况通知市有关部门,包括市应急指挥中心、市交通局、市公安局、市急救中心等政府组织机构,由值班主任决定通知范围或执行运营公司领导指示。

（7）事故类型为一般事故 A 类以上时，城市轨道交通运营单位应于一小时内向事故发生当地人民政府安全生产监督管理部门报告。

图 4-6 为行车事故报告总体流程。

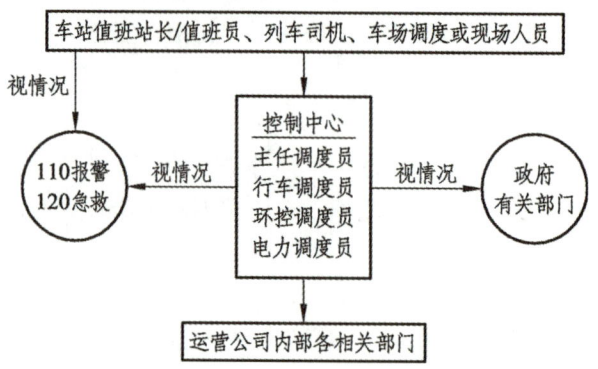

图 4-6　行车事故报告总体流程

（二）行车事故现场报告内容

（1）报告人姓名、单位。

（2）事故发生的时间，包括月、日、时、分。

（3）事故发生的地点，包括车站、车场、区间、百米标和上、下行线等。

（4）列车车次、车号，关系人员职务、姓名。

（5）人员伤亡情况及车辆、线路等设备损坏情况。

（6）是否需要救援。

（7）是否影响运营。

如果事故现场情况很复杂，一时难以判断清楚，应遵循"先报整体情况，然后继续确认，随时报告"的原则，首先报清事故发生的地址、事故概况及可能后果，是否需要救援。如发现已经报告的内容有误，应立即予以更正。有关人员必须坚守岗位，及时掌握并报告相关信息，严禁擅自离开指定岗位。

二、城市轨道交通行车事故的应急救援

（一）行车事故应急救援原则

（1）相关部门处理行车事故必须执行高度集中、统一指挥的原则。

（2）"先救人，后救物；先全面，后局部；先正线，后其他"的原则。行车事故处理必须优先组织人员疏散、进行伤员抢救，同时兼顾重点设备和设施的防护，力争将损失降至最低程度。

（3）就近处理的原则。当列车遭遇行车事故或发现安全隐患，应该以最近的车站或车辆段作为联系和处置地点，切勿舍近求远。

（4）兼顾现场保护的原则。在行车事故处理过程中应兼顾现场的保护工作，以利于公安、消防和事故调查部门现场取证。

（5）先通后复的原则。即以最快的速度设法先行疏通线路，尽量缩短中断运营的时间，恢复正常运行状态，随后则要安排时间处理遗留问题。

实战演练

某日17时11分，某城市轨道交通1301次列车到达A站上行站台正常开门后，站台站务员王某某发现有一名二十岁的男乘客从列车尾部最后一个车门下了车，过了一会儿见乘客没有动，他正准备过去询问。没想到片刻之间，乘客就从南端端墙与列车尾部之间的空隙跳下轨道，并迅速沿上行轨道往前方站跑去。站台站务员王某某马上用对讲机呼叫车控室："有乘客跳轨。"

17时14分，行车值班员接报告后立即在LCP盘上按了上、下行线的紧停按钮，同时上行站台站务员、下行站台站务员也都按了站台紧急停车按钮（当时1301次已启动，大约开出1 m后停下）。值班站长听到有乘客跳下轨道的消息后，立即赶到站台，但没有发现轨道上有人。询问王某某后，了解到乘客已经跑进上行线前方旁边的草坪。

17时16分，值班站长申请，经行车调度同意，值班站长同保安一起下线路寻找，均未发现有人。其后，两人再次确认1301次车底及列车与站台之间情况正常之后，通知车控室线路情况，车控室取消上、下行紧急停车按钮，并报告行车调度。18时32分，1301次车恢复运行。然而此时上行线已经中断行车19 min。

请你针对上面这则案例，谈一谈王某某的事故报告是否存在问题？值班站长处理这起事故时违反了哪一项行车事故处理原则？假设你是王某某或值班站长，你会怎样报告事故和处理这起事故？

（二）一般事故的应急救援

在发生一般事故后，值乘司机必须按规定程序要求报告，并且等待行车调度员的进一步命令指示，按要求执行，不得擅自移动列车。如需救援时，值乘司机应按照规定请求救援，并在救援人员和设备到现场前负责列车安全、乘客安全。

（三）特别重大事故、重大事故和大事故的应急救援

（1）在接到救援命令后，救援列车和救援人员应在规定时间内到达事故现场，在救援现场指挥者的主持下确定救援方案，组织实施。所有救援人员必须服从命令、听从指挥，按照分工开展救援工作。此外，在救援过程中，应保持通信畅通，规范信息的发布。

（2）控制和切断事故源头是排除事故的关键。控制危险区域既是为了使救援工作不受干扰，也是为了避免无关人员或列车进入危险区域，使事故扩大。为此，可根据情况关闭事故区间后方站的出站信号，阻止续行列车进入事故发生区间。

（3）迅速组织危险区域内非救援人员撤离，这将直接关系到能否减少人员伤亡。在组织撤离时，救援人员应熟悉地形、明确撤离路线；同时应采取必要的防护措施，如切断牵引电流、将通风排烟方向改为与撤离方向相反等。

三、城市轨道交通行车事故的调查

（一）事故调查组织

（1）特别重大事故，一般由国务院或其授权单位组织开展事故调查。

（2）重大事故、较大事故，一般由城市轨道交通总公司安全生产委员会组织调查处理；若政府部门组织调查处理的，由城市轨道交通总公司安全生产委员会负责配合工作。

（3）一般事故，一般由城市轨道交通分公司安全生产委员会成立运营事故调查组调查处理。

（二）事故调查组的职责

（1）查明事故发生的经过、原因、人员伤亡情况及直接经济损失。

（2）认定事故的性质和事故责任。

（3）提出对事故责任者的处理建议。

（4）总结事故教训，提出防范和整改措施。

（5）提交事故调查报告。

（6）事故调查处理报告应当附具有关证据材料。事故调查处理小组成员应当在事故调查处理报告上签名。

四、城市轨道交通行车事故的责任判定

（一）行车事故责任的划分

城市轨道交通行车事故责任的划分一般如下（不同的城市轨道交通运营企业划分方式不同）：

（1）全部责任：负有事故损失及不良影响100%责任。

（2）主要责任：负有事故损失及不良影响60%~90%责任。

（3）同等责任：各方均负有事故损失及其不良影响相同成分的责任。

（4）次要责任：负有事故损失及不良影响30%~40%责任。

（5）一定责任：负有事故损失及不良影响10%~20%责任。

（6）管理责任：根据事故性质承担相关责任。

（二）行车事故的责任判定

不同城市轨道交通行车事故责任的判定依据不同，主要依据有：有效的各项规章、制度、办法及规定等。一般而言，如果造成事故的原因主要是违章作业、违章指挥、违反劳动纪律和安全责任制、擅自使设备失去安全防护功能等，应追究肇事者的责任；如果造成事故的主要原因是间接原因，则应追究管理者（领导者）的责任。

（三）行车事故的责任人处理

（1）对运营事故责任部门的处罚按运营公司目标考核的相关管理办法执行。

（2）对运营事故责任人的处罚按《运营公司安全奖惩管理规定》执行。

（3）对拖延事故处理、推脱责任、破坏事故现场、阻挠事故调查、隐瞒不报、作伪证、不如实反映情况的责任者及部门加倍处罚；有犯罪嫌疑的，提交司法机关处理。

（4）事故调查小组工作人员在调查中不负责任，致使调查工作有重大疏漏或索贿受贿、借机打击报复的，由有关部门给予行政处罚；有犯罪嫌疑的，提交司法机关处理。

五、城市轨道交通行车事故的统计分析与报告

（1）事故的统计应当坚持及时、准确、真实、完整的原则。

（2）应按照事故类别、等级、性质、原因、部门、责任等项目分别进行统计。

（3）每日事故的统计时间，由上一日18时起至当日18时止。但填报事故发生时间时，应以实际时间为准。

（4）责任事故件数统计在负全部责任、主要责任的单位，非责任事故和待定责事故件数统计在发生单位。负同等责任或追究同等责任的，在总数中不重复统计件数。

（5）一起事故同时符合两个以上事故等级的，以最高事故等级进行统计。

（6）发生人员伤亡事故应按以下规定统计：

① 人员在事故中失踪，至事故结案时仍未找到的，按死亡统计。

② 事故受伤人员因正常手术治疗而加重伤害程度的，按手术后的伤害程度统计。

③ 事故受伤人员经救治无效，在7日内死亡，按死亡统计；经医疗事故鉴定委员会确认为医疗事故的，或7日后死亡的，按原伤害程度统计。

④ 事故受伤人员在7日内由轻伤发展成重伤的，按重伤统计。

⑤ 未经医疗事故鉴定委员会确认为医疗事故的伤亡，按责任事故统计。

⑥ 相撞事故发生后，经调查确认为自杀（自己跳下站台）、他杀的（被人推下站台），不在伤亡人数中统计。

习题及思考题

一、选择题

（1）城市轨道交通列车自动保护系统（ATP）的核心功能是（　　　）。
    A. 控制列车空调温度　　　　B. 防止列车超速和追尾
    C. 优化乘客乘车体验　　　　D. 提高票务结算效率

（2）行车调度员发布"扣车"指令时，司机应（　　　）。
    A. 立即紧急制动停车　　　　B. 保持当前速度运行
    C. 停靠下一站后等待指令　　D. 联系车站人员确认

（3）下列属于行车事故"一般事故"等级的是（　　　）。
    A. 列车脱轨　　　　　　　　B. 直接经济损失500万元
    C. 3人重伤　　　　　　　　D. 中断正线行车2 h

（4）"行车三要素"包括（　　）。
  A. 信号、道岔、司机   B. 时间、空间、速度
  C. 车辆、线路、供电   D. 调度、乘客、设备
（5）列车发生火灾时，司机应优先（　　）。
  A. 继续运行至终点站   B. 立即停车并启动紧急疏散
  C. 联系媒体通报情况   D. 关闭车厢照明系统
（6）行车安全管理中"红线条款"指（　　）。
  A. 允许轻微违规操作   B. 绝对禁止的严重违章行为
  C. 临时性安全措施   D. 设备维护周期规定
（7）《城市轨道交通行车组织管理办法》规定，正线列车最小行车间隔不得低于（　　）。
  A. 1 min B. 2 min C. 3 min D. 5 min
（8）列车救援连挂作业时，限速要求为（　　）。
  A. 5 km/h B. 15 km/h C. 25 km/h D. 40 km/h
（9）行车安全分析中"鱼骨图法"用于（　　）。
  A. 统计客流量   B. 追溯事故根本原因
  C. 设计列车运行图   D. 优化票务系统
（10）启动Ⅰ级应急响应时，应（　　）。
  A. 仅车站人员参与处置   B. 上报市级以上政府协调救援
  C. 关闭受影响线路所有车站 D. 由值班站长独立决策

二、判断题

（1）列车司机发现信号机故障时，可凭调度口头指令越过红灯。（　　）
（2）正线行车作业中，司机可自行决定切除 ATP 系统运行。（　　）
（3）列车紧急制动后，司机需立即向调度报告原因。（　　）
（4）"挤岔"事故属于重大事故等级。（　　）
（5）行车事故调查组应在事故发生后 24 h 内成立。（　　）
（6）列车连挂救援时，故障列车应处于制动缓解状态。（　　）
（7）每日运营前需进行"轧道车"空驶检查线路。（　　）
（8）接触网停电时，司机可降弓滑行通过无电区。（　　）
（9）行车安全"百日无事故"奖励属于主动安全管理措施。（　　）
（10）列车迫停隧道内时，应优先组织纵向疏散。（　　）

三、简答题

（1）有哪些影响城市轨道交通行车安全的因素？
（2）简述行车调度的基本任务和对行车安全的作用。
（3）行车调度作业安全要求包括哪些方面的内容？
（4）简述列车司机和副司机的安全职责。

项目五　城市轨道交通应急处置体系

知识目标
（1）掌握城市轨道交通的常见应急处理办法。
（2）掌握城市轨道交通应急处理的原则。
（3）掌握城市轨道交通突发事件的应急处理机制。

能力目标
（1）能说明城市轨道交通生产安全事故（事件）的概念、分类。
（2）能够快速准确地分析城市轨道交通突发事件产生的原因。
（3）能说明突发事件的定义、分类、分级和特征。

思政目标
通过了解城市轨道交通突发事件的危害和对应的应急处理措施，培养学生对乘客安全运输的责任感，并使学生在以后的学习中以认真、负责的态度学习相关专业知识，不断提高自己的职业技术技能，为我国城市轨道交通的发展和安全运营作出贡献。

任务一　认识城市轨道交通突发事件

任务引入

随着城市化进程的快速推进，城市轨道交通网络的规模逐渐扩大，选择城市轨道交通出行的乘客越来越多，但是由于地铁运营环境具有出口少、空间有限、人员密集、客流量大、疏散路径少等特点，使得运营安全问题随之凸显出来，遇到突发灾害事件时，一旦应对不当，将造成巨大的社会影响；其中，在影响方面带来的损失远大于实际损失。随着国内外城市轨道交通运营企业逐渐认识到突发事件管理的重要性，地铁运营企业开始建立专职部门来采取有效措施应对突发事件，安全已经成为城市轨道交通运营的重要课题。

通过本任务的学习，使学生了解城市轨道交通运营突发事件的种类、特征及产生的原因等相关知识。

一、城市轨道交通突发事件的类型

城市轨道交通突发事件是指突然发生，造成或者可能造成城市轨道交通重大人员伤亡、财产损失、列车中断运行、环境破坏和严重社会危害，需要采取应急措施以应对的自然灾害、事故灾难、公共卫生、社会安全及安全生产的紧急事件，具体如表5-1所示。

表5-1 国内外城市轨道交通突发事件一览表

事件类别	时间	地点	原因与后果
列车事故	2006年10月	意大利罗马	司机和行调人员违章作业等人为因素，导致列车与停站列车追尾，造成1人死亡，236人受伤
	2009年9月	日本东京	一辆故障维修车与一列空置列车相撞，影响29万名乘客出行，使地铁停运约6 h
	2009年12月	中国上海	两列车相撞，影响50万名乘客出行，使地铁停运约4 h
	2011年9月	中国上海	列车追尾，造成近300人受伤
	2014年5月	韩国首尔	两列地铁列车相撞，造成前面列车的后两节车厢脱轨，导致240余名乘客受伤
	2014年7月	俄罗斯莫斯科	列车3节车厢脱轨，造成22人死亡，161人受伤
	2015年5月	墨西哥墨西哥城	列车相撞，造成至少12人受伤
	2017年6月	美国纽约	车厢脱轨，造成34人受伤，800人被困
	2017年8月	印度北方邦	列车脱轨，造成至少50人受伤
停电	2003年8月	英国伦敦	约半个小时的重大停电事故，造成近2/3的地铁列车停运，大约25万人被困在地铁中，许多地铁站被迫暂时关闭
	2004年7月	中国广州	因供电网短路导致区间停电，约4 000名乘客出行受阻
	2007年10月	日本东京	早高峰时段地铁发生停电事故，致使1 500多名乘客被困黑暗中长达1 h，影响9.3万名乘客出行
	2012年8月	中国昆明	发生停电事故，停运22 min
火灾	1995年10月	阿塞拜疆巴库	地铁因电动机车电路故障发生火灾，造成558人死亡，269人受伤
	2003年2月	韩国大邱	人为纵火，导致198人死亡，147人受伤，直接经济损失达5 000亿韩元
	2012年3月	乌克兰基辅	地铁站大厅起火，致使整个地铁站焚烧殆尽
	2016年1月	日本东京	车站内不明物质燃烧而引起大火，约6.8万人出行受到影响
	2016年2月	中国香港	地铁发生火灾，造成十多人受到不同程度的烧烫伤
大客流事故	1999年9月	白俄罗斯明斯克	因地铁车站人数过多，发生踩踏事件，致使54人死亡

续表

事件类别	时间	地点	原因与后果
恐怖袭击	1995 年 3 月	日本东京	3 条线路的 5 节车厢同时发生"沙林"毒气事件,造成 13 人死亡,5 500 多人受伤
	1995 年 7 月	法国巴黎	因恐怖分子在地铁站发动爆炸,致使 8 人死亡,119 人受伤
	2001 年 8 月	英国伦敦	发生爆炸,造成 6 人受伤
	2004 年 2 月	俄罗斯莫斯科	发生炸弹爆炸,造成 30 人死亡,100 多人受伤
	2010 年 3 月	俄罗斯莫斯科	发生恐怖爆炸,造成 40 人死亡,近百人受伤
	2016 年 3 月	比利时布鲁塞尔	地铁发生爆炸,致使 15 人死亡,数十人受伤
	2017 年 4 月	俄罗斯圣彼得堡	地铁发生爆炸,致使 14 人死亡,49 人受伤
	2017 年 9 月	英国伦敦	发生恐怖爆炸,导致数十人受伤
水灾	2001 年 9 月	中国台北	暴雨和洪水造成 18 座车站被淹,地铁陷于瘫痪
	2008 年 3 月	中国上海	泡沫塑料堵塞下水道,4 部电梯停运,影响正常运营超 2 h
	2008 年 7 月	中国北京	雨水倒灌入车站,使地铁停运 3 h
	2008 年 11 月	中国杭州	地铁湘湖站坍塌,经济损失达 4 962 万余元
	2012 年 6 月	英国伦敦	地铁遭水淹,致使数百名乘客被困
	2016 年 7 月	中国南京	地铁站发生洪水倒灌,致使日均乘客数量减少约 100 万人

城市轨道交通突发事件可分为四类:运营生产类、社会治安类、公共安全类、自然灾害类。

(一) 生产运营类

生产运营类突发事件是指列车相撞脱轨、信号系统失灵和供电设备故障等影响轨道交通正常运营的突发事件。例如:火灾、爆炸、建构筑物坍塌、列车冲击、脱轨或者颠覆等重大生产安全事故,以及大面积停电、突发性大客流等严重影响地铁运营的突发事件,如图 5-1 所示。

图 5-1 列车相撞、脱轨

相关案例如下:

(1) 2005年4月25日上午,日本一列从宝塚开往同志社大学车站的快速电车冲入轨道边的停车场并与一辆轿车相撞,前四节车厢脱轨,其中前两节车厢猛地撞入离轨道6 m左右的一栋公寓楼的一楼并导致车身严重损毁。该事件导致107人死亡,549人受伤,是日本历史上最为惨重的列车事故之一。

(2) 据美国《纽约每日新闻报》2020年9月20日报道,当地时间8时17分,在曼哈顿区西村的一座地铁站,一列地铁车辆驶入站台时,突然发生脱轨,导致三节车厢脱离轨道。司机和众乘客顿时失去平衡,纷纷摔倒。不少人以为遭到了恐怖袭击。地铁站的工作人员随后在车辆脱轨的铁轨上发现了一排用来将铁轨固定到地基上的钢铁夹子,显然,这些夹子就是导致地铁脱轨的罪魁祸首。警方随后查看了监控录像,发现一名流浪汉此前跳下站台,在铁轨上安装了这些金属夹子,随即对他进行搜捕。

有目击者表示,当列车进站脱轨发生倾斜时,这个涉案的流浪汉在站台上狂笑不止,似乎是在庆祝自己作案成功。

据报道,事故发生后,地铁上大约有30人被疏散,其中三名乘客受伤。一名轻微受伤的乘客拒绝就医,另一名乘客在现场接受了治疗,第三名伤者被送往医院进一步治疗。

该事故导致脱轨地铁车辆的几个车轮被毁,一根铁轨被撞击后发生变形,地铁站四根铁轨的电力全部中断,直接影响其他列车到站,并导致曼哈顿5条地铁线大面积延误。

(二) 社会治安类

社会治安类突发事件是指重大刑事案件、恐怖袭击以及在地铁车站内发生聚众闹事、劫持人质等严重影响地铁运营安全的突发事件,如图5-2所示。

图5-2 恐怖袭击

(三) 公共卫生类

公共卫生突发事件是指传染病疫情、生化、毒气和放射性污染等造成或可能造成社会公众健康遭受危害而严重影响地铁运营的突发事件,如图5-3所示。其中,火灾是威胁城市轨道交通安全的主要因素,其占总事故数量的比例为34%左右。

(四) 自然灾害类

自然灾害类突发事件是指突发暴雨、暴雪、台风和地震等自然灾害，严重影响城市轨道交通安全运营的突发事件，如图 5-4 所示。

图 5-3　大客流和火灾事故

图 5-4　城市轨道交通受到地震和暴雨影响

二、城市轨道交通突发事件的特征和级别

(一) 突发性

多数突发事件是在人们缺乏准备的情况下突然发生的，且演变迅速。这需要具备极强应变能力的人员及时采取有效措施，否则会带来巨大伤害或损失。

(二) 不确定性

突发事件是一个不断发展变化的动态过程，且难以预测，不确定性显著，包括发展趋势不确定、造成后果不确定以及影响程度不确定等。而且，突发事件的这种特性经常会引发连锁反应，极大地增加了人们处理突发事件的难度。

(三) 多样性

突发事件的成因呈现多样化。例如，设备设施损坏、乘客不安全行为、火灾、暴雨和暴雪等，都有可能引发重大运营事故。

(四)危害性

突发事件的危害性高,危及范围广。事故一旦发生,都有可能造成严重后果,社会影响巨大。突发事件可能危及多个方面:对公众生命构成威胁、对公众财产造成损失、对环境产生破坏以及对公众心理造成障碍等。

(五)复杂性

因城市轨道交通系统具有封闭性、局限性及人员和设备高度集中等特点,突发事件应急处理受到许多方面的限制,而且涉及多个部门,需各部门协调配合。

根据国务院办公厅发布的《国家城市轨道交通运营突发事件应急预案》,根据运营突发事件的严重程度和发展态势,将应急响应设定为Ⅰ级、Ⅱ级、Ⅲ级、Ⅳ级四个等级标准,如表5-2所示。

表 5-2 不同级别突发事件的分级标准及具体表现

突发事件级别	分级标准	具体表现
Ⅰ级	造成30人以上死亡,或者100人以上重伤,或者直接经济损失1亿元以上	车辆、线路、信号设备故障等造成特别严重伤亡,火灾、爆炸、毒气袭击等特大公共安全事件,特别严重自然灾害
Ⅱ级	造成10人以上30人以下死亡,或者50人以上100人以下重伤,或者直接经济损失5 000万元以上1亿元以下,或者连续中断行车24 h以上	车辆、线路、信号设备故障等造成严重伤亡,火灾、爆炸、毒气袭击等公共安全事件;地震、台风等自然灾害
Ⅲ级	造成3人以上10人以下死亡,或者10人以上50人以下重伤,或者直接经济损失1 000万元以上5 000万元以下,或者连续中断行车6 h以上24 h以下	车辆、供电等设备故障,非运营时间内发生重大故障
Ⅳ级	造成3人以下死亡,或者10人以下重伤,或者直接经济损失50万元以上1 000万元以下,或者连续中断行车2 h以上6 h以下	客运设施设备发生故障
备注:上述分级标准有关数量的表述中,"以上"含本数,"以下"不含本数		

三、城市轨道交通突发事件的成因

城市轨道交通系统是一个庞大而又复杂的动态系统,引起突发事件的原因多而广,大体可归结为三种:人为因素、设备因素和自然因素。它们所占的比例如图5-5所示。

(1)人为因素包括违章作业、业务不精、判断失误、故意破坏和恐怖袭击等。人为因素是造成城市轨道交通事故的主要原因,占突发事件总量的50%左右。

(2)设备故障造成的突发事件非常多,包括列车故障(如屏蔽门失灵、主回路故障等)、信号设备故障等,占突发事件总量的30%左右。

(3)外界恶劣环境也是诱发突发事故的原因之一。例如,暴雨、暴雪和台风等会经常阻塞轨道交通路线甚至使其停运;地震对轨道交通的破坏性极大、危及范围广且救援困难,占突发事件总量的20%左右。

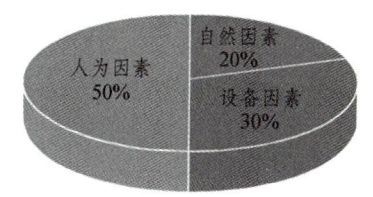

图 5-5　不同类型突发事件所占的比例

四、实战演练

【任务描述】

了解上海地铁"9·27"追尾事故发生的具体过程，并对事故原因及对策进行分析研究。

【任务目标】

（1）学会分析城市轨道交通突发事件的原因并研究应对对策。
（2）掌握城市轨道交通中应对各类突发事件的方法。

【任务自测】

描述一件你感兴趣的或发生在你身边的城市轨道交通突发事件，并回答以下问题：
（1）此城市轨道交通突发事件属于哪种类型？有什么特点？严重程度如何？
（2）分析造成此城市轨道交通突发事件的原因。
（3）你认为应该采取何种有效措施以防止此类突发事件的发生？

上海地铁"9·27"追尾事故分析及对策研究

1. 发生时间、地点

时间：2011 年 9 月 27 日 14 时 37 分。
地点：上海地铁 10 号线豫园站至老西站下行区间。

2. 事故过程

2011 年 9 月 27 日 13 时 58 分，上海自动化仪表股份有限公司电工在进行地铁 10 号线新天地车站电缆孔洞封堵作业时，发生供电缺失，导致 10 号线新天地集中站信号失电，造成中央调度列车自动监控红光带、区间线路区域内车站列车自动监控面板黑屏。地铁运营由自动系统向人工控制系统转换。

此时，1016 号列车在豫园站下行出站后显示无速度码，司机立即向 10 号线调度控制中心报告，行车调度员命令 1016 号列车以手动限速（RMF）的方式向老西门站运行。14 时 00 分，1016 号列车在豫园站至老西门站区间遇红灯停车，行车调度员命令停车待命。14 时 01 分，行车调度员开始进行列车定位。14 时 08 分，行车调度员违规发布调度命令，交通大学站至南京东路站上下行区段实行电话闭塞法行车。

14时35分，1005号列车持路票从豫园站发车。14时37分，1005次列车以54 km/h的速度行进到豫园站至老西门站区间弯道时，发现前方有列车（1016号）停留，随即采取制动措施，但由于惯性，1005号列车仍以35 km/h的速度与1016号列车发生追尾碰撞，造成近300人受伤。

事故发生后，政府管理部门、地铁运营单位以及相关公交企业等立即启动了应急预案，一方面派出抢修队伍，另一方面启动公交预案组织疏散乘客。上海巴士公交运营单位紧急增援的公交车辆多达105辆，大量公安干警紧急到场维持秩序。但整个应急疏散过程仍长达4个多小时，大量乘客因此滞留。

3. 原因分析

（1）运营人员执行规章制度不严，进行了违章作业。首先，行车调度员在未准确定位故障区间内全部列车位置的情况下，违规发布电话闭塞命令；其次，接车站值班员在未严格确认区间线路是否空闲的情况下，违规同意发布车站的电话闭塞要求。

（2）预防工作存在漏洞。设备设施维护、隐患排查治理不到位，未按规定进行日常维护保养，且一些设备老化严重。

（3）信息发布滞后。事故发生后，列车司乘人员和应急管理部门未及时发布事故相关信息，并有效组织乘客尽快撤离，引导乘客改乘其他交通工具，导致大量乘客长时间滞留。

（4）应急管理不到位，处置能力不足。应急指挥没有及时掌握信息，快速、灵活地调动应急队伍、应急物资，并根据突发事件的变化和应急需要进行快速调整。事故发生后，列车司机没有采取及时有效的措施打开车门疏散乘客。

4. 应对措施

通过本次事故，有关部门要认真吸取事故教训。为防止此类事故再次发生，应注意以下几点：

（1）要举一反三，以人为本，安全至上，不断优化和完善地铁运行规章制度。
（2）要进一步健全隐患排查治理机制。
（3）要进一步健全特大型城市地铁运营的管理机制，不断提升城市地铁运营安全。

任务二 认识城市轨道交通应急处置

任务引入

通过本任务使学生学习城市轨道交通应急处置需遵循的原则和应急处理机制等相关知识。

一、城市轨道交通应急处置及原则

城市轨道交通应急处置是指为降低突发事件危害，通过对突发事件原因、过程及后果进行分析，有效整合社会相关资源，对突发事件进行有效预警、控制和处理的过程。

一旦发生城市轨道交通突发事件，造成的经济损失和社会影响都不可估量。很多国家在经历了惨痛的事故教训后，开始注重对事故的预防研究、逃生方案的制订等，不断完善突发事件应急处理体系，以确保城市轨道运营安全。

城市轨道交通应急处置的原则如下。

（一）预防为主

事件发生前，准确预测预警，防止突发事件发生，制订应急预案，尽可能避免影响扩大、后果恶化。

（二）以人为本、安全第一

坚持"先救人，后救物""先全面，后局部"的原则，优先组织人员疏散、抢救伤员，同时兼顾重点设备和环境的保护，尽快恢复运营，减少损失。

（三）反应迅速

突发事件发展迅速，任何延误都有可能加大应急处理难度，引发更为严重的后果。在发生突发事件时，必须迅速反应、有效甄别、控制事态，将损失降到最低。

（四）资源共享

由于突发事件的紧迫性，一般现场第一时间的可用资源（包括人力、物质及信息等资源）有限，需要遵循资源共享原则，建立良好的资源配置机制，有效发挥资源的最大效用。

二、应急预案

应急预案是指针对可能发生的应急事件，为保证迅速、有序、有效地开展应急救援行动，控制、减轻和消除应急事件引起的危害，规范各类应对活动预先制定的方案，它明确了在某类突发事件发生前、发生中以及发生后，谁负责做什么、何时做以及怎样做等，为应急组织人员预先做出具体安排。应急预案一般具有很强的针对性，不同的突发事件对应不同的应急预案，如大客流应急预案、火灾应急预案、列车故障应急预案等。

为了快速、有效地处理突发事件，熟练掌握应急处理方法，城市轨道交通运营企业一般会针对突发事件特点制订相应的应急预案。根据预案要求，运营企业会对员工进行系统培训，并定期组织应急演练，以增强相关工作人员的防范意识和应对能力。

（一）应急预案基本内容

（1）运营单位抢险指挥领导人员的组成和职责：抢险指挥领导小组应负责抢险救援的组织、指挥、决策，并指挥各部门实施各自的应急预案，尽快恢复运营秩序。

（2）抢险信息的报告程序应遵循迅速、准确、客观报告的原则。

（3）明确现场处理过程中各部门的组织原则及相关职责。

（4）不同事故情况下的抢险救援策略和人员疏散方案。

（5）提供救援人员、通信、物资、医疗救护和生活方面的保障。

（二）应急预案的作用

应急预案是应急救援准备工作的核心内容，在应急管理中的作用主要体现在以下几个方面：

（1）明确了应急救援的范围和体系，使应急准备和应急管理尤其是培训和演习工作的开展有章可循、有据可依。

（2）成为各类突发事故的应急基础。通过编制基本应急预案，可保证应急预案具有足够的灵活性，对那些事先无法预料的突发事故也可以起到基本的应急指导作用。针对特定危害编制专项应急预案，可以有针对性地采取应急措施，进行专项应急准备和演习。

（3）有利于及时做出应急响应，降低事故危害程度。

（4）有利于提高各级人员的风险防范意识。

（5）当发生超过应急能力的重大事故时，便于与上级应急部门协调。

（三）应急预案层次

可能发生的突发事件是纷繁复杂的，通过合理地对城市轨道交通应急预案进行层次划分，各种类型的应急预案可有机结合在一起。按照预案体系结构，应急预案可划分3个层次，即综合应急预案、专项应急预案和现场应急预案。

1. 综合应急预案

综合应急预案是指企业应对各类突发事件的综合性文件，以集中指挥和应急救援为主，总体阐述应急方针政策，明确应急组织职责等。

2. 专项应急预案

专项应急预案是指针对具体不同类型的突发事件（如列车冲突、设备故障、火灾等）而制订的方案。专项应急预案是综合应急预案的组成部分，具有明确的救援程序、措施和应急联动机制，以便快速有效地发挥最佳应急效果。

3. 现场应急预案

现场应急预案是指在城市轨道交通运营过程中，针对在特定的场所或重要防护区域等发生的具体突发事件所制订的方案，例如，列车脱轨、碰撞、挤岔，信号设备故障以及车站火灾等事件的应急预案。现场应急方案的制订应做到具体、简单，针对性强。

（四）城市轨道交通应急预案的演练

1. 应急预案演练的形式

（1）按内容划分：综合演练和专项演练。

（2）按形式划分：现场演练和桌面演练。

（3）按目的划分：检验性演练和研究性演练。

2. 应急预案演练的内容

（1）计划。

梳理演练需求、明确演练任务、编制演练计划、审批演练计划。

（2）准备。

成立演练组织单位、确定演练目标、设计演练情景事件、设计演练流程、设计技术保障方案、设计评估标准和方法、撰写演练方案文件、审批方案、培训、演练。

（3）实施。

演练前检查、演练前情况说明和动员、演练启动、演练执行、演练结束、现场点评会。

（4）评估总结。

评估、总结、文件归档与备案。

（5）改进。

改进行动、跟踪检查与反馈。

通过应急演练，城轨应急人员应做到熟练掌握、迅速反应，正确处理各种突发事件。

三、城市轨道交通应急处置的指挥机构和工作组织

（一）应急处置的指挥机构

当发生重大轨道交通突发事件时，相关人员应立即成立抢险领导小组和现场指挥小组；当发生一般轨道交通突发事件时，由于该类事件应急处理的难度和影响较小，相关人员只需成立现场指挥小组即可。

1. 抢险领导小组的组成及职责

（1）人员组成。

组长：运营企业总经理。

组员：副总经理、总工程师、公安部门领导、相关专业部门负责人、控制中心主任、公司新闻发言人等。

（2）职责。

抢险领导小组主要负责整个突发事件抢险救援组织、指挥和决策工作，指挥各专业部门和外援单位参加抢险救援，代表城市轨道交通运营企业对外进行信息发布等。

2. 现场指挥小组的组成及职责

（1）人员组成。

组长：直接相关专业的部门负责人。

组员：由组长指定相关专业部门负责人。

（2）职责。

现场指挥小组的职责包括及时向领导小组反映现场情况，正确执行领导小组的决策，调动城市轨道交通运营企业的各种资源来支援抢险救援工作，负责现场技术支持及信息的沟通与传递，采取各种措施控制事态发展等。指挥在封锁范围内的各专业抢险队展开工作，减少人员伤亡和财产损失，尽快恢复城市轨道交通运营服务。

(二)城市轨道交通应急管理模式

城市轨道交通应急管理模式包括预防(Prevention)、准备(Preparation)、响应(Response)和恢复(Recovery)四个阶段的应急管理,简称PPRR。

1. 预防阶段

预防工作主要通过针对运营危险源制定相关安全生产风险的管理办法来保障运营安全,预警的内容包括:可能引起突发事件的人员、设施设备及环境的状态的预警,自然灾害预警,纵火爆炸、投毒、恐怖活动等事故的预警,以及其他可能威胁运营安全的预警。

依据危害程度、发展情况和紧迫性等因素,突发事件的预警级别分为Ⅰ级、Ⅱ级、Ⅲ级、Ⅳ级,颜色依次为红色、橙色、黄色和蓝色。

(1)红色预警。

预计将要发生特别重大以上轨道交通运营突发事件,事件会随时发生,事态正在不断蔓延,发布红色预警。

(2)橙色预警。

预计将要发生重大以上轨道交通运营突发事件,事件即将发生,事态正在逐步扩大,发布橙色预警。

(3)黄色预警。

预计将要发生较大以上轨道交通运营突发事件,事件已经临近,事态有扩大的趋势,发布黄色预警。

(4)蓝色预警。

预计将要发生一般以上轨道交通运营突发事件,事件即将临近,事态可能会扩大,发布蓝色预警。

2. 准备阶段

准备阶段包括制订应急预案,建立应急组织结构和危机预警机制,制订应对不利紧急情况的应急方案;根据方案需要,做好组织、人力资源、资金、应急物资和设备等方面的准备。

城市轨道交通运营企业各单位或部门都应建立本单位或部门的应急人员保障制度、应急物资保障制度、技术保障制度、培训保障制度和培训演练保障制度等。

3. 响应阶段

一旦发生紧急事件,应急响应的一般过程如下:

(1)接警,确定应急响应级别。

(2)应急预案启动。

(3)应急救援。

(4)应急恢复和结束等。

根据突发事件的严重程度和发展态势,应急响应可设定为Ⅰ级、Ⅱ级、Ⅲ级、Ⅳ级四个等级。初判发生特别重大、重大运营突发事件时,相关人员分别启动Ⅰ级、Ⅱ级应急响应,由运营企业向市应急指挥中心报告,应急中心启动应急预案,各工作人员接到命令,赶到现场进行处置。初判发生较大、一般运营突发事件时,相关人员分别启动Ⅲ级、Ⅳ级应急响应,以运营企业为主进行处置,启动应急预案,同时向指挥中心报告。

4. 恢复阶段

应急抢险工作结束后,对应急处理过程进行总结,对应急救援能力做出评估,就事故应急抢险过程中暴露出来的问题及时进行调整,制定改进的措施。

(三) 应急处理的工作组织

1. 现场处理组织

现场指挥小组根据事故现场确定应急方案;抢险领导小组提前到位,尽快掌握现场并领受任务。

2. 运营组织

运营组织人员及其职责如表 5-3 所示。

表 5-3　运营组织人员及其职责

运营组织人员	主要职责
控制中心值班主任	与现场指挥加强联系,随时了解现场状况,组织具备运行条件的区段维持运营
行车调度员	迅速了解现场情况并上报,及时、准确地发布抢险救援命令,协助现场处理有关事宜,在可运行区段内组织列车运行
环控调度员	迅速了解现场情况并上报,及时、准确地发布通风系统运行等命令,协助现场处理有关事宜,监控综合监控器、机电设备及环境监控系统的运作状况
电力调度员	迅速了解现场情况并上报,根据现场状况和行车调度员命令,及时、准确地停送电,协助现场处理有关事宜,确保可供电区段正常供电
车站人员	加强与控制中心的联系,并执行其调度命令,做好组织工作,封闭事故现场等
地铁公安人员	维持车站秩序,保护事故现场,关注可疑动态,严防不法分子趁机破坏和捣乱
列车司机	执行调度部门命令,做好现场宣传和客运组织工作

四、城市轨道交通应急设备

为了应对可能出现的突发状况,保证乘客安全,城市轨道交通企业一般在列车和车站内安装有一定的应急设备。当出现突发状况时,乘客可以通过应急设备进行报警或自救。

(一) 列车应急设备

现代地铁车辆无论是在乘客乘车车厢还是车辆驾驶室内都安装有应急设备,主要包括应急疏散门、紧急报警装置、紧急开门装置以及灭火器等。

1. 应急疏散门

在列车两端驾驶室各有一扇应急疏散门,在司机室左部顶的水平轴垂直向上开启,当列车上发生火灾等突发事件时,用其来疏散乘客,如图 5-6 所示。

应急疏散门的使用步骤:① 向上扳动红色锁把手柄;② 按操作指示牌标识移动梯盖;③ 展开斜梯。

图 5-6　应急疏散门

2. 紧急报警装置

紧急报警装置安装在列车车厢内，一般情况下，列车每节车厢至少安装两个紧急报警器，包括报警按钮和紧急对讲器。当出现乘客发生意外、火灾等紧急情况时，乘客可利用此装置通知司机，紧急报警装置如图 5-7 所示。

紧急报警器的使用步骤：① 打开盖子；② 按下按钮；③ 指示灯亮时通话报警。

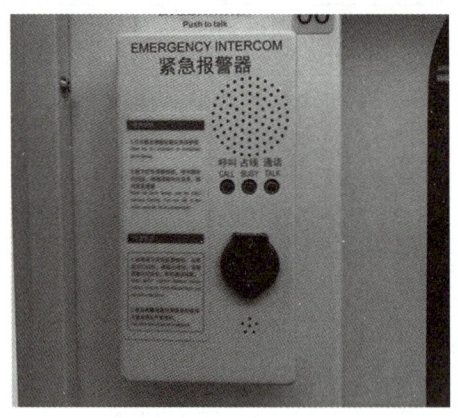

图 5-7　紧急报警装置

3. 紧急开门装置

在列车的每个车门上均安装有紧急开门装置，遇故障或紧急情况需人工开门时，乘客可使用。列车中常见的两种紧急开门装置如图 5-8 所示。

紧急开门装置的使用步骤：① 拉掉盖板；② 按箭头方向旋转手柄（或拉下手柄）；③ 手动开门。

 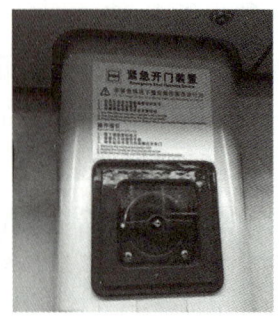

图 5-8　紧急开门装置

4. 灭火器

一般情况下，灭火器放置于列车每节车厢乘客底座或车辆前后两端的设备箱内，当发生火灾时，乘客可自行使用，如图 5-9 所示。

灭火器的使用步骤：① 取出灭火器；② 拔出保险栓；③ 左手拿喷头对准火源，右手按压阀门灭火。

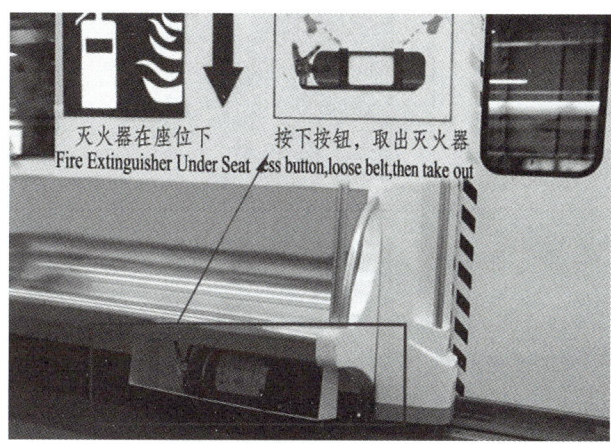

图 5-9　灭火器及其使用方法

（二）车站应急设备

1. 车站机电设备应急装置

车站机电应急设备主要包括火灾紧急报警器、紧急停车按钮、自动扶梯紧急停止按钮、屏蔽门解锁手柄等，如表 5-4 所示。根据城市轨道交通系统的建设要求不同，这些应急设备的安装位置和数量会略有不同，但使用时机和方法相同。

表 5-4　不同类型应急设备的安装位置及使用方法

名称	图片	安装位置	使用时机和方法
紧急停车按钮		站台墙壁上，靠近列车车头、车尾两侧	当发生列车夹人夹物，或人、物掉落轨道等紧急状况时，击碎保护罩，按下按钮

续表

名称	图片	安装位置	使用时机和方法
自动扶梯紧急停止按钮		自动扶梯上下两端右侧各一个	乘客乘坐扶梯发生紧急状况（如摔伤、卡在扶梯中、电梯震动等）时，按下此按钮
火灾紧急报警器		站厅、站台消防栓、灭火器旁	当火灾发生时，击碎保护罩，按下按钮
屏蔽门解锁手柄		屏蔽门内侧中部	当发生紧急情况（如夹人、夹物等）时，拉开绿色手柄，拉开屏蔽门

2. 救援应急设备

救援应急设备主要包括呼吸器[见图 5-10（a）]、逃生面具[见图 5-10（b）]、应急灯[见图 1-10（c）]、担架、抢险锤等。当发生火灾或紧急状况时，相关人员可使用救援应急设备开展救援工作。这些设备一般由各岗位工作人员保管并定期检查，随取随用。

（a）呼吸器

（b）逃生面具

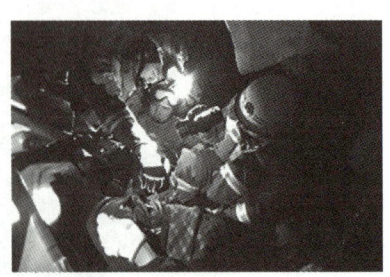

（c）应急灯

图 5-10 常见的救援应急设备

五、实战演练

城市轨道交通应急设备的认识和操作

【任务描述】

学生在模拟站台实训室内对城市轨道交通不同类型应急设备进行操作,熟悉其使用方法和使用时机。

【任务目标】

(1) 了解城市轨道交通应急设备的类型、位置和作用。

(2) 掌握城市轨道交通应急设备的使用方法和使用时机。

【任务实施】

1. 操作流程

(1) 学生按照2人一组的形式成立小组。

(2) 找到列车上的4种应急设备,明确使用时机,对4种应急设备进行操作。

(3) 找到车站上的4种机电应急设备,明确使用时机,对4种机电应急设备进行操作。

2. 对实际操作的结果进行测评

应急设备操作考核时间为20 min,测评标准如表5-5所示。

表5-5 应急设备操作测评表

项目	评分	考核内容和评分标准	得分
操作程序	35	确认应急设备位置是否准确,每错一处扣2分	
		应急设备操作步骤是否准确,每错一处扣2分	
		应急设备使用时机是否准确,每错一处扣2分	
质量	35	确认应急设备位置是否合理,不符合要求的,每处扣2分	
		应急设备操作步骤是否合理,不符合要求的,每处扣2分	
		应急设备使用时机是否合理,不符合要求的,每处扣2分	
安全及其他	30	未按规定穿戴个人劳保用品,每少一件扣5分	
		未按规定进行操作,扣5分	
		出现设备损害、人身伤害,扣4分	
		超时1 min,扣5分,超过2 min,则停止考核	
合计		100分	

习题及思考题

一、填空题

(1) 城市轨道交通突发事件可分为四个级别:_____、_____、_____、_____。

（2）城市轨道交通运营中常见的突发事件一般可分为_____、_____、_____、_____。

（3）当发生重大轨道交通突发事件时，相关人员应立即成立_____和_____。当发生一般轨道交通突发事件时，由于该类事件应急处理的难度和影响较小，相关人员只需成立_____即可。

（4）城市轨道交通应急处置应遵循_____、_____、_____、_____等原则。

（5）列车应急设备一般包括_____、_____、_____、_____。车站应急设备一般包括_____、_____、_____、_____。

（6）城市轨道交通突发事件的特征为_____、_____、_____、_____。

（7）城市轨道交通的应急处理过程可分为四个阶段：_____、_____、_____、_____。

（8）_____是指在城市轨道交通运营过程中，针对在特定的场所或重要防护区域等发生的具体突发事件所制订的方案。

二、判断题

（1）车站配备的突发事件应急设备或装置包括呼吸器、逃生面具、紧急报警器和应急疏散门等。（　　）

（2）城市轨道交通运营过程中发生突发事件时，应急人员应以抢救和救治乘客为首要任务。（　　）

（3）造成5人以上10人以下死亡，或者10人以上60人以下重伤，或者直接经济损失1 000万元以上5 000万元以下，或者连续中断行车8 h以上24 h以下的突发事件属于Ⅱ级（重大）突发事件。（　　）

（4）依据危害程度和紧迫性等，突发事件预警级别可分为Ⅰ级、Ⅱ级、Ⅲ级和Ⅳ级，分别用红、绿、橙、黄色表示。（　　）

（5）城市轨道交通突发事件主要有突发性、不确定性、多样性、危害性等特征。（　　）

（6）应急管理是对重大事故的全过程管理，贯穿于事故发生前、中、后的各个过程，充分体现了"预防为主，常备不懈"的应急思想。（　　）

（7）发布突发公共事件预警信息时，Ⅱ级（严重）一般用红色表示。（　　）

（8）突发公共事件的信息发布应当实事求是、及时准确。（　　）

（9）逃生面具的保存期为3年，安全使用时间为15 min。（　　）

三、简答题

（1）什么叫城市轨道交通突发事件？

（2）城市轨道交通突发事件的处理原则是怎样的？

（3）城市轨道交通应急设备有哪些类型？

（4）城市轨道交通突发事件是如何分级的？

（5）简述城市轨道突发事件应急处理信息上报的内容和流程。

项目六　车站突发事件应急处理

知识目标

（1）了解城市轨道交通车站屏蔽门、自动售检票（AFC）系统、大客流事件和路外伤亡等相关概念。

（2）掌握城市轨道交通站台屏蔽门、电梯故障，大客流产生的原因及预防措施。

（3）掌握城市轨道交通车站突发性大客流、路外伤亡、恐怖袭击和安检可疑物的应急处理方法。

能力目标

（1）掌握城市轨道交通车站各类突发事件的应急处理方法。

（2）能够进行城市轨道交通车站各类突发事件的应急演练。

（3）培养将城市轨道交通车站突发事件理论知识应用于实践的能力。

思政目标

在课堂上让学生分享在地铁车站跟岗实习时遇到突发情况时的处理方法，通过现场的言传身教，可以使其他同学对城市轨道交通应急处置的理解变得更为准确与深刻。如地铁在春运期间出现客运大客流时，需要地铁站务员、值班员、值班站长等多个岗位的工作人员坚守岗位，进行客流疏导与组织工作，这需要坚定的职业信念与吃苦耐劳精神。

任务一　车站设备故障应急处理

任务引入

2014年11月6日19时09分，北京地铁5号线惠新西街南口站，一名女性乘客在乘车过程中卡在了屏蔽门和列车车门之间，列车起动后该乘客掉下站台。车站工作人员发现后，立即采取列车紧急停车和线路停电措施，迅速将受伤乘客抬上站台。随后，该乘客被120急救车送往医院，经医院全力抢救无效后死亡。

地铁车站作为乘客集散、换乘的重要场所，一旦发生突发事件，会影响车站的正常运营秩序，同时也会给乘客出行带来影响，甚至危及生命，因此，车站突发事件被列为城市轨道交通安全的重点对象。

本案例表明屏蔽门事故严重威胁着乘客的生命安全，所有车站员工都必须熟练掌握车站各类突发事件的应急处理措施，以尽可能减少人员的伤亡。通过本任务的学习，使学生了解和掌握城市轨道交通车站设备发生故障时的应急处理方法。

一、车站 AFC 设备的相关知识

（一）AFC 系统的定义及构成

AFC 系统（Automatic Fare Collection system）又称作自动售检票系统，是以磁卡（纸制磁卡和 PET 磁卡）或智能卡（非接触式 IC 卡）作为车票介质，利用自动售票机、半自动售/补票机、自动检票机、查询机等终端设备，并通过计算机网络实现轨道交通运营中的自动售票、自动检票、自动收费、自动统计的封闭式票务管理自动化系统。它是基于计算机技术、网络技术、通信技术、自动控制技术、大型数据技术、机电一体化技术、模式识别技术、传感技术、精密机械技术等多项新技术于一体的系统。

AFC 系统主要由清分系统层、线路中央计算机系统层、车站计算机系统层、车站 AFC 终端设备层和车票五个层级构成，如图 6-1 所示。

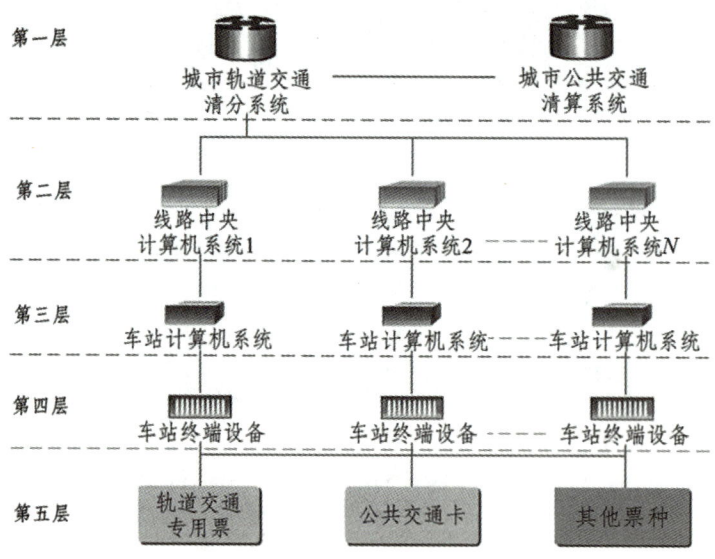

图 6-1　AFC 系统层次结构

（二）AFC 系统的主要工作内容

（1）实现中央系统、车站系统和终端设备之间的数据传输和处理。

（2）完成车票制作、售票、检票、票务统计分析等工作。

（3）及时、准确地进行客流、票务数据的收集、整理、汇总和分析。

（4）实现轨道交通收益方的清分结算以及与关联系统等外部接口之间的清分结算，同时可通过银行或金融机构实现账务划拨。

（三）AFC 终端设备

AFC 终端设备主要包括自动售票机（TVM）、自动检票机（AG）、半自动售票机（BOM）、自助查询机（TCM）等，如图 6-2 所示。

（a）自动售票机（TVM）　　　　　　（b）自动检票机（AG）

图 6-2　AFC 终端设备

1. 自动售票机（TVM）

自动售票机，简称 TVM（Ticket Vending Machine，TVM），设于车站非付费区，用于乘客自助式购买单程票或对储值票进行充值或查询等，如图 6-2（a）所示。自动售票机可接受硬币、纸币等支付方式，并在乘客购票时以硬币或纸币的形式找零，当故障出现时，自动发出报警信息并自动转为维修模式。

2. 自动检票机（AG）

自动检票机，俗称闸机（Automatic Gate machine，AG），布置于付费区与非付费区的交界处，是实现乘客自助进出站检票交易的设备。当检查到乘客持有效车票，检票机通道阻挡解除（门扇开启或释放转杆），允许乘客进出站，如图 6-2（b）所示。入站时在车票上写入入站信息，出站时读取车票信息后回收车票或扣除车费、显示余额。

地铁所采用的自动检票机大多为剪式回缩门式，常见的标准型闸机和宽通道型闸机如图 6-3（a）所示，三杆式闸机如图 6-3（b）所示。

（a）标准型闸机和宽通道型闸机　　　　　　（b）三杆式闸机

图 6-3　常见的闸机类型

（1）进站检票机设置在车站的进口处，用于对进站乘客所持车票的有效性进行检查和判断，并做出相应的处理或发出相应的警告和提示。

（2）出站检票机为乘客出站检票使用，可对出站乘客所持车票的有效性进行检查和判断，并做出相应的处理或发出相应的警告和提示。

（3）双向检票机同时具备进站检票机和出站检票机的功能，可根据运营需要，通过车站计算机本地操作对其功能进行设定，如图6-4所示。

图6-4　双向检票机

双向检票机可设定为下列三种运行状态：

① 进站检票使用。

② 出站检票使用。

③ 进/出站双方向检票使用，检票机可根据乘客使用方向不同，随时调整运行状态。

（4）读卡器。

读卡器设置在乘客进闸方向右侧，并设置标志及指示灯引导乘客刷卡，同时可对非接触式IC卡或二维码进行读写和识别，如图6-5所示。

图6-5　读卡器

（5）AG的界面显示装置。

自动检票机的界面显示装置主要面向乘客提示信息，包括通道指示器和乘客显示器。通道指示器为可变显示，能够显示通道的使用方向；乘客显示器也为可变显示，可显示中文、英文、数字及图形，以引导乘客正确使用检票机。

（6）AG暂停服务。

设备发生故障（自动切入暂停服务）或被设置成关闭模式时，任一维修门被打开，设备自动进入暂停服务状态，如图6-6所示。双向闸机被设置成单向模式时，另一方向的乘客显示器将显示"暂停服务"界面。若更换票箱或设备维修时需要将闸机暂停服务，应提前立警示牌或用围栏隔离此通道，且尽量在非运营时间或客流较少时段进行，从而不影响正常的客运秩序。

图6-6　AG正常和故障时的界面显示

3. 半自动售票机（BOM）

半自动售票机（Booking Office Machine，BOM）如图6-7（a）所示，通常设在站厅层的车站售票亭和补票亭内，可兼顾付费区和非付费区的乘客。站务员负责使用半自动售票机，由地铁工作人员提供地铁车票和一卡通车票相关的服务，如票务处理、车票发售、车票充值、车票分析、退票及其他票务服务。

4. 自动查询机

自动查询机（Ticket Checking Machine，TCM）如图6-7（b）所示，安装在车站非付费区，供乘客自助查看车票的信息及有效性，读取过程中不修改车票上的任何数据。

（a）半自动售票机（BOM）　　　　（b）自动查询机（TCM）

图6-7　半自动售票机和自动查询机

二、AFC 故障的应急处理

(一) 自动售票机全部故障的应急处理

1. 信息汇报和先期处置

(1) 车站人员。

车站人员发现自动售票机全部故障后,立即报告行车值班员和客运值班员。

行车值班员接报后,立即报告值班站长和运行控制中心(Operation Control Center, OCC),并做好车站广播,通过 CCTV(轨道交通闭路电视系统,Closed-Circuit Television)实时监控车站情况,做好与控制中心和车站各岗位的信息传递工作。

值班站长接报后,立即到现场了解情况,组织安排疏导乘客和安全防护的工作。

(2) 控制中心。

控制中心接报后立即启动相应的应急预案,派维修人员进行维修工作,并重新调整行车运营方案。

2. 应急响应

车站人员根据控制中心的指令,打开边门引导乘客进出站,通知客运值班员、客服中心售卖预赋值单程票,并配合维修人员进行设备维修工作。

3. 应急终止,恢复运营

设备恢复正常后,行车值班员报告 OCC,根据 OCC 命令恢复车站的正常服务工作,停止售卖单程票,撤销防护,应急终止。

相关案例

2020 年 7 月 20 日 17 时左右,长沙地铁 1~5 号线互联网售检票系统故障,导致互联网售票机、长沙地铁 App 暂时无法正常使用,使得乘客无法正常登录扫码进出站,无法网络购票,所有乘客只能准备现金购票,1 号线涂家冲站、五一广场站乘客因此排起了长队,如图 6-8 所示。

20 时 7 分,经专业技术人员紧急抢修,长沙地铁 1~5 号线互联网售检票系统故障已修复,互联网售票机、长沙地铁 App 恢复正常使用。

图 6-8 互联网售检票系统故障现场

（二）进/出站闸机全部故障的应急处理

1. 信息汇报和先期处置

（1）车站人员。

站务人员发现进/出站闸机全部故障后，立即报告行车值班员和客运值班员。

行车值班员接报后，立即报告值班站长和OCC，并做好车站广播，通过CCTV实时监控车站情况，做好与控制中心和车站各岗位的信息传递工作。

值班站长到现场了解情况，组织安排疏导乘客和安全防护的工作。

（2）控制中心。

控制中心接报后立即启动相应的应急预案，派维修人员进行维修工作，并重新调整行车运营方案。

2. 应急响应

车站人员根据控制中心指令，打开边门引导乘客进出站，回收单程票，对持储值票的乘客做好解释工作，并配合维修人员进行设备维修工作。

3. 应急终止，恢复运营

闸机设备恢复正常后，行车值班员报OCC，并根据OCC命令恢复正常服务工作，应急终止。

三、实战演练

城市轨道交通AFC设备故障的应急演练

2013年11月20日7时12分，武汉地铁2号线全线21个站点的自动检票系统发生故障，导致进出站闸机无法刷卡，到了8时20分左右，各站点的进出站闸机才得以恢复正常。由于事发突然，加上正值早高峰时段，各个站点均出现了不同程度的乘客滞留现象。为应对这一突发事件，多个站点开闸免费放乘客进入，而有的站点则使用纸质车票。站点工作人员一边维持秩序，一边指引乘客通过闸机。同时，运营公司还向广大乘客表达了歉意，并承诺将加强设备维护管理，提高设备服务效率，更好地服务广大乘客。

【任务描述】

根据以上案例，请编写相应的应急处理方案，并采用角色扮演法分组进行模拟演练；或者选定某一类AFC设备故障，编写相应的应急处理方案，并采用角色扮演法分组进行模拟演练。

【任务目标】

（1）掌握城市轨道交通AFC设备故障的应急处理方法。

（2）培养和提高学生对城市轨道交通AFC设备故障的应急处理能力。

【任务实施】

（1）学生可按7人为一组进行分组，分别担任站务人员、行车值班员、值班站长、客运值班员、行车调度员、值班主任和维修人员。

（2）根据本任务所学内容，编写AFC故障的应急处理方案。

（3）每组学生按照所编写的应急方案反复进行演练，逐步完善演练效果。

（4）每组学生依据最终确定的演练方案，进行汇报演练。

（5）教师对各小组的汇报演练进行评估，指出演练中存在的问题并加以讨论。其中，评估标准主要包括编写思路是否清晰，内容是否完整，是否具有可操作性，汇报话语是否流畅，是否表达清晰、准确和得体。

【任务自测】

2020年12月3日7时左右，不少乘坐重庆轨道交通的市民发现，部分车站的进出站闸机出现了无法刷卡的情况，导致乘车出行受到一定影响。据了解，由于正值早高峰通勤时间，为了最大限度避免对市民出行造成影响，轨道工作人员采取了开放侧门的方式，引导市民不刷卡乘车，直接进出站。

针对这次事故，完成以下任务：

（1）编写相应的应急处理方案。

（2）分析案例中的应急处理方案，通过对比进一步优化自己编写的应急处理方案。

任务二　安全门系统故障应急处理

北京地铁5号线屏蔽门故障　天通苑北站只开5个屏蔽门

2012年10月11日下午，从地铁5号线天通苑北站上车的乘客发现，开往宋家庄方向一侧的屏蔽门只有5个开放，其余的都已关闭。

15时许，在天通苑北站，不少乘客刚走上2层站台厅，就见有蓝色隔离带将楼梯口堵住一大半，仅留有供一人通过的宽度，站台上20多个屏蔽门仅有5个始终处于打开状态，其余屏蔽门前都摆放着消防栓，或用隔离带围住，来车时并不开启。开着的屏蔽门附近有工作人员看守，以防止乘客跌落。一工作人员表示"屏蔽门都打不开，差不多有4个小时了，这5个门是手动打开给乘客上车的。"在车头附近的站台上，有五六名维修人员正忙着维修。

17时20分许，北京地铁官方微博称，地铁5号线天通苑北站下行（开往宋家庄方向）屏蔽门故障，目前工作人员正在进行抢修。为确保晚高峰运营秩序，目前采取人工手动控制屏蔽门开闭，对运营影响不大。

作为隔离站台区和轨行区的重要安全设备，屏蔽门越来越多地被安装和投入到城市轨道交通运营中，以确保乘客和行车的安全。本案例表明了一旦屏蔽门发生事故，将严重影响行车秩序，因此城市轨道交通运营人员应熟练掌握相应的应急处理方法。通过本任务的学习，使学生了解城市轨道交通车站安全门发生故障时的应急处理方法。

一、安全门系统

（一）安全门的功能

地铁安全门是一项集建筑、机械、材料、电子和信息等学科于一体的高科技产品，安装在车站站台边缘，将站台与行车轨道区域隔离开。安全门系统主要由机械和电气两大部分构成，机械部分包括门体结构和门机驱动系统；电气部分包括控制系统、监视系统及电源系统。

安全门的作用除了保障列车及乘客进出站的安全，还可以大幅度减少列车司机的瞭望次数，减轻列车司机劳动强度，并且能有效减少空气对流造成的站台冷热气的流失，降低列车运行产生的噪声对车站的影响，为乘客提供舒适的候车环境，具有节能、安全、环保、美观等特点。

（二）安全门分类

城市轨道交通车站安全门分为封闭式安全门和开放式安全门，其中封闭式安全门采用全封闭模式，开放式安全门不具有密封性能。

（1）封闭式安全门通常又称为屏蔽门，如图6-9所示。封闭式安全门位于站台层，是一道自上而下的玻璃隔墙和滑动门，沿着车站站台边缘和两端头设置，全高3 m以上，将乘客候车空间与隧道空间完全隔开。目的是隔离乘客候车区与列车进站停靠区，主要应用于城市轨道交通中的地下车站，保证乘客候车的安全性和提高地铁运营的经济性。

图6-9　封闭式安全门

（2）开放式安全门也称半封闭式安全门，如图6-10所示。安装高度比封闭门低，空气可以通过上方流通，主要起隔离作用，以保障站台候车乘客的安全。

图 6-10 开放式安全门

(三) 安全门的控制系统

安全门的控制系统的功能一般分为系统级控制、站台级控制和手动级控制三级。其中以手动操作优先级最高,系统级控制优先级最低。

1. 系统级控制

系统级控制是在正常运行模式下信号系统对安全门进行的自动控制方式,当列车进站时,经由信号系统通过中央接口盘控制安全门。

2. 站台级控制

站台级控制是当系统级控制功能不能正常实现时,由列车司机或被授权操作人员通过站台就地控制盘(PSL)或通过车站控制室综合紧急后备盘(IBP)上的安全门操作开关对安全门实施紧急控制。

就地控制盘(PSL)控制是由列车司机或站务人员在站台就地控制盘上对滑动门进行开门或关门控制。综合紧急后备盘(IBP)控制是以每侧站台安全门为独立的控制对象,在车站紧急情况下通过操作 IBP 上的开门按钮来打开安全门的滑动门。滑动门完全打开后,中央接口盘面板、PSL 及 IBP 上的开门指示灯亮。此命令属于紧急状态下的紧急开门命令,优先级高于 PSL 控制和系统级控制。

3. 手动级控制

手动级控制是当系统电源发生故障或控制系统故障导致个别安全门无法自动打开,或列车停位不准及隧道内发生火灾等情况时,由站台工作人员或乘客对安全门进行的操作。

二、屏蔽门事故应急处理

(一) 屏蔽门事故的原因

1. 设备原因

当地铁列车驶入车站时会产生巨大的热量,这将对屏蔽门产生很大的压力,如果屏蔽门的玻璃无法承受这样的压力,就会发生爆炸等事故。

另外，由于安装人员在安装过程中没有及时发现屏蔽门本身的故障，如钢架结构变形、应急门门锁失灵等，会使屏蔽门在后期的使用过程中出现故障。检修人员应定期对屏蔽门进行检修，以防止安全事故的发生，如图6-11所示。

（a）屏蔽门设备故障　　　　　　　　　　（b）屏蔽门玻璃炸裂

图 6-11　屏蔽门故障

2. 客观人为原因

乘客在列车和屏蔽门即将关闭时强行挤入和障碍物卡阻等情况均会造成屏蔽门故障。另外，部分乘客喜欢倚靠在屏蔽门上，当屏蔽门开启时，如果乘客反应不及时就很容易摔倒，使得车门处拥挤。这种情况下若车门关闭，容易出现乘客被关在屏蔽门和列车车门之间的现象，从而引起严重的事故。此类故障受乘客的使用情况影响，约占故障总数的75%，而遇到此类情况，站台安全员或司机应第一时间做出反应，将故障消除。

相关案例

惊险！弹珠卡住屏蔽门，西安地铁1号线被"拦住"

2017年9月17日13时23分，西安地铁1号线工作人员发现通化门站下行（后卫寨方向）23号屏蔽门出现故障，经查，是一枚弹珠卡住了地铁屏蔽门导致了故障的发生，工作人员立即带来专业工具将弹珠取出，由于处理及时，并没有耽误列车的正常运营。早中晚高峰期拥挤的地铁，只要一个故障门报警，就会影响列车的正常运行，造成列车晚点。

西安地铁已发生多起异物卡阻车门或者屏蔽门事件。不论卡阻的是车门还是屏蔽门，都会对列车运营造成影响。异物卡阻车门，将直接导致列车不得不退出运营，线路运营晚点；异物卡阻屏蔽门，也会影响列车运行信号，造成列车晚点，一旦一列列车延误，会引发连锁反应，导致后车均延迟。而与车门或者屏蔽门"亲密接触"影响列车正常运行的，除了此次的弹珠，以往还出现过钥匙、公交卡、硬币等小件物品。

乘客上下车一定要看好随身物品，谨防掉落。如果发现物品卡在车门中，要第一时间向站务员或司机求助，切勿擅自破坏车门，导致更大的故障出现。

3. 机电驱动系统故障

屏蔽门的驱动系统主要分为三个部分：电机、减速器及传动装置。其中，电机和减速器属于成套装置，所以发生故障的概率相对较小，而传动装置是由皮带、刚性连接件等组成的，所以发生故障的概率较高，其故障主要的表现如下。

（1）屏蔽门在开关时出现较大的振动，且无法完全闭合。这是因为皮带的使用时间过长产生了变形，或者是皮带和刚性连接件之间出现松动现象，亦或是皮带上有异物存在。

（2）屏蔽门开关时，门体出现阻滞现象，且无法完全闭合。此故障的原因是惰轮上有破损，或导轨上有异物存在。

（3）锁及锁芯故障、行程开关故障、工控机故障等。若发生此类故障，维修人员会在接到报修后立即前往故障地点，及时对故障进行处理，并在当日运营结束后对发现故障的部位再次进行检查。

4. 供电系统（UPS）故障

UPS 出现自动关闭、过充电保护动作、失电指示灯闪烁、电池灯闪烁、电池放电时间短、UPS 过载等故障。其原因基本上可分为两种：一是 UPS 内部出现故障，二是电池出现故障。屏蔽门系统的故障影响因素如表 6-1 所示。

表 6-1 屏蔽门系统故障影响因素分析表

构成系统	风险因素	构成系统	风险因素
环境因素	障碍物探测三次报警	门机系统	驱动装置故障
	乘客挤压滑动门造成 DCU 保护		锁紧机构故障
	单腔屏蔽门系统收到信号系统开关门命令环境因素		DCU 异常故障
	乘客挤压滑动门造成门体结构滑动部位变形		行走装置故障
	滑动门卡异物	门体结构	玻璃破裂
	市电不稳定造成双电源切换故障		应急门故障
安全回路	安全继电器故障		司机门故障
电源系统	安全回路断开		密封胶条损坏
	驱动电源故障		手解装置故障
	控制电源故障		端门故障
控制系统	PEDC 故障		门头灯异常

（二）屏蔽门事故的应急处理

当运营中屏蔽门发生异常情况时，运营人员应在确保安全的前提下，坚持"先通后复"的原则，及时进行处理。在做好行车组织的同时，进行乘客广播、引导等客运组织工作。屏蔽门发生故障时，各岗位人员应当根据各自的职责，按照信息汇报和先期处置、应急响应和应急终止的程序进行应急处理。

1. 屏蔽门不能开启的应急处理

（1）信息汇报和先期处置。

① 车站人员。

列车司机发现单对或多对屏蔽门不能正常开启时，马上进行客室广播"本站有屏蔽门故障，请乘客从其他开启的屏蔽门下车"，并通知车站人员，报告行车调度员。如果站台岗发现屏蔽门故障，应立即通知司机，报告行车值班员。

行车值班员接报后，立即将屏蔽门故障现象报告值班站长和行车调度员。行车值班员通过CCTV监控站台情况，做好站台的乘客广播工作，引导乘客从其他正常屏蔽门上车。

值班站长接到通知后，立即到现场组织处理，做好乘客的解释和疏导工作，并密切监视站台情况。

② 控制中心。

行车调度员接报后，安排人员前往故障发生地协助处理故障屏蔽门，并通知全线司机进行客室广播，进入该车站时要加强瞭望，注意安全。

（2）应急响应。

若故障门未能及时恢复或旁路，将影响发车时间，此时第一辆列车发车时，站务人员优先使用PSL"互锁解除"发车，并报告行车调度员，确认乘客上下完毕、站台安全后，可直接向司机显示"好了"信号。后续列车也由站务人员在PSL上将"互锁解除"打到旁路位后发车，同时告知乘客离开故障屏蔽门。出现三档及以上屏蔽门故障的车站无法及时进行隔离（旁路）时，立即报行车调度员。

待列车离开站台后，车站人员在故障门单元（保持关闭状态）上张贴"此门故障，暂停使用"告示，加强监控，如图6-12（a）所示。

如果多对屏蔽门不能开启，报告行车调度员，车站相关人员立即前往发生故障的屏蔽门单元处，利用开门钥匙人工操作开启屏蔽门，如图6-12（b）所示。维修人员到达现场后，根据车站的客流情况进行抢修。

（a）在故障屏蔽门上张贴故障告示　　　（b）工作人员用钥匙解锁屏蔽门

图6-12　屏蔽门故障处理

（3）应急终止。

抢修完毕后，车站人员和维修人员向行调和维调汇报，故障屏蔽门单元恢复正常，撤除屏蔽门故障告示，应急终止。

2. 屏蔽门不能关闭的应急处理

单个屏蔽门无法关闭的应急处理程序如图6-13所示。所有屏蔽门不能关闭的应急处理程序如图6-14所示。

演练实例

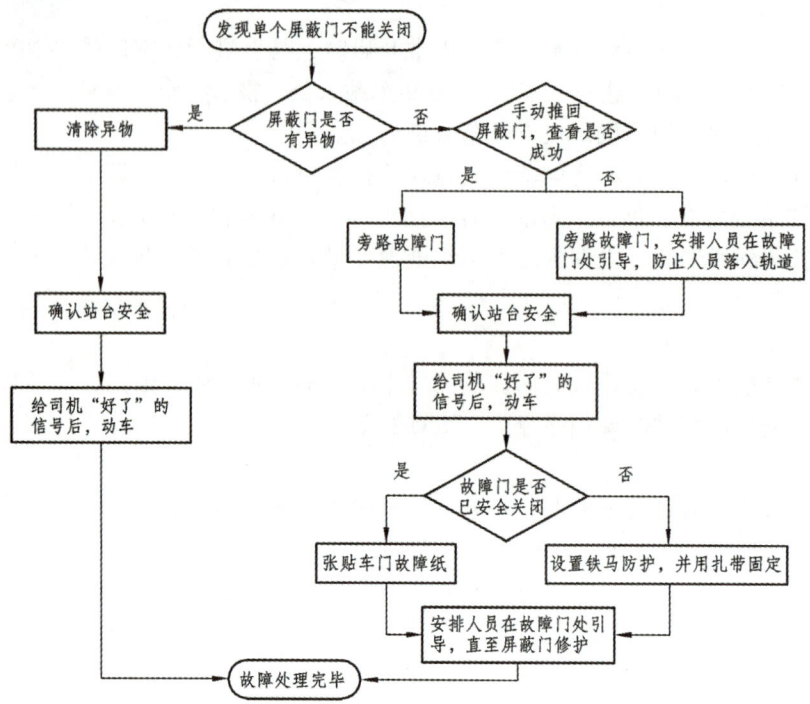

图 6-13　单个屏蔽门无法关闭的应急处理程序

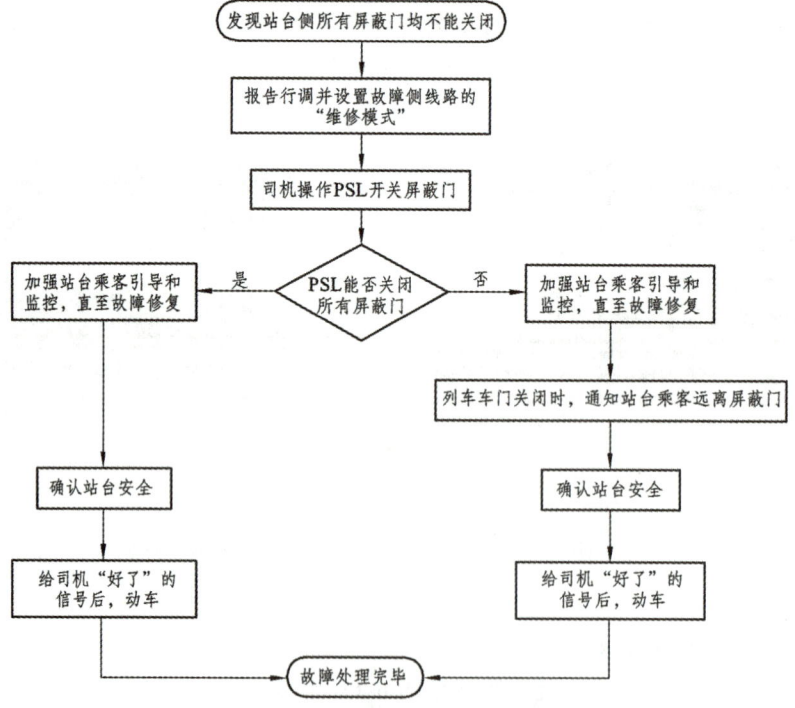

图 6-14　所有屏蔽门不能关闭的应急处理程序

无锡地铁开展 3 号线"单侧站台门故障"应急演练

无锡地铁本着"消除事故隐患,筑牢安全防线"的思想,在遵循"统一指挥,逐级负责"的原则下,为确保做好 3 号线顺利开通前的各项保障工作,2020 年 6 月 18 日,无锡地铁在 3 号线太湖花园站组织开展了"单侧站台门故障"应急演练活动,并取得了圆满成功,如图 6-15 所示。演练模拟了太湖花园站正常运营期间,列车突然无法进站,站务人员操作互锁解除使得列车进站,但列车停稳后信号、PSL、IBP 三种模式均无法实现整侧站台门开关,随即启动站台门故障应急预案的情景。各相关岗位立即进入应急状态,迅速组织人员赶赴现场进行抢修,车站人员做好现场乘客的疏散及安全防护工作,自动化部组织做好现场设备的保障工作。

本次演练旨在检验突发重大站台门故障情况下,屏蔽门抢修人员对于故障点排查、维修的技术能力以及车站的应急处置、乘客疏散和安全防护水平等。演练后学生需认真回顾本次演练的各个重要环节,总结各岗位应急处置情况,为后续应急预案的编制提供有力保障。

通过演练实战活动,有效提高各部门专业人员面对突发事件时应急处置和协同工作能力,为无锡地铁 3 号线的顺利开通及乘客的安全出行提供更为强有力的保障。

图 6-15 "单侧站台门故障"应急演练

三、实战演练

【任务目标】

(1)掌握城市轨道交通屏蔽门故障的应急处理方法。
(2)培养和提高学生对城市轨道交通屏蔽门故障的应急处理能力。

【任务实施】

(1)学生可以 6 人为一组的方式进行分组,在组中分别担任列车司机、站务人员、行车调度员、维修人员、行车值班员和值班站长。
(2)根据本任务所学内容,编写屏蔽门故障的应急处理方案。
(3)每组学生按照所编写的应急方案反复进行演练,逐步完善演练效果。

（4）每组学生依据最终确定的演练方案，进行汇报演练。

（5）教师对各小组的汇报演练进行评估，指出演练中存在的问题，并加以讨论。其中，评估标准主要包括编写思路是否清晰，内容是否完整，是否具有可操作性，汇报话语是否流畅，是否表达清晰、准确和得体。

【任务自测】

自行上网查询城轨屏蔽门故障的案例，选取其中一个，完成以下任务：

（1）根据此类事故，编写相应的应急处理方案。

（2）分析案例中的应急处理方案，通过对比进一步优化自己编写的应急处理方案。

城市轨道交通屏蔽门故障的应急演练

2015年3月24日7时，正值上班高峰期，京港地铁4号线角门西站屏蔽门出现故障，沿线列车降速运行，导致站内十分拥挤。事发时，由于站内客流量较大，一些乘客只好手动开关屏蔽门。

角门西站的安全引导员称，屏蔽门是在7时40分出现问题的。"往安河桥北方向站台的屏蔽门几乎都无法正常开关，只有几个门还能工作，但也一直在报警。"事发后，站内的保安人员、引导员及工作人员全都来到站台上维护秩序。引导员说道："我们就分别守在每个安全门前面，以防乘客拥挤的时候发生意外。"

该站故障导致10号线、7号线的部分站点采取限流措施。8时32分，角门西站屏蔽门故障修复完毕，4号线运营秩序逐步恢复。

根据以上案例，请编写相应的应急处理方案，并采用角色扮演法分组进行模拟演练。或者选定某车站屏蔽门发生的故障，编写相应的应急处理方案，并采用角色扮演法分组进行模拟演练。

四、预案实例

屏蔽门故障现场处置方案

（一）适用范围

本方案适用于车站发生屏蔽门故障时的现场处置工作。

（二）职责分工

（1）值班站长担任前期现场处置负责人，负责现场处置的指挥与协调。

（2）行车值班员负责车站信息的收集、传达与汇报。

（3）客运值班员与站务员根据值班站长的安排，做好屏蔽门故障处理工作。

（4）电客车司机负责做好相关屏蔽门的应急操作。

（三）信息汇报内容

1. 行车值班员

（1）呈报的车站、发生地点（上下行站台、故障屏蔽门位置）。
（2）故障现象。
（3）现场先期处置情况。

2. 电客车司机

（1）故障现象、发生地点（车站、上下行线、故障屏蔽门位置）、车次。
（2）现场先期处置情况。

（四）注意事项

（1）当屏蔽门发生故障时，司机按照OCC的命令限速进站。
（2）如应急门无法关闭，则车站安排专人在故障门处防护，及时操作PSL互锁解除并报OCC。
（3）如滑动门破裂，则车站用封箱胶粘贴，将该滑动门打开并隔离，设置警示牌并安排专人防护。
（4）如滑动门破碎，则车站将该滑动门打开并隔离，清扫散落在站台的玻璃，设置警示牌并安排专人防护。若玻璃散落在轨行区，则报OCC并按其命令执行。
（5）执行互锁解除命令时，对于出站列车，车门关闭后执行PSL互锁解除，待列车出站后方可结束。对于进站列车，看到列车头部灯光或接行值通知，立即执行PSL互锁解除，待列车运行至站台开门后，方可结束。
（6）现场人员隔离故障门后，行值做好监控，确认IBP上相应的屏蔽门模块"关闭锁紧"灯不亮时，通知站台岗确认站台安全后，及时操作互锁解除，再报行调。若两次操作互锁解除均失效，则在故障修复前不再尝试操作互锁解除。
（7）行值确认个别故障门处理时间超过1 min或车站无法确认故障门具体编号时（"门闭锁"指示灯处于灭灯状态），通知站台岗确认站台安全后，及时操作互锁解除，接发列车并报行调。
（8）车站接到行调命令配合司机操作PSL开关屏蔽门，站台岗赶至对应的PSL处，车门开启时，将PSL钥匙打至"使能"或"有效"位，操作"开门"按钮。车门关闭时，操作PSL"关门"按钮，待故障修复后，将PSL钥匙打至"自动"或"无效位"。
（9）列车无法进站时，站台人员操作PSL互锁解除30 s后，发现列车仍未动，应及时报车控室，车控室报行调："××站，上/下行互锁解除已打，列车未动车"。
（10）车站操作互锁解除后，司机在列车发车时仍收不到推荐速度，站台人员应及时与司机共同确认互锁解除操作是否正确。若操作无误，操作互锁解除人员及时报行值，行值及时汇报行调。
（11）发生屏蔽门故障时，维修人员可直接赶赴故障现场。待维修人员到达后，车站人员告知车控室，车控室报OCC同意后即可允许维修人员处理故障，处理完毕后再进行补登记。
（12）车站人员显示"好了"信号，需待列车动车或鸣笛后方可收回。
（13）故障处理完毕，车站恢复正常运营。

任务三　电梯事故应急处理

任务引入

2011 年 7 月 5 日 9 时 36 分，北京地铁 4 号线动物园站 A 出口上行自动扶梯发生设备溜梯故障，导致正在搭乘电梯的乘客摔倒挤压。据现场目击者称，故障发生时，本来上行的电梯突然发出"咔"的一声，随即变成下行，手扶皮带也向下走，当时正在乘电梯的 20 多名乘客摔倒，并造成了挤压。管理员说："当时只知道有不少人受伤了。很快警察和救护车就赶到现场，对受伤的人进行抢救，不少人被抬出来的时候衣服上还有血。"

伤者被紧急送往西直门附近的北大人民医院救治。事故发生后，北京市政府与京港地铁公司均立即启动应急预案。受伤乘客均被送往医院救治。

事故原因：

由于北京地铁 4 号线动物园站 A 出口扶梯的固定零件损坏，导致扶梯驱动主机发生位移，造成驱动链的断裂，致使扶梯出现逆向下行的现象。

据当事人叙述，由于上行的电梯突然之间进行了倒转，很多人猝不及防，纷纷跌落，导致了踩踏事件的发生。此次事故的现象与 2010 年 12 月深圳扶梯事故的现象相同，均为上行扶梯突然下滑，这均与扶梯主机固定有关。

事故处罚：

北京市质监局 2011 年 11 月 25 日发布，经北京市政府批准，"7·5"北京地铁 4 号线自动扶梯事故调查工作结案，调查组认定，此事故是一起责任事故。

调查组表示，扶梯制造单位和日常维护保养单位对此次事故负有主要责任，质监部门依据《特种设备安全监察条例》第 88 条，各自处以 20 万元罚款。调查组还认为，日常维护保养单位的关联公司由于未能及时发放有关技术文件，对本次事故负有次要责任，依据《特种设备安全监察条例》第 88 条规定，也被罚款 10 万元。

近年来，电梯事故率突升，有质量原因，也有安装和维护问题，更多的则是使用管理上的问题，电梯的安全日益受到关注。地铁站内人流量大，一旦出现电梯安全事故，轻则导致电梯停止运行，给乘客带来不便，重则可能威胁到乘客的生命安全，影响范围广。城轨运营人员必须认真分析发生地铁电梯事故的原因，提前采取对策，在事故还未形成时就加以遏止，避免不必要的伤亡和损失。

一、地铁电梯客伤事故的原因

（一）电梯质量缺陷

电梯质量涉及设备材质、构造及承受能力等多个方面，在任何一方面出现差错，都可能导致整个电梯无法正常运行，都有可能导致客伤事故的发生。例如，电扶梯扶手带和护板壁的距离不合理、垂直电梯轿厢应急报警系统工作不良等原因都会导致安全事故发生。

电梯设计和制造公司应该认识到质量的重要性，根据用途、使用对象及客流量等因素，进行专项方案设计。地铁运行相关部门在购置时，务必要加强监督，严格把关，派专业人员监督制造流程，若发现缺陷，必须及时更换，杜绝有质量问题的电梯投入使用。安装工作要严格对待，杜绝出现因细小零件安装不到位而引发的重大灾难事故。

相关案例

2010年12月14日在深圳地铁1号线国贸站发生一起客伤事故，站台通往站厅的上行扶梯无故逆行，导致23名乘客受伤，后查明主要原因为此电扶梯主机的固定螺栓松脱，其中一个被切断，导致了主机支座出现了移位，驱动链条脱离链轮，加之乘客自身重力，使得上行扶梯出现下滑。

（二）维护保养不到位

对于地铁电梯的维护保养工作，部分维护人员并没有严格按照维护保养流程、操作规范等进行作业，维护保养工作做得不到位，也是造成电梯故障的一个主要原因，如图6-16所示。因此，维护人员必须严格按照操作规程，加强电梯检修维护工作。

图6-16　维护保养不到位电梯故障

（三）内部管理不当

电梯管理是一项很复杂的工作，除了日常维护，还要制定健全的管理制度体系，包括对内部人员的专业培训、监督考核等。如果管理人员缺乏安全管理意识，对自身岗位的职责认识不清，也会造成安全事故。

（1）扶梯日常维护保养不完善，增加了扶梯故障率，造成运行中客伤的发生。

（2）车站缺乏对扶梯的日常管理监督，预防不够，都是出现客伤后才关注，忽略事前对其状态的确认。

（3）思想上不够重视，内部措施不到位，没有从根本上进行预防、根治。

（4）流程不规范，对老年人和携大件行李乘客的引导不够，在进闸机巡视中提前拦截和提醒不到位等。

（5）监督考核不健全，安全责任未落到实处。

(四)乘客自身因素

地铁客流量大,人流密集,乘客拥挤,对电梯施压超重;乘客安全意识淡薄,不规范乘坐等都是引发事故的原因。据上海地铁运营公司统计,因乘客乘梯不慎造成客伤的事故在电梯事故中的占比超过九成。

常见情况主要有:

(1)乘客安全观念不强,无任何预防性措施。

(2)部分携带大件行李乘客不是走液压梯而是乘扶梯。

(3)大多数乘客没有抓扶手带的习惯,部分小孩在没有成年人陪伴的情况下在电扶梯上打闹。

(4)个别乘客自身不稳,摔倒后拉扯其他乘客造成群伤。

(5)大件行李容易失去平衡摔倒,也容易绊倒其他乘客。

乘客在乘坐时必须强化安全意识,规范自身行为,才能避免事故的发生。最为典型客伤事故的是扶梯摔伤,占电梯客伤总事故的 53.3%,且大多为老人和小孩。除了设备自身的原因外,因为乘客拥挤造成的伤害大多发生在客流高峰期,为此需要做好人员、设备、车站的管理工作。

(五)车站卫生

车站人流量密集,外在的公共卫生因素有乘客在扶梯附近或梯级中乱丢垃圾,造成其他乘客摔倒或扶梯的突然停止。内在因素有车站保洁员在清洗过程中让地面过于湿滑等。其他因素还包括车站地面不洁净造成的滑倒,扶梯附近乘客倒漏油渍、牛奶等。

从以上分析来看,造成扶梯客伤的原因比较复杂,针对不同原因,应从设备监管、人员管理、车站日常运作管理等方面采取有效应对措施,以达到减少和控制扶梯客伤的目的。调查显示,导致电梯出现安全隐患的因素中,电梯制造质量问题占16%,安装问题占24%,而保养和使用问题则高达60%。所以电梯出厂时需通过相关质量标准检测,对于质量过关的电梯,大部分事故的根源集中在维修保养环节。

二、地铁电梯客伤事故的整改措施

(一)规范扶梯采购准入标准和日常管理

(1)明确用户需求,规范扶梯采购准入标准。扶梯作为特种设备,在国家统一行业标准基础上,地铁运营方在采购扶梯设备设施时,应针对现有扶梯存在的缺陷及不足,提出能够减少扶梯客伤发生的标准及采购条件。例如,扶梯扶手带与护壁板之间的距离应符合标准、扶梯上下两端应安装有内置扩音器以提醒乘客注意安全等。

(2)加强设备监控,确保设备状态良好。针对易造成扶梯客伤的情况,查明原因。如果是设备自身质量问题,应该进行调查,并通知扶梯供应商进行维修,以消除扶梯安全隐患。此外,车站工作人员及设备管理人员应定期对车站扶梯设备进行监控,并按照相关规定进行检查,发现设备运作异常,应及时停用设备,并报告相关人员进行修复。

（3）在扶梯处安装监控设备，不仅方便取证，也为后期的整改提供必要的资料支持。

（4）规范完善扶梯维护保养制度。扶梯日常运行时间长、载客量大、对维修影响大等特点，决定了扶梯必须得到长期有效的维护保养。扶梯设备管理部门应该整合各方资源力量，对地铁运营范围内所有扶梯的保养制度进行规范和完善。针对长大扶梯或者客流较大车站等制定更加具有针对性的维保措施，从而做到全面兼顾。

（二）转变用户群体观念行为

乘客的观念行为直接影响其乘坐使用扶梯的安全性。因此，通过各种途径转变扶梯用户群体的观念行为，使其安全意愿更加强烈，是减少扶梯客伤的有效方法。方法包括加强安全宣传力度、广泛宣传乘坐扶梯的安全知识、全面提高乘客的安全意识等。通过向乘客派发宣传册、于站内张贴宣传画、警示标语等手段，充分利用新媒体以及开展站长接待日、安全生产月、扶梯安全宣传日等多种类型的活动，向乘客传授有关搭乘扶梯的安全知识。

（三）规范运营单位日常管理

（1）加强地铁运营单位内部人员（站务人员、保洁人员、设备部门人员等）的管理。一方面是加强当班人员对车站的监管力度；另一方面是加大对一线员工客伤处理的培训力度。在所有扶梯客伤事件中，车站站务员是第一个面对乘客的工作人员，他们针对客伤事故的处理方法将对后期处理起到决定性的作用。因此，需要加强车站一线员工解决客伤事故的培训，提高业务技能水平和化解冲突的能力。

（2）做好现有规章评估，规范现场作业流程。针对目前地铁内可能引起扶梯客伤的各种作业流程重新进行评估，改进处理方法，规范作业流程。建立完善的车站巡视制度，规范车站扶梯安全广播管理，针对大客流容易引发扶梯客伤问题，在高峰期及客流较大时加强对出入站的引导工作。

（3）完善进闸监督管理，严禁乘客携带超大行李。针对乘客携带超大件行李容易造成客伤的问题，地铁车站大厅巡视、票亭岗等岗位应加强入闸时的监督和管理，严禁乘客携带超高、超长及其他违禁物品进站乘车。

（4）建立考核制度，抓好现场质量管理。设备功能状态质量、现场流程执行质量等，关系到扶梯运作的安全，应用量化指标建立相关考核制度，对未能达到指标的要严格执行考核制度，以达到互相监督和约束的效果。

三、自动扶梯客伤事故分析

（一）北京扶梯溜梯客伤事件分析

（1）事件发生的原因是客流量大导致的扶梯金属疲劳。该事故发生在客流较大的地铁站，扶梯在长时间的运行中容易出现金属疲劳、安全部件失灵等情况，从而导致电梯逆行。

（2）维保人员未做好日常维护保养工作。维保人员在日常维修保养工作中未及时发现扶梯存在的问题，导致了事故的发生。扶梯主机固定螺栓松动、安全保护装置调整不正确，全因日常维护保养不符合要求。

（3）设计制造均有缺陷，维保不达标。事故调查组指出：导致本次事故发生的原因是事故扶梯从双主机到单主机的设计变更未进行动载荷设计核算，构成设计缺陷；螺栓长度和螺栓附着面加工不符合设计要求，制造存在缺陷；在扶梯运行过程中，驱动主机固定螺栓发生断裂，造成主机倾覆，驱动链条脱落，梯级失去上行动力逆向下滑，辅助制动器开关未正常启动，最终导致事故发生。

（4）地铁工作人员日常设备检查工作的监督存在问题。北京地铁4号线动物园站是一个客流量较大的车站，应将地铁方对扶梯定期检查的频率调整为每日巡查，才能避免扶梯在出现故障时带来的一切损失。

（二）上海地铁溜梯事故

1. 事件详情

2014年4月2日8时20分，上海地铁7号线静安寺站点内换乘2号线的换乘通道内编号为11#的自动扶梯在早高峰期间运载大量乘客向上，运行的过程中突然改变规定的运行方向逆转下行，众多乘客向后倒下从而摔倒受伤。事故中，12人皮外轻伤，1人伤势严重。根据事故单位报告，截至4月30日，本起事故造成直接经济损失共计205 768.366元。4月底，上海市质监局公布了"'4·2'静安寺地铁站自动扶梯逆行事故"的调查结果，调查结果明确了事故中的自动扶梯使用管理单位、维护保养单位和制造单位。明确事故主要原因在于生产商制造电梯时的驱动链条存在问题且日常维保不足，同时地铁公司安全管理不到位负次要责任。

2. 事件分析

（1）自动扶梯制造单位对自动扶梯驱动链条的产品质量控制不严格，采用的驱动链条过渡链接板的折弯转角处存在应力集中效应的情况，而在表面存在脱碳现象，在使用中会产生疲劳断裂。

（2）自动扶梯维护保养单位缺乏对自动扶梯驱动链条和断链保护装置的日常维护保养作业指导文件，使得维保人员对自动扶梯断链保护装置和附加制动器的日常维护保养不到位，事发时自动扶梯断链保护装置未能有效动作，导致了事故的发生。

（3）自动扶梯使用管理单位存在电梯安全管理不到位的现象，尤其是对自动扶梯的日常维护保养监督不力，导致事故自动扶梯的安全隐患未能在维保作业中发现并排除。

（三）重庆红旗河沟客伤事故

1. 事件情况

2015年10月8日10时59分，一名女乘客带领两名小孩（一名4岁男孩、一名3岁女孩）进入重庆轨道交通3号线红旗河沟车站。到达车站站厅后，女乘客因故留下两名小孩在站厅。两名小孩在无监护人看管的情况下，自行来到站厅电扶梯处，随后小男孩背靠电扶梯扶手带玩耍。11时0分35秒，小男孩瞬间摔倒，由于此时电扶梯为正常运行，小男孩顺着扶手带卷入扶手带与地面夹角处，胸腹部被卡在扶手带与地面之间。11点0分55秒，车站值班站长与员工立即赶到现场紧急停梯并迅速开展救援，将其救出并送往就近的医院，经抢救无效后死亡。据现场一名维护秩序的男性工作人员描述，涉事电梯每半个月检修一次，昨天刚刚检查过，本身并无故障。

据现场目击者易女士描述，当日 11 时左右，她正准备从轻轨红旗河沟站出站赶车回家，在上行扶梯上看到事发的一幕。"当时我听见小孩的叫声，然后电梯就紧急暂停了，我顺着扶梯往上走，看到一个小孩被卷进扶手下方。"易女士告诉记者，事发时她听见小孩惨叫了数秒，之后便没了声音，但她看到小孩还有呼吸，一只手和身子被卡在扶手和电梯地板之间，头向上仰。

2. 事件分析

（1）乘客安全意识和安全意愿不强。由于小孩年龄小，对地铁里的运行设备有很强好奇心且没有危险意识，所以家长应该照顾好同行的儿童，不要让小孩独自去乘坐扶梯，以免发生危险。

（2）地铁对儿童乘坐自动扶梯监管不强。车站没有在第一时间发现有儿童独自乘坐扶梯。车站应该在扶梯处安排扶梯岗，做好扶梯监控，在老、弱、病、残、孕及儿童乘坐扶梯时做好服务工作。

四、地铁电梯事故的应急处理措施

（一）垂直电梯事故

（1）车站人员发现车站垂直电梯故障时，应保持镇静，了解乘客情况并进行安抚，及时使用警铃或对讲设备进行报警，并报告车控室行车值班员。

（2）行车值班员接到报告后，立即通知值班站长，报告维修调度员、地铁公安人员或"120"急救中心（视情况而定），并与现场保持联系。

（3）值班站长组织客运值班员到现场处理，维护现场秩序，协助专业人员进行救助。

（二）自动扶梯事故

（1）车站站务人员发现扶梯故障后，应尽快到达故障点。

（2）若扶梯出现故障但未停梯，站务人员发现或判断扶梯运行将造成乘客人身安全危害时，需按压"紧急停止"按钮，制停扶梯，且在紧急停梯前需提醒乘客扶梯即将紧急停止，请站稳扶好。

（3）车站工作人员在引导乘客安全离开故障扶梯，确认乘客疏散完毕后，应立即在故障扶梯上下两端设置围蔽，并视情况设置"正在维修"或"暂停使用"的警示牌，检查扶梯是否有障碍物，报告车控室，通知维修人员进行维修。

（4）车站应视客流情况安排工作人员在扶梯上下两端引导乘客从楼梯通行，并密切注意站台乘客的动态，确保乘客安全。

（5）在维修人员对故障扶梯进行维修时，工作人员应协助做好安全防护工作，设置禁止进入的警示牌。在维修停用期间，车站应加强对乘客的引导和解释工作，防止非专业维修人员进入故障扶梯。

（6）维修完毕，故障扶梯恢复正常后，工作人员协助清除护栏及警示牌，并向行车值班员报告。

五、实战演练

【任务目标】

（1）掌握城市轨道交通地铁电梯故障的应急处理方法。
（2）培养和提高学生对城市轨道交通地铁电梯故障的应急处理能力。

【任务实施】

（1）学生可按5人为一组的形式进行分组，分别担任站务人员、行车值班员、值班站长、客运值班员和维修人员。
（2）根据本任务所学内容，编写自动扶梯故障的应急处理方案。
（3）每组学生按照所编写的应急方案反复进行演练，逐步完善演练效果。
（4）每组学生依据最终确定的演练方案进行汇报演练。
（5）教师对各小组的汇报演练进行评估，指出演练中存在的问题，并加以讨论。其中，评估标准主要包括编写思路是否清晰，内容是否完整，是否具有可操作性，汇报话语是否流畅，表达是否清晰、准确和得体。

【任务自测】

自行上网查询城轨电梯故障案例，选取其中一个，完成以下任务：
（1）根据此类事故，编写相应的应急处理方案。
（2）分析案例中的应急处理方案，通过对比进一步优化自己编写的应急处理方案。

城市轨道交通地铁电梯故障的应急演练

2015年8月18日14时20分左右，上海地铁虹口足球场站3号线与8号线换乘通道的一部自动扶梯在运行时梯级突然跳起。

上海地铁运营部门表示，自动扶梯突发故障后自动停运。该故障未对乘客造成影响，没有人员受伤。故障发生后，工作人员及时对乘客进行了引导，调整了其他两部自动扶梯运行方向，确保双向换乘通行，并通知厂方。随后，自动扶梯厂方至现场对该故障扶梯进行检修。另外，出于安全考虑，厂方对该换乘通道内的另两部自动扶梯也予以停运检修，该通道临时关闭。

【任务描述】

根据以上案例，请编写相应的应急处理方案，并采用角色扮演法分组进行模拟演练；或者也可以选定某类地铁电梯故障，编写相应的应急处理方案，并采用角色扮演法分组进行模拟演练。

六、预案实例

地铁电梯困人现场处置方案

（一）适用范围

本方案适用于因地铁电梯故障造成乘客被困后的现场处置工作。

（二）职责分工

（1）值班站长担任前期的现场处置负责人，负责现场处置的指挥与协调，做好乘客安抚和救助工作。

（2）行车值班员负责车站信息的收集、传达与汇报。

（3）客运值班员与站务员根据值班站长的安排，做好乘客的安抚和救助工作。

（三）信息汇报内容

发生电梯困人事件后，车站主要汇报以下几点内容：

（1）呈报的车站，事件发生的时间、地点。

（2）事件概况（如受困人员的人数、性别、大概年龄、身体状况以及电梯内应急照明、通风情况等）。

（3）现场先期处置的情况。

（四）注意事项

（1）车站员工到达现场后，首先做好受困乘客的安抚工作，并告知相关注意事项。

（2）如需拨打"120"请求救护人员急救时，安排专人在指定出入口引导"120"急救中心人员至现场。

（3）发生电梯困人后，应在各层电梯门处设置隔离区，安排专人防护，禁止他人操作电梯，并做好乘客引导工作。

（4）行车值班员应根据现场情况做好信息续报工作。

任务四　大客流的应急处理

任务引入

2017年12月31日，广州地铁客流首度突破千万人次，刷新了广州地铁单日最高客流的纪录。当天18时45分，3号线大塘站因客流量过大而率先执行客流控制。晚高峰时段，公园前、体育西路、客村、长寿路、汉溪长隆、珠江新城和广州南站等车站相继执行高峰客流控制。地铁公司表示，考虑到市民历来有小长假短途出行或游玩购物的习惯，2017年12月

31日当天及时调整了运输能力，全线网（除APM线和14号线之外）延长1.5 h收车。同时，各线路加大运力组织行车，单日共开行列车7 563列。为了保障运营安全，各站均加派工作人员疏导客流，并派驻技术人员驻点，加强对设备的巡检、维护与检修工作，确保发生突发事件时有充足的技术保障，从而尽快解决问题。

由于地铁具有速度快、安全、准时、不受天气状况的影响等诸多优点，地铁日常运营中的高峰时段客流量急剧上升，如果城市轨道交通中出现大客流而没有采取紧急措施，极有可能发生人员伤亡的事件。地铁运营人员必须对大客流情况下的应急方案进行研究，以避免出现不必要的人员伤亡和财产损失。

一、基本概念

大客流是指车站在某一时段集中达到的客流量超过正常客运设施或客运组织所能承担的客流量的客流，如图6-17所示。大客流主要表现为客流非常拥挤或极度拥挤、乘客流动速度明显减缓、客流交叉干扰严重、对乘客的正常出行造成不利影响、对运营安全造成威胁等。

图6-17　地铁大客流现象

根据产生的原因，大客流可分为不可预见性大客流和可预见性大客流两类。

（1）不可预见性大客流又称为突发性大客流，是指提前无法预测、临时产生的大客流，如图6-18所示。不可预见性大客流主要有以下几种类型。

图6-18　不可预见性大客流

① 车站周边临时组织大型活动产生的大客流。
② 天气突变产生的大客流。
③ 车站发生突发乘客事件产生的大客流。
④ 地铁设备设施突发故障产生的大客流。
⑤ 地铁发生紧急事故产生的大客流，如地铁车站发生火灾、大面积停电等事故时的客流。

（2）可预见性大客流是指通过搜集信息、总结历史客流数据，可以预知未来可能形成的大客流。可预见性大客流主要有以下几种类型。

① 节假日大客流，主要指在国家法定的元旦、春节、清明节、劳动节、端午节、中秋节、国庆节假日期间，因市民出行及游客旅游等意愿造成的城市轨道交通车站普遍大幅上升的客流。

② 大型活动大客流，主要指由于地铁沿线附近举行有大型活动（包括节假日期间举行的大型活动），在活动结束后会有大量的乘客在较短时间内涌入地铁车站乘车，造成车站客流迅速上升。

③ 恶劣天气大客流，主要是指由于大雨、大雪等恶劣天气对地面交通造成影响，较多的市民乘坐地铁或进入地铁车站避雨、避雪，造成地铁各个车站客流量比平时有所上升。

④ 早晚上下班高峰时段引发的车站大客流。

二、大客流应急处理及原则

大客流应急处理应遵循"安全第一、分级控制、合理引导、及时疏散"等原则，以乘客安全为第一原则，保持客流运输过程的通畅，及时疏散乘客，由控制中心成立应急指挥小组并统一指挥。大客流一旦形成，应急指挥小组自动成立，各调度员、值班站长、行车值班员、站务员等各司其职，合理引导、及时疏散乘客。

城市轨道交通运营人员应对车站进行实时监控，若发现有大客流发生的趋势，应积极采取预警措施。运营单位要及时对可能导致运营突发事件的风险信息进行分析研判，预估可能造成影响的范围和程度。

（一）信息汇报和先期处置

1. 车站人员

站务人员在发现车站出现大客流时，应立即报告行车值班员。

行车值班员及时掌握大客流产生的原因、规模和预计持续的时间，并立即向值班站长和控制中心行车调度员报告。同时，行车值班员不间断地利用广播进行宣传，引导乘客疏散。

值班站长接报后，立即组织车站工作人员，做好乘客的解释和疏导工作，做好站台监护，密切关注车站客流情况，并随时向控制中心汇报。

2. 控制中心

行车调度员接报后，通过MMI（Man-Machine Interface，人机界面）核实现场大客流情况，将大客流可能造成的危害程度、波及范围、行车中断时间、人员伤亡及财产损失等情况向值班主任汇报。

值班主任指示行车调度员密切关注车站客流情况,并向领导汇报和向相关部门通报,启动突发性大客流应急处理预案。

(二)应急响应

1. 车站人员

车站人员根据控制中心指令进行客运组织调整,如退票、赠票、限流、打开边门、设置安全防护等。

2. 控制中心

行车调度员按照应急预案对全线列车进行运营调整,如增加列车密度、要求相关的线路增加或减少运力等。

控制中心通过短信平台及时发布相关信息,做好信息汇报,并时刻监控客流变化;严重时下达关闭事发区段车站、停止客运服务的指令,及时采取"公交保障预案",并对该方案的具体实施进行监控和协调。必要时,请求公安人员前往协助,维持秩序,如图6-19所示。

图6-19 大客流时工作人员维持秩序

(三)应急终止,恢复正常运营

大客流逐渐缓和至消除后,值班站长组织车站人员停止售卖纸票,关闭边门,撤除指示牌和隔离设置。车站报告控制中心,由其发布应急终止命令,恢复正常的运营秩序。

三、预见性大客流应急处理

城市轨道交通运营单位对于预见性大客流的应急处理方法和突发性大客流应急处理方法基本相同。但针对可预见性大客流事件,城轨运营人员可提前做好充分的准备工作,并进行周密部署。

应对大客流的准备工作主要包括以下几方面的内容。

(1)编制大客流组织方案,其主要内容包括客流预测和客流特征分析、车站设施设备运输能力分析、人员安排(包括具体地点、职责、上班时间、携带备品等)、备品准备及需求、各级客流具体控制措施、票务组织措施等。

(2)开展专项安全检查。

(3)补充和调配客流组织备品。

(4)开展大客流组织方案的培训和演练。

> **演练实例**

城市轨道交通大客流事件的应急演练

2015年1月16日,郑州警方调动警力,同时协调公交公司、轨道公司等部门,根据模拟警情快速、有序、安全地疏导客流,防止因客流过大而导致拥挤、踩踏等事故出现。

15时,郑州市地铁1号线二七广场站内,郑州警方地铁分局执勤民警接到二七广场站车控室报告,称该站站台层有大量乘客滞留,站厅层人员流动困难,且出入口处还有大量乘客等待进站,需要进行站外客流控制。接报后,警方迅速启动了客流红色预警处置预案。在现场,地铁分局执勤民警首先设置警戒线,配合轨道公司对该站各个出入口实行客流"只出不进"措施,并利用站台内的广播、扩音喇叭等设备宣传引导滞留乘客有序排队,提醒大家注意安全、切勿拥挤,配合民警和工作人员的疏导工作,如图6-20所示。

图6-20 城市轨道交通大客流事件的应急演练

同时,交警、治安、消防、特警、辖区派出所及公交公司、轨道公司等部门力量也火速赶往现场参与处置。经各方参与力量近20 min的处置,地铁1号线二七广场站内客流秩序恢复正常。

在演练现场,郑州市公安局地铁分局局长介绍,对于地铁大客流的处置,警方将按照"地上和地下相结合、客流和车流相结合、人力和科技相结合"的处置原则,优先保障地下秩序。警方提醒广大市民,乘坐地铁等公共交通工具时,一定要严格遵守相关规定,服从现场安保人员的指挥引导,安全有序进出,切勿拥挤慌乱。

四、实战演练

【任务描述】

请根据以上案例,编写相应的应急处理方案,并采用角色扮演法分组进行模拟演练;或者选定某地铁出现的大客流事件,编写相应的应急处理方案,并采用角色扮演法分组进行模拟演练。

【任务目标】

（1）掌握城市轨道交通车站大客流的应急处理方法。

（2）培养和提高学生对城市轨道交通地铁车站大客流应急处理的能力。

【任务实施】

（1）学生可按6人为一组的形式进行分组，分别担任站务人员、行车值班员、值班站长、客运值班员、行车调度员和值班主任。

（2）根据本任务所学内容，编写预见性大客流的应急处理方案。

（3）每组学生按照所编写的应急方案反复进行演练，逐步完善演练效果。

（4）每组学生依据最终确定的演练方案，进行汇报演练。

（5）教师对各小组的汇报演练进行评估，指出演练中存在的问题，并加以讨论。其中，评估标准主要包括编写思路是否清晰，内容是否完整，是否具有可操作性，汇报话语是否流畅，表达是否清晰、准确和得体。

【任务自测】

自行上网查询城轨大客流案例，选取其中一个案例，完成以下任务：

（1）编写相应的大客流应急处理方案。

（2）分析案例中的应急处理方案，通过对比进一步优化自己编写的应急处理方案。

突发大客流应急演练

2017年12月31日，广州地铁客流首度突破千万人次，刷新了广州地铁单日最高客流的纪录。当日18时45分，3号线大塘站因客流量过大而率先执行客流控制。随后公园前、体育西路、客村、长寿路、汉溪长隆、珠江新城和广州南站等车站相继执行高峰客流控制。地铁公司表示，考虑到市民历来有小长假短途出行或游玩购物的习惯，2017年12月31日当天及时调整了运输能力，全线网（除APM线和14号线之外）延长1.5 h收车。同时，各线路加大运力组织行车，单日共开行列车7 563列。为了保障运营安全，各站均加派工作人员疏导客流，并派技术人员驻点，加强设备的巡检、维护与检修，确保发生突发事件时有充足的技术保障，能尽快解决问题。

五、预案实例

车站大客流应急预案

（一）目　的

为规范某市轨道交通运营分公司所辖车站范围内发生突发大客流时的运营组织工作，提高应急处置能力，确保轨道交通运营安全，将突发大客流事件造成的影响降到最低，特制订了本应急预案。

（二）适用范围

本预案适用于轨道交通车站发生突发性大客流需进行控制时的应急处置工作，包括调度中心的《调度中心突发大客流现场处置方案》、客运营销中心的《客运营销中心突发大客流现场处置方案》和《客运营销中心车站乘客疏散现场处置方案》、综合部的《后勤保障现场处置方案》等。

（三）事件特征分析

一般情况下，需要车站疏导的客流主要为进站大客流和换乘大客流。根据客流控制实施范围的不同，客流控制分为单站级客流控制、单线级客流联控、线网级客流联控三种。

单站级客流控制是指单个车站采取客流控制措施，控制车站客流数量的客流组织行为，简称站控。

单线级客流联控是指某线路车站采取客流控制措施，限制进站人数，缓解该线路换乘站或大客流车站的客流压力，均衡各站进站客流，有效分配线路运输能力的客流组织行为，简称线控。

线网级客流联控是指采取线控后，仍无法缓解客流压力，通过在邻线车站采取客流控制措施，限制客流数量，缓解换乘站客流压力的客流组织行为，简称网控。

1. 站　控

（1）车站突发大客流可根据客流规模、列车运能及影响程度等情况，分为较大级、重大级两个等级。

① 较大级突发大客流是指候车乘客占用的站台面积达到总面积的七成及以上，站厅乘客拥挤，出入口进站乘客持续增加的情况。

② 重大级突发大客流是指候车乘客占用站台面积达到总面积的七成及以上，站厅和出入口乘客拥挤，且站外乘客持续增加预计超过 20 min，可能造成人员伤亡等后果的情况。

（2）站控按照"由内至外、分区控制"的原则开展，即控制顺序从站厅付费区到非付费区，再到出入口，客流控制力度逐渐增大。

（3）站控一般按照较大级、重大级顺序启动。对于车站构造特殊或客流量过大的情况，可视情况直接启动重大级客流控制，以便有效控制站内乘客数量。

2. 线　控

（1）开展线控应视实际客流情况确定配合开展控制的车站。

（2）当车站实施重大级客流控制后，站台候车乘客持续三趟车仍无法上车，且站台、站厅的乘客已超出警戒线，则可申请实施线控。

3. 网控

（1）网控是在线控的基础上开展的，在此过程中需视实际客流情况确定配合开展控制的线路。

（2）当某线路实施线控后，换乘站站台上候车的乘客持续三趟车仍无法上车，且站台、站厅、换乘通道乘客已超出警戒线，则可申请实施网控。

（四）指挥体系与职责

1. 指挥体系

1）指挥机构

（1）应急指挥部的设置参照《某市轨道交通运营突发事件总体应急预案》。

（2）客运营销中心为现场处置的关键部门。

2）指挥权

（1）OCC承担先期应急指挥工作，预案正式启动后指挥权移交给分公司应急指挥部。

（2）车站发生突发大客流时，立即成立现场处置指挥部，先期由值班站长或区域站长担任现场负责人，并视情况交由更高领导接管。

2. 职责分工

公司应急指挥部总负责人、总指挥、现场负责人的职责分工参照《某市轨道交通运营突发事件总体应急预案》。

1）客运营销中心职责

（1）组织人员采取现场控制措施。

（2）汇报现场准备情况。

（3）及时向OCC提出运营调整建议。

（4）负责现场疏导工作。

2）调度中心职责

（1）根据现场实际情况，发布运营调整命令。

（2）与轨道公安分局保持配合，向公司领导及相关部门报告。

（3）做好信息发布工作。

（4）根据车站申请，协调相关部门人员到车站支援。

3）其他部门（中心）职责

根据OCC的命令派遣支援人员到车站支援，其他参照《某市轨道交通运营突发事件总体应急预案》执行。

（五）信息报告内容及流程

1. 行车值班员向OCC的信息报告内容

（1）事件发生时间、地点。

（2）突发大客流的形成原因、规模及已采取的措施。
（3）呈报人的职位、姓名。
（4）事件发生时间、地点（线路、车站）。

2．信息报告流程

（1）按照《某市轨道交通运营突发事件总体应急预案》的信息报告流程进行报告。
（2）行车值班员及时将现场情况向行调报告。
（3）OCC 接报后，值班调度长负责按照应急信息通报的有关规定和流程向分公司领导及有关部门（中心）通报，并根据现场处置情况及时做好信息续报工作。
（4）OCC 根据指挥中心指令组织相关的恢复工作，并向相关车站发布恢复信息。

（六）应急处置

1．先期处置

1）车站

（1）当车站发生突发性大客流时，要及时了解其产生原因、规模和可能持续的时间等，并报 OCC。
（2）在客流控制过程中，根据现场客流情况启动应急处置。

① 当客流达到较大级标准时，启动区域站级或车间级应急处置。若区域站级处置无法满足客流疏导的需求，区域站分管站长向车间生产调度申请车间级应急处置。车间生产调度报分管领导，待其同意后，组织其他区域或车间管理人员前往车站支援。

② 当客流达到重大级标准时，启动分公司级应急处置。若车间级处置无法满足车站客流控制需求，区域站分管站长向车间生产调度申请分公司级应急处置。车间生产调度报分管领导，待其同意后，向 OCC 申请启动分公司级应急处置。OCC 接报后，按照《突发大客流应急支援方案》通知人员前往车站支援。

（3）车站做好广播宣传工作，并组织人员维持秩序。

2）OCC

在接到车站突发性大客流的报告后，应做好备用车上线的准备工作。

2．应急响应

（1）OCC 根据指挥中心总指挥的要求，通知相关部门（中心）启动预案。
（2）指挥中心视情况启动公交接驳保障方案，并对该方案的具体实施进行监督、协调，及时有效地疏散大客流。
（3）站控根据客流控制级别的高低不同，主要采取如下措施。

① 当客流达到较大级标准时，客流控制点在车站出入口处。通过对出入口处的乘客进行控制达到限制进站客流的目的，以有效缓解站厅、站台的拥挤程度。

② 当客流达到重大级标准时，视情况采取车站只出不进或关站的措施。

③ 当发生换乘站大客流时，启动线控，联控车站开展客流控制，限制本站客流数量。当实施线控但换乘站客流压力仍无法得到有效缓解时，启动网控。

（4）在单线级、线网级联控过程中，相关车站针对较大级或重大级客流情况，限制本站的客流量。

（5）客流控制实施流程如下

① 站控的较大级客流控制由值班站长视现场情况实施，并报备区域站长；重大级客流控制由区域站长/区域副站长决定实施，并报备OCC、站务车间。

② 线控由区域站长/区域副站长向OCC申请实施，并报备站务车间。

③ 网控由区域站长/区域副站长报站务车间分管领导同意后，向OCC申请实施。

（6）OCC应根据实际情况采取相应措施，增加运能，缓解车站客流压力。启动线控或网控后，做好线路间信息通报及运能衔接工作。

（7）有关部门联合处置时，OCC报告指挥中心，请指挥中心协调联系。

（8）当客流量太大以致严重超出轨道交通运输能力、可能危及乘客安全时，由现场负责人向OCC申请关站，OCC在指挥中心总指挥的授权下下达关闭车站的命令，车站做好关站工作。

3. 应急终止

（1）在车站客流得到缓解后，现场负责人确认车站客流恢复到正常客流水平，向指挥中心报告。

（2）指挥中心接到现场负责人的报告后，通过OCC向全线发布应急终止命令。

（3）OCC组织受影响区域恢复正常运营。

任务五　地铁安检突发事件应急处理

任务引入

武汉一对情侣携违禁品乘地铁被拦，男子向安检员喷防狼喷雾剂

2017年8月20日17时40分，一对情侣在武汉汉口火车站地铁站F安检口过安检时，被查出包内有一金属物体，开包检查后发现是一瓶防狼喷雾。工作人员向这对情侣解释，这类物品严禁携带进地铁站，但对方却情绪激动。随后，其中黑衣男子便使用该喷雾剂对着当值安检员以及周边位置喷出气体。黑衣男子动作很快，他一边向周边喷气体，一边躲闪安检人员，很快便将气体喷完。场面一时混乱，辣椒粉般的味道令不少乘客出现咳嗽、打喷嚏的状况，现场也引发了一阵小骚动。人流也不受控制地向后退。

为了快速离开安检口，有乘客将原本围拢的铁栅栏冲开。事发后，地铁站第一时间关闭了F口，维持站内秩序，同时打开排烟系统，20 min后，刺鼻气味消散。随后，黑衣男子被警方带走。

一、安检概述

安全检查（以下简称安检）是对进入城市轨道交通的人员必须履行的检查手续，是保障乘客人身安全的重要预防措施。城市轨道交通安检事关所有进入城市轨道交通的乘客的人身安全，所有想要进入城市轨道交通的乘客都必须在经过检查后，才被允许进入，不存在任何特殊的免检对象。

地铁安检一般有以下三种方法。

1. X射线安检设备

该设备主要用于检查乘客的行李物品。乘客进入地铁大厅时首先将行李物品放到X射线安检设备的传送带上，工作人员可通过显示器检查。如发现有异物，须由检查人员开包检查。若存在违禁物，安检人员有权利要求乘客转乘其他交通工具或让其将违禁物遗弃，对于公安机关明令禁止的违禁物，可进行查收，并做好相关记录，拒不服从安检人员的，情节严重者可转交公安机关，安检设备种类如图6-21（a）所示。

2. 探测检查门

探测检查门用于对乘客的身体检查，主要检查乘客是否携带禁带物品，探测检查门如图6-21（b）所示。

3. 磁性探测器

磁性探测器也称手提式探测器，主要用于对乘客进行近身检查，乘客通过检测门发出报警声时，需用手持式金属探测器再查，将可能发出报警声的钥匙、打火机等金属物品掏出来，直到检查时不再发出报警声为止，磁性探测器如图6-21（c）所示。

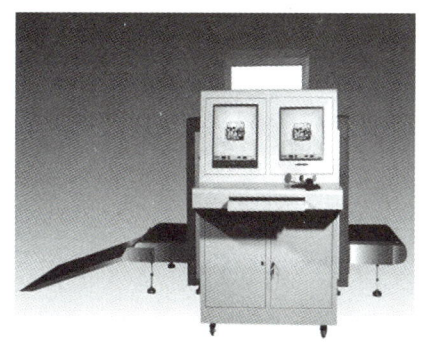

（a）X射线安检设备　　（b）探测检查门　　（c）磁性探测器

图6-21　安检设备种类

二、违禁物品种类

（一）危险品分类

（1）爆炸或易爆物品。

雷管、手榴弹、炸药、烟花、鞭炮、导火线等。

（2）压缩气体和液化气体。

石油液化气瓶、天然气瓶和其他各种压缩气瓶等。

（3）易燃液体。

汽油、煤油、柴油、油漆、酒精等。

（4）易燃固体、自燃物品和遇湿易燃物品。

硫黄、黄磷、白磷、过氧化钠、碳化钙（电石）、钠、钾等。

（5）强氧化剂。

浓硝酸、浓硫酸、王水等。

（6）毒害品和感染性物品。

氯化汞、氰化钾、三氧化二砷（砒霜）、尼古丁、石棉、各类农药等。

（7）放射性物品。

镭、钋、铀等。

（8）腐蚀品。

浓盐酸、醋酸、磷酸、氨水等。

（9）其他可能影响乘客人身安全的物品。

（二）可疑物品简要辨别方法

（1）观察有危险标识或通过常识判断有危险的（如有三品标识的）。

（2）通过听觉，发现有异常响声的（如计时器响声）。

（3）通过嗅觉，发现有异常气味的（如刺激性气味）。

（三）可疑爆炸物识别及应对

（1）信：宁可信其有，不可信其无。

（2）快：快速撤离。

（3）细：细致观察可疑人、事、物。

（4）报：迅速报警。

（5）记：用照相机、手机等将"现场"记录下来。

三、发现乘客携带危险品的应急处理

（1）车站应对乘客进行安全检查，要求乘客解释物品的种类、性质等，必要时请其打开展示。

（2）乘客拒绝解释或打开展示其携带物品进站/乘车的，劝其出站，不听从劝阻的，不得放其进站/乘车，立即报公安处理。

（3）司机发现乘客可能携带危险品时，立即将相关信息（乘客性别、衣着、所在车厢位置、危险品性质）报行调（车站），密切监视该乘客动向，（到达前方车站后）等待车站人员到场处理。车站人员接通知后应立即组织驻站保安/民警到场引导乘客下车进行后续处理。

（4）非车站的地铁工作人员发现乘客可能携带危险物品进站乘车的，应立即通知车站或报行调。

（5）车站工作人员发现乘客携带高危危险品（易燃、易爆、高度腐蚀性物品、有毒气体等，如汽油、柴油、煤气瓶、烟花爆竹、炸药、强酸/强碱性溶液、氢气、一氧化碳等）进站乘车的，应立即移交保安/公安处理，如车站无驻站保安/民警的，车站应立即报公安，并挽留乘客等待保安/公安人员到场，如乘客强烈要求携带危险品自行离开的，车站人员应把乘客离去的线路报公安。

（6）车站工作人员发现乘客携带其他危险品（油漆、机油、弱酸/弱碱性溶液、空调雪种等）进站乘车的，应向乘客解释相关规定，劝阻乘客，请乘客携带危险品离站，不得在站内弃置危险品。

（7）乘客携带空气压缩机进站乘车的，原则上指引乘客改乘其他交通工具，如乘客坚持要进站乘车的，则按以下原则处理：如空气压缩机体积过大（总重量超过 30 kg 或长、宽、高之和超过 1.6 m），车站工作人员应指引乘客换乘其他交通工具；如空气压缩机未超过乘客允许携带行李体积的，且乘客已将压缩机内的压缩气体释放排清，压力指针为"0"时，方可允许乘客继续进站乘车。

（8）乘客不接受车站解释并强行进站乘车的，车站应立即请求驻站保安/民警、护卫支援，阻止乘客进站乘车，同时将相关情况报地铁公安，拖延乘客至保安/公安到场处理。

（9）乘客不接受车站解释并强行进站乘车，且已登上列车的，车站需立即实行扣车（或通知司机不要关门动车），报告地铁公安及行调，并安排人员将当事人请下列车。待当事人携带危险品下车后，车站方可取消扣车（再通知司机关门动车），并将当事人移交保安/公安人员处理。

四、实战演练

【任务描述】

根据以下案例，请编写相应的应急处理方案，并采用角色扮演法分组进行模拟演练。或者也可以选定某一类安检突发事件故障，编写相应的应急处理方案，并采用角色扮演法分组进行模拟演练。

【任务目标】

（1）掌握城市轨道交通安检突发事件的应急处理方法。
（2）培养和提高学生对城市轨道交通安检突发事件的应急处理能力。

【任务实施】

（1）根据本任务所学内容，编写安检突发事件的应急处理方案。
（2）每组学员按照所编写的应急方案反复进行演练，逐步完善演练效果。
（3）每组学员依据最终确定的演练方案进行汇报演练。
（4）教师对各小组的汇报演练进行评估，指出演练中存在的问题，并加以讨论。其中，评估标准主要包括编写思路是否清晰，内容是否完整，是否具有可操作性，汇报话语是否流畅，表达是否清晰、准确和得体。

2021年3月21日15时许,合肥地铁5号线派出所处理了一起违禁物携带事件。一名老人经过安检时,被发现携带强力射鱼弹弓,安检人员对其进行收缴时,老人态度较为强硬,把强力射鱼弹弓解释为钓鱼工具,在警务人员到场时双方还在进行交涉。在安抚其情绪后,民警对该老人携带违禁物进行解释,强调了安全规定。在一番教育后,老人对违禁物的携带规定有所了解,对安检警务处理工作表示支持,态度缓和。

任务六 恐怖袭击应急处理

任务引入

2017年4月3日,俄罗斯圣彼得堡的"先纳亚广场"和"技术学院"两个地铁站发生爆炸,造成14人死亡,49人受伤,如图6-22所示。爆炸事件发生后,圣彼得堡地铁全部停止运行,公交部门派出免费公交车,以缓解受影响路段的交通情况,当地很多私家车也提供自己的坐标、行驶方向、剩余空位等信息,顺路捎带乘客。俄罗斯政府第一时间下令,要求彻查爆炸原因,并向此次地铁爆炸事件中遇难者的家属致以沉痛的哀悼。经调查,此次恐怖袭击是由一名23岁的男子,用背包挟带爆炸装置进入圣彼得堡地铁站,并以自杀引爆的方式完成作案的。

本案例中恐怖袭击对乘客人身安全和地铁正常运营造成了严重的影响。圣彼得堡地铁在发生恐怖袭击后进行了紧急应急处理,有效减少了人员伤亡,因此作为地铁运营人员,必须熟练掌握地铁恐怖袭击的应急处理方法。

图 6-22 恐怖袭击现场

一、恐怖袭击概述

自20世纪90年代开始,恐怖袭击在全球范围内迅速蔓延,形势严峻。地铁作为城市重要交通工具,具有客流量大、封闭性强和防护措施薄弱等特点,历来是恐怖分子袭击的重要目标之一。纵观国际上已发生的恐怖活动,主要以爆炸、纵火、绑架与劫持人质、武装袭击、生化恐怖袭击以及破坏计算机信息系统等形式进行,且恐怖活动数量呈上升趋势。

其中，爆炸恐怖活动已成为当今最主要的恐怖活动形式。地铁一旦遭受恐怖袭击，往往会造成重大人员伤亡和带来巨大财产损失，如图 6-23 所示。

图 6-23　恐怖袭击

二、恐怖袭击应急处理

虽然我国城市轨道交通还没有发生过严重的恐怖袭击事件，但近年来国际恐怖分子活动日益猖獗，城轨工作人员切不可掉以轻心，必须在日常工作中严格执行各项规章制度，做到防患于未然。发生恐怖袭击时，应遵循反应迅速、及时报告、统一指挥、各负其责、优先抢救伤者和尽快恢复运营等原则。

（一）爆炸事件

1. 信息汇报和先期处置

（1）车站人员。

站务人员发现车站发生爆炸后，应迅速查明爆炸发生的时间、地点、涉及的列车车次和人员伤亡等情况，并立即向行车值班员报告。

行车值班员接到站务人员报告后，立即上报控制中心和公安机关，通知值班站长到达现场，并及时做好车站广播和视频监控工作。如有人员受伤，行车值班员及时报 120 急救中心，确认无危险情况时，可派人对伤员进行必要的包扎处理。

值班站长接报后，立即到达现场，并在上级领导和公安人员未到达之前担任现场负责人，组织处理现场的先期工作，包括组织乘客疏散，安排工作人员看守车站出入口，设置警戒线，禁止闲杂人等进入车站靠近爆炸区域（必要时经指挥机构同意后关闭车站出入口），保护事故现场。

（2）控制中心。

控制中心接报后，立即向应急指挥机构报告，根据其指令启动相应的应急预案。

2. 应急响应

（1）车站人员。

待公安、消防等人员到达后，车站相关人员引导其进入车站，值班站长介绍现场情况，车站所有人员听从指挥，并积极配合处理和取证工作。

（2）控制中心。

控制中心根据现场实际情况，发布不同的调度命令。环控调度员检查 BAS、FAS、监视系统、排风模式是否正常；电力调度员检查供电系统是否正常；行车调度员检查该车站是否具有行车条件，以调整全线行车方式，通报全线司机和车站。

控制中心需随时保持与事故现场的联系并了解情况，协助处理有关事宜。

（3）其他部门。

公安人员对现场的处置工作结束后，各专业抢险人员进入现场开展抢修工作，采取有效的措施组织抢救，防止事态的进一步扩大，并立即向公司领导小组报告。

3. 应急终止，恢复运营

现场处置完毕后，上报应急指挥中心，由其发布应急终止命令，恢复正常的运营秩序。

（二）毒气事件应急处理

1. 信息汇报和先期处置

（1）车站人员。

站务人员发现毒气事件后，立即报告行车值班员。

行车值班员接报后，立即上报控制中心，通知值班站长和公安、消防机关，并要求所有工作人员佩戴防毒面具。行车值班员开启闸机紧急运行模式，通过车站广播要求所有人立即用湿毛巾或衣服捂住口鼻，按照车站人员指引逃生。

值班站长组织客运值班员、售检票员疏散乘客，维持现场秩序，在出入口设立警戒线，防止闲杂人员进入。

（2）控制中心。

控制中心接报后，立即向应急指挥机构报告，根据其指令启动相应的应急预案。

2. 应急响应

（1）车站人员。

待公安、消防等人员到达后，车站相关人员引导其进入车站，由值班站长介绍现场情况，车站所有人员则听从指挥，配合处理相关工作。

（2）控制中心。

控制中心根据现场实际情况，发布不同的调度命令。环控调度员检查监视系统、排风模式是否正常。行车调度员根据上级指令调整全线行车方式，通报全线司机和车站，并随时了解事故现场情况，协助处理有关事宜。

3. 应急终止，恢复运营

现场处置完毕后，上报应急指挥中心，由其发布应急终止命令，并恢复正常的运营秩序。

三、挟持人质事件应急处理

（一）信息汇报和先期处置

1. 车站人员

站务人员发现劫持人质事件后，立即通知行车值班员。

行车值班员接报后，立即通知驻站民警，并报"110"和控制中心。行车值班员通过广播做好乘客安抚工作，加强对现场情况的监控，保持与OCC和值班站长的联系。如事发现场有人员伤亡，立即报"120"医疗急救中心。

值班站长接报后，立即到现场，组织人员疏散周边乘客，隔离事发区域，引导乘客从未受影响的出入口进出车站。

2. 控制中心

控制中心接报后，立即向应急指挥机构报告，根据其指令启动相应的应急预案。

（二）应急响应

1. 车站人员

在公安人员到场之前，车站相关人员尽可能稳定嫌犯情绪，了解情况并尽可能满足其需求，使其保持镇静。

待公安人员到场后，车站人员引导其进入事发场地介绍相关情况，并听从指挥，配合处理和取证工作。

2. 控制中心

如果现场事态危及列车运营，则控制中心根据应急指挥中心的要求组织行车，并向全线列车司机和车站发布列车调整信息，要求各车站和列车司机做好乘客广播工作。车站停止服务时，OCC组织列车不停站通过事发车站。如果发生在始发站，OCC视情况组织列车小交路运行。

（三）应急终止，恢复运营

现场处置完毕后上报应急指挥中心，由其发布应急终止命令，恢复正常的运营秩序。

四、实战演练

【任务描述】

根据以下案例编写相应的应急处理方案，并采用角色扮演法分组进行模拟演练。或者也可以选定某一地铁恐怖袭击事件，编写相应的应急处理方案，并采用角色扮演法分组进行模拟演练。

【任务目标】

（1）掌握城市轨道交通车站地铁恐怖袭击事件的应急处理方法。

（2）培养和提高学生对城市轨道交通车站恐怖袭击事件的应急处理能力。

【任务实施】

（1）学员可按7人为一组的形式进行分组，分别担任站务人员、行车值班员、值班站长、行车调度员、环控调度员、电力调度员和值班主任（根据不同类型的恐怖袭击事件，视情况而定）。

（2）根据本任务所学内容，编写恐怖袭击事件的应急处理方案。
（3）每组学员按照所编写的应急方案反复进行演练，逐步完善演练效果。
（4）每组学员依据最终确定的演练方案，进行汇报演练。
（5）教师对各小组的汇报演练进行评估，指出演练中存在的问题，并加以讨论。其中，评估标准主要包括编写思路是否清晰，内容是否完整，是否具有可操作性，汇报话语是否流畅，表达是否清晰、准确和得体。

【任务自测】

自行上网查询城轨恐怖袭击的案例，选取其中一个案例，完成以下任务：
（1）根据此类事故，编写相应的应急处理方案。
（2）分析案例中的应急处理方案，通过对比进一步优化自己编写的应急处理方案。

城市轨道交通恐怖袭击事件的应急演练

2017年12月11日上午，美国纽约曼哈顿时报广场附近的港务局巴士总站发生恐怖爆炸。该爆炸案是由一名嫌犯在巴士总站引爆了土制炸弹所致，这名嫌犯随后被警方逮捕。此次恐怖爆炸案造成一人受伤，爆炸发生后，第八大道被封锁，地铁线路A、C、E线均暂停运营，如图6-24所示。

图6-24　恐怖爆炸现场

五、预案实例

某市轨道交通运营公司爆炸应急预案

（一）目　的

为及时有效地处理某市轨道交通运营有限公司（以下简称运营公司）所辖范围内发生的危及乘客人身安全的爆炸事故（件)，提高运营公司的应急处置能力，最大程度地减少人员伤亡和财产损失，特制订了本应急预案。

（二）适用范围

本预案适用于运营公司所辖范围内的车站、列车、区间线路等区域突发爆炸事故（件）的应急处置。

（三）指挥体系与职责

1. 指挥体系

（1）指挥机构。

① 应急领导小组及现场处置指挥部的设置参照《运营公司突发事件应急预案》。

② 车务部为现场处置的关键部门。

（2）指挥权。

OCC承担先期应急指挥工作，待预案正式启动后，将指挥权移交应急领导小组。

2. 职责分工

（1）车务部。

① 负责现场的指挥协调工作，如立即执行车站紧急疏散程序，组织乘客疏散到站外安全地点，尽一切可能搜寻生还者，抢救伤者，按环调要求开启相应的火灾排烟模式，站台停止服务，并立即拨打"110""120"，并通知驻站民警。

② 及时将新发现的情况和需要解决的重大问题向现场负责人报告。

③ 配合现场负责人做好与其他部门的协调与配合工作。

（2）综合机电部。

① 接到报告后立即赶赴事发现场，确认排烟设备是否启动。如未启动，立即在就地控制柜上启动，并检查车站供电是否受到影响，监控好电力设备的运行。

② 爆炸引发火灾时按相应的火灾应急处理程序执行。

③ 配合现场负责人协调各专业抢险小组实施现场抢修救援工作。

（3）车辆部。

① 接到报告后立即赶赴事发现场，检查车辆设备的损坏情况，并视现场情况组织抢修。

② 配合现场负责人协调各专业抢险小组实施现场抢险救援工作。

（4）安全技术部。

① 接到报告后立即赶赴事发现场，指导现场抢险小组做好抢险救援和安全防护工作。

② 配合公安部门做好调查取证工作。

（5）其他部门。

其他部门职责可参照《运营公司突发事件应急预案》。

（四）信息报告内容及流程

1. 信息报告的内容

（1）车站、列车发生爆炸时的报告内容。

① 爆炸发生的时间。

② 爆炸发生的地点（线路、车站、上下行线、公里标、车次等）及概况。

③ 人员伤亡情况。
④ 已采取的措施和请求救援事项。
（2）车站、列车涉及爆炸恐吓时的报告内容。
① 信息收到的时间。
② 恐吓信息的来源及内容。
③ 信息来源人的基本情况。

2. 信息报告流程

① 车站（包括站停列车）发生爆炸事件时，车站工作人员立即报告值班站长，由其通知行车值班员拨打"110""119"和"120"。车控室值班人员获知信息后，立即报 OCC。OCC 接报后，将相关信息通报全线车站和相关列车，同时报应急领导小组、相关部门负责人。

② 列车在区间运行发生爆炸事件时，列车司机获悉后立即报 OCC，并通知就近车站。OCC 接报后，立即拨打"110""119"和"120"，同时将相关信息通报全线车站、列车、应急领导小组及相关部门负责人。

③ 主变电所发生爆炸事件时，值班人员立即报 OCC，同时拨打"110""119"和"120"。OCC 接报后，将相关信息通报相关车站、应急领导小组及相关部门负责人。

④ 其他地点发生爆炸事件时的具体报告流程参照主变电所发生爆炸时的信息报告流程。

⑤ 车站、列车、主变电所或其他地点，涉及爆炸恐吓信息时，接报人立即拨打"110"和 OCC。OCC 接报后，将相关信息通报全线车站、列车、运营公司应急领导小组、相关部门负责人。

（五）应急处理

1. 应急响应

（1）OCC。

OCC 接报后立即向应急领导小组和现场处置机构通报信息，并根据指挥机构的指令启动应急预案。行调根据指挥机构的决定进行行车组织调整；维调通知相关专业救援队前往现场进行救援；环调检查并确认车站监视系统、排风模式是否正常，根据需要调整隧道、车站火灾通风模式；电调调整电力运行方式。

（2）指挥机构。

运营公司应急领导小组接报后，自然产生指挥机构，授权 OCC 立即启动应急预案。指挥机构和现场处置机构成员分别赶赴指定岗位，组织应急抢险工作，同时将相关信息续报至上级应急机构。

2. 先期处置

（1）车站（站停列车）发生爆炸事件。

① 车站（站停列车）发生爆炸时，车站、列车应立即通过广播宣传，迅速打开所有站台侧车门并按下 AFC 紧急释放按钮，切断有关电源，组织引导乘客向站外疏散，维持好疏散秩序。

② 如爆炸没有引起现场火灾，车站工作人员立即组织引导乘客向站外疏散，严防踩踏事故的发生；如爆炸引起现场小范围火灾，车站工作人员组织引导乘客疏散至站外后，穿戴好防护用品，迅速赶到爆炸现场，利用消防器材进行先期扑救；如爆炸引起现场大范围火灾，同时参照《运营公司车站火灾应急预案》和《运营公司电客车火灾应急预案》相关规定，开启车门，播放广播，疏散乘客。

③ 事发车站安排专门人员看守车站出入口和排风口，设置警戒线，禁止无关人员进入车站，引导"110""119"和"120"等人员到事发地点进行救援。

④ 车站工作人员应注意保护现场和寻找目击证人，随时向 OCC 续报事件信息。

（2）列车在区间运行发生爆炸事件。

① 列车在区间运行发生爆炸时，司机立即报 OCC，按其命令维持运行至前方车站或退回至发车站并进行乘客疏散，广播通知其远离爆炸车厢。若列车不能继续运行而停于区间，司机应做好防溜和降弓措施，组织乘客进行隧道疏散，并做好续报工作。

② OCC 应立即发布区间疏散命令，停止接触网供电，组织开启隧道照明。

③ 车站安排相关人员携带必要的器具迅速赶到爆炸现场接应，按《运营公司区间乘客疏散现场处置方案》组织列车乘客疏散，待乘客疏散完毕后进行搜救，并做好续报工作。

④ 如列车爆炸引起火灾，同时参照《运营公司电客车火灾应急预案》的相关规定流程操作。

（3）主变电所发生爆炸事件。

① 主变电所发生爆炸时，值班人员应立即将受影响的设备停电，并报 OCC，有火灾时拨打"119"。

② 如爆炸引起小规模火灾，值班人员立即利用现场消防器材进行扑救；如爆炸引起大规模火灾，火势无法控制时，值班人员立即撤离到安全区域，等候并引导"119""110"人员到现场进行救援，并将现场情况续报 OCC。

③ 当爆炸导致一台主变压器故障、环网电缆故障时，OCC 应立即将故障设备退出运行，必要时将环网分段开关闭合。当一座主变电所退出运行时，可由另一座主变电所负担全线牵引负荷及动力照明一、二级负荷。

④ 当爆炸导致电源或主变压器故障退出运行时，闭合故障主变电所的 35 kV 母联断路器，切除故障主变电所的三级负荷；或通过倒闸作业，实现供电分区的调整，由其他电源实现对全部负荷的供电。

⑤ 当爆炸导致整个变电所故障，不能运行且造成大面积停电时，须同时参照《运营公司接触网大面积停电应急预案》《运营公司车站大面积停电应急预案》的相关规定进行操作。

⑥ 当一台动力变压器故障退出运行时，切除该变压器的三级负荷，闭合 400 V 侧的母联断路器。

（4）车站、列车、主变电所或其他地点出现爆炸恐吓。

接到恐吓电话时，通话语气应保持平和，尽量详细记录通话内容及沟通了解对方意图，并留意打电话人的语气、口音等，立即向公安部门、OCC 报告。公安部门有明确指示的，按其要求执行；公安部门没有明确指示的，按本预案执行。

① 车站。

接到信息后，车站及相关专业人员按照 OCC 的指示加强现场巡查。若发现疑似爆炸物品，应立即对其进行隔离并做好相应的准备工作，同时按要求组织车站采取限流、分流、关闭车站、列车跳停运营等避险措施。

② 列车。

a. 在接到指定某列车的爆炸恐吓信息后，OCC 立刻组织该列车就近清客，公安人员跟车运行至车辆段露天空旷处（如公安人员无法立即登车，可通过 OCC 联系就近车站登车）。经公安同意后，列车司机收车并关闭所有电源，等待检查。待险情排除后，尽快安排车辆检修人员检查车辆状态，如车辆状态良好，应征得 OCC 同意后方可恢复该列车运营，否则应原地待命。

b. 如爆炸恐吓未指定某辆列车，OCC 安排全线车站工作人员，对全线列车进行不公开检查，如发现有可疑物品，按爆炸恐吓指定列车的处置方案执行。

③ 主变电所。

OCC 通过监控系统查看现场情况，做好停电准备，并通知值班人员立即对变电所进行先期检查，做好随时疏散的准备。

公安部门人员到场后，车站人员、主变电所值班人员配合其行动，安排好车站运作以及行车等工作，直至恐吓解除。

3. 现场处置

（1）车站（停站列车）发生爆炸事件。

① 负责组织乘客疏散和伤员救助，如发现有人员受伤，现场对其进行必要的包扎处理，并保持与现场负责人的联系、沟通、协调，做好与公安部门、医疗等外单位的协调与配合，协助现场取证工作。

② 相关专业人员到达现场后，在保护现场的前提下，及时了解爆炸事件造成的运营设施设备损坏、人员伤亡等情况，初步判断列车中断时间，并向应急领导小组汇报相关情况。如爆炸引起火灾，应参照《运营公司车站火灾应急预案》相关规定操作。

③ 公安、消防、救护等部门到现场进行处置时，车站工作人员配合公安部门人员做好受伤乘客救援、现场勘查等工作，设备抢修人员在车站出入口附近待命。经公安部门确认安全后，由现场指挥通知各专业抢险人员进入车站开展抢修工作。

④ 如果爆炸对车辆造成影响，车辆部负责检查车辆设备的损坏情况，视现场情况组织抢修，并配合现场负责人协调各专业抢险小组实施现场抢险救援工作。

⑤ 通信部、综合机电部负责检查本专业系统设备的损坏情况，视现场情况组织抢修，保持与现场负责人的联系、沟通与协调。

（2）列车在区间运行发生爆炸事件。

① 车务部负责组织乘客疏散和伤员救助，如发现有人员受伤，现场对其进行必要的包扎处理，并保持与现场负责人联系、沟通、协调，做好与公安部门、医疗等外单位的协调与配合，协助现场取证工作。

② 相邻车站安排人员至出入口引导"110""119"和"120"等人员进入事发地点进行救援，并做好配合工作。抢修人员在车站出入口附近待命，经公安部门确认安全后，由现场指挥通知各专业抢险人员进入车站开展抢修工作。

③ 如果爆炸对车辆造成影响，车辆部负责检查车辆设备的损坏情况，视现场情况组织抢修，并配合现场负责人协调各专业抢险小组实施现场抢险救援工作。

④ 通信部、综合机电部负责检查本专业系统设备的损坏情况，视现场情况组织抢修，保持与现场负责人的联系、沟通、协调。

（3）主变电所发生爆炸事件。

① 值班人员引导消防、公安、环保等部门进入现场处置，现场工作人员配合行动。

② 抢修人员在变电所附近安全区域待命。经公安部门确认安全后，由现场指挥通知各专业抢险人员进入变电所开展抢修工作。

③ 根据总指挥命令，综合机电部负责鉴定爆炸对设备、房建结构的影响程度及确定设备的抢修工作进展。其他地点发生爆炸，可参照主变电所发生爆炸时的处置方案进行处置。

4. 应急终止

（1）发布应急终止命令。

当爆炸物清除、事故现场清理完毕，主要设备设施符合运营条件，事发地点经公安、消防、环保等部门确认符合人员进入条件时，应急领导小组发布应急终止命令。

（2）善后处置。

运营公司安全技术部根据国家现行的法律法规和有关规定，进行爆炸的善后处置工作，并通知有关保险机构及时赶赴现场开展伤亡人员及财产的保险赔付工作。

六、预防措施

（一）车　站

（1）值班站长、行车值班员、客运值班员、站务员等车站工作人员要认真履行岗位职责，注意观察进站乘客的动态及其携带的物品，并按规定认真巡视站厅及各出入口，发现车站出现可疑人员时，需对其进行询问、检查，必要时制止其上车并及时报告驻站民警。

（2）车站所有工作人员要提高警惕，加强对墙角、垃圾桶等隐蔽部位的检查，发现疑似爆炸物品时要及时通知值班站长并就地隔离，引导乘客远离该区域，及时报告驻站民警。在未得到确认前，车站针对可疑物品采取隔离防护措施。

（3）车站应在出入口显著位置悬挂"严禁携带'三品'进站乘车"的标语，并定期向乘客派发相关的安全宣传材料。

（二）列　车

（1）在列车每天运营结束后，保洁人员负责清理列车上遗留的杂物，如发现可疑物品要立即与检修调度联系，进行妥善处理。车辆检修工在日检工作中一旦发现可疑物品要立即与检修调度联系，进行妥善处理。

（2）在列车经折返站时，保洁人员清理列车上遗留的杂物，如发现可疑物品要立即与车站人员联系，进行妥善处理。

（3）车站保安加强对车站和列车的巡视，如发现可疑物品要立即与车站人员联系，进行妥善处理。

（4）在列车每天进行日检时，检修车间要防止与车辆维护无关的人员上车。

任务七 路外伤亡应急处理

任务引入

2015年4月18日8时50分左右，在北京地铁1号线军事博物馆站，一名乘客坠入轨道，致使列车司机紧急制动，车站人员立即采取接触轨停电措施进行处理。事发后，该乘客被抬上站台交由警方处理，经警方确认该乘客已死亡。9时2分，车站接轨恢复送电，运营秩序逐步恢复。

据公开报道，从2015年初至2015年4月18日，北京地铁1、2号线已发生6起乘客坠轨事件，共有6人从站台坠入轨道。对于屡次发生的乘客进入轨道事件，市民纷纷表示，1、2号线没有装屏蔽门太危险了，最好还是能安装屏蔽门，这样可以降低事故的发生率。

北京地铁运营公司表示，由于1、2号线建设年代太早，若加装屏蔽门，土建改造和设计安装施工难度很大，受限因素多。再加上夜间施工仅3个多小时，站台面积小，且需各专业交叉，所以需要统筹考虑进行安排，在应急、施工方案稳妥之后，才能进入施工阶段。

如本案例所知，城市轨道交通在运营过程中，地铁屡屡在车站或区间线路上发生乘客路外伤亡的突发事件，严重影响了城轨正常运营秩序，对乘客的人身安全和造成了严重影响，因此，运营人员必须要熟练掌握城轨路外伤亡事件发生后的应急处理方法，尽可能降低其对城轨运营的影响。

一、基本概念

路外伤亡是指在列车运行和调车作业中，发生列车撞轧人、与其他车辆碰撞等事件导致的人员伤亡，如图6-25所示。

城市轨道交通线路运营过程中出现的路外伤亡根据发生地点的不同可分成两类：一种情况是指乘客在车站由于捡拾物品或自杀等原因从站台跌落轨行区造成的车站路外伤亡；另一种情况是闲杂人员进入区间线路，也极有可能造成区间路外伤亡。这两种情况无论是否已经造成人员伤亡，都会对运营工作造成极大的影响。运营人员必须迅速处理事故，尽快使受阻线路恢复正常运营。

除了城市轨道交通维修养护人员在得到行车调度员批准并办理相关手续后才可以进入区

间线路作业外，外来人员是不允许进入区间线路的，但由于工作人员疏忽或无人看守等原因，可能会出现外来人员进入区间，从而发生区间路外伤亡的情况。区间路外伤亡一旦发生，危害极大，但因其概率很低，故本节重点介绍发生概率较高的车站路外伤亡应急处理的相关内容。

图 6-25　路外伤亡

二、路外伤亡事故的特点和预防措施

一般来说，路外伤亡的责任应由伤亡者自己承担，这是因为城市轨道交通线路是列车行驶的道路，有明确的"专属路权"，外来人员在路外出现伤亡时进行处理的主要职责是配合公安人员处理完善后，尽快开通运营，维护正常的客运秩序。

防止乘客跌落轨行区的最根本措施就是加装屏蔽门（或安全门），但由于各种原因，国内的城市轨道交通路线还有一小部分没有安装屏蔽门（或安全门），因此，预防工作的重点还是要放到候车秩序的管理上。同时，城市轨道交通运营部门需要加强与新闻媒体的沟通。

除了加装屏蔽门（或安全门），国内城市轨道交通运营企业还可以对乘客落轨采取以下措施。

（1）在客流量较大的车站，增加站台工作人员和保安的数量，增加站台摄像头，避免监控死角。

（2）列车进站时，驾驶员加强瞭望，随时准备按压紧急停车按钮，站台工作人员在站台EBS（紧急停车按钮）处随时待令。

（3）增加站台醒目的安全宣传标语，向市民宣传落轨的负面影响和应对措施。

（4）开展一些针对列车路外伤亡的实际演练。

三、路外伤亡事故的特点

（一）突发性

事故发生前，一般没有明显的预兆，事故是瞬间发生的，因此往往会令事故双方，尤其是列车驾驶员措手不及。

（二）独立性

除车辆肇事有时造成多人伤亡外，一般的路外伤亡事故中出现的伤亡者多为 1 人。

（三）分散性

事故发生的时间、地点和伤亡人员的成分相对分散。从时间看，多为白天；从地点看，除肇事多为无人看守地段外，沿线所有地段均可发生；从人员成分看，男女老少、病、弱、残等都有。

四、车站路外伤亡应急处理

在处理路外伤亡事故中，城市轨道交通运营人员必须遵循"属地管理、各负其责、优先抢救伤者、尽快恢复运营"等原则。

（一）值班站长或现场指挥者的处理措施

（1）路外伤亡事故发生后，值班站长接报后立即启动站台伤亡应急处置方案，事发车站的值班站长即为事故前期处置负责人，全权负责事故前期的现场处置工作，并向上级和公安部门进行信息通报。通报内容包括：发生地点、事件、列车次、报告人姓名；伤亡者性别、大概年龄、伤势情况、伤亡者具体位置、已采取的措施及运营受影响的情况等。公安人员到达现场后，指令有关人员配合民警展开有关工作。值班站长根据伤者情况安排行车值班员拨打"120"，并组织客运人员和站台人员对伤者进行简单的包扎处理。

（2）迅速到达事故现场，组织人员抢救伤者，疏散围观乘客，协助警方保护现场，维护现场秩序，协调各相关部门的工作，做好现场保护工作，并组织人员做好客运组织调整工作，如图 6-26 所示。

图 6-26　现场指挥处理

（3）携带必要的处置工具带领站务员至事故现场确认伤亡者位置，对事发现场进行拍照，对包括伤亡者的姿势、死者遗体情况在内的内容进行记录。

（4）组织人员迅速将死者移至站台，在移动有困难的情况下，可将死伤者移至不会造成被列车再次挤压的位置。确认工作人员撤离线路后，通知驾驶员移动列车对位进行上下客作业，待列车驶离后再移动死伤者至站台隐蔽处。

（5）上级部门的领导到达后，值班站长将现场指挥权进行移交。事故现场处置结束后，速报行车调度员请求恢复运行。

（二）行车值班员的处理措施

（1）接报后，立即向OCC行车调度员、值班站长和公安人员汇报情况。

（2）根据《运营非正常时间的广播规定》对车站内乘客进行不间断的广播宣传。

（3）通过CCTV监视器加强对现场情况的监控，做好控制中心、车站各岗位及救援部门之间的信息传递工作。

（4）根据行车调度员指令，侧式站台发生路外伤亡时，调度员及时封锁相邻线路，必须将邻线后续列车扣在后方车站或令其站外停车，同时还要与车站保持密切联系，监督下线处置人员抓紧处置、出清线路，尽快动车恢复运营。

（三）站务员的处理措施

（1）站台人员发现有人落入轨行区后，应立即按压站台侧的紧急停车按钮，并报告行车值班员。如果行车值班员发现有人落入轨行区，立即在IBP上按压相应的紧急停车按钮，安排站台岗了解现场情况，报OCC、值班站长和驻站民警。如果司机发现有人落入轨行区，立即按紧急停车按钮，并通知站台人员了解情况。接受现场指挥命令，及时抢救伤者或处置死者遗体。

（2）做好站台监护，防止围观乘客跌入道床。

（3）保护现场，挽留目击证人。

（4）工作人员下站台进行现场勘查前，按压站台上相应的紧急停车按钮，以确保现场工作人员的人身安全。

（四）公安人员的处理措施

（1）接警后快速赶赴事故现场，立即进行现场的勘查检验和取证工作，同时划定警戒线，将无关人员劝出警戒线外。所有运营人员听从公安人员的指令，并配合控制中心做好客运的组织调整工作。

（2）现场勘查取证完毕，会同站务人员将伤者或尸体清出线路。

（3）会同车站工作人员共同做好事故目击证人的取证工作。

（4）若"120"急救中心医护人员确认当事者已死亡，应出具殡葬证明。并及时联系殡葬部门接尸。

（5）判明事故性质，出具事故调查结论和伤亡鉴定结论，协助善后处理工作。

（五）列车驾驶员的处理措施

（1）续报事态发展情况并保持与行车调度员现场处置情况的信息沟通。

（2）对列车内乘客进行安抚性广播宣传，稳定乘客情绪。

（3）帮助值班站长和公安人员寻找伤亡者，密切配合现场勘查人员的前期调查和证据收集工作。

（4）接受现场指挥人员动车指令，并及时将信息传递至行车调度员。

（5）接受公安机关就事故的进一步勘查和调查，并如实反映所知情况。

（六）控制中心的处理措施

行车调度员接报后，立即报值班主任，制定运营调整方案，启动相应的应急预案。行车调度员根据指令指导全线做好信息发布和疏导工作，并及时与现场保持沟通。

（七）应急终止，恢复运营

现场处置结束后，行车值班员上报 OCC 应急终止，恢复运营。

五、实战演练

【任务实施】

（1）学员可按 8 人为一组的形式进行分组，分别担任站务人员、行车值班员、值班站长、行车调度员、电力调度员、公安人员、消防人员和医护人员。

（2）根据本任务所学内容，编写此事件的应急处理方案。

（3）每组学员按照所编写的应急方案反复进行演练，逐步完善演练效果。

（4）每组学员依据最终确定的演练方案，进行汇报演练。

（5）教师对各小组的汇报演练进行评估，指出演练中存在的问题，并加以讨论。其中，评估标准主要包括编写思路是否清晰，内容是否完整，是否具有可操作性，汇报话语是否流畅，是否表达清晰、准确和得体。

【任务自测】

自行上网查询城轨路外伤亡的案例，选取其中一个，完成以下任务：

（1）根据此类事故，编写相应的应急处理方案。

（2）分析案例中的应急处理方案，通过对比进一步优化自己编写的应急处理方案。

城市轨道交通路外伤亡的应急演练

2018 年 2 月 8 日 17 时 1 分左右，武汉市轨道交通 1 号线友谊路站，开往汉口北方向的列车乘降完毕后，正常驶离车站。一名 30 多岁男子翻过区间安全门，擅自进入接触轨带电区间，行走在隔音屏平台上，情绪非常激动，有轻生倾向。车站工作人员立即拨打"110""120""119"，并跟随劝阻，该男子完全不理会，强行在平台上往循礼门方向行走。17 时 42 分，警方与消防人员一同将该男子拉下平台，带离区间，轨道交通1号线逐步恢复正常运营。事件发生后，武汉地铁运营公司第一时间启动应急预案，一方面停止该区段供电，配合警方对该男子进行劝阻，另一方面及时调整运营交路，尽量减少事件处置对全线列车运行的影响。

习题及思考题

一、单项选择题

（1）当一名站务员在站台监察厅当值，看到有乘客的物件被车门夹住，列车正准备发车，他应立刻（　　）。

    A. 按动站台紧急停车按钮　　B. 跑到车门处，帮助乘客拉出物件
    C. 通知值班站长　　　　　　D. 通知行调

（2）如果工作人员在车站发现有乘客受伤、晕倒，应及时上报（　　）。

    A. 行车调度　　　　　　　　B. 值班站长
    C. 司机　　　　　　　　　　D. 保安

（3）车站发生伤亡事故时应报告（　　）。

    A. 事故发生的时间　　　　　B. 事故伤亡人数、受伤情况
    C. 报告人姓名、所在部门　　D. 其他需要说明的内容。

（4）发生站台门故障时，要按照（　　）的原则进行处理，在保证安全的前提下，确保客车正点进行。

    A. 先恢复后通车　　　　　　B. 先通车后恢复
    C. 快处理、快开通　　　　　D. 边抢修边运营

（5）应急服务应以（　　）为首要目标。

    A. 保证列车运行安全　　　　B. 保障乘客人身安全
    C. 控制事态发展　　　　　　D. 避免社会恐慌

（6）车站发生毒气袭击时，若需要疏散车站乘客，在受袭的车站做好乘客广播，（　　），动车前确认站台岗的"好了"信号后，关闭车门、屏蔽门，立即动车，按调命令执行。

    A. 可上下客　　　　　　　　B. 只下不上
    C. 只上不下　　　　　　　　D. 不可上下
    E. 在车站，为确保行车效率，可以先动车，下一站确认

（7）发生乘客坠落站台事故后，对列车驾驶员处置要求，以下描述正确的有（　　）。

    A. 事故发生后，列车内乘客未疏散前，应及时进行安抚广播，稳定乘客情绪
    B. 接受现场指挥人员动车的指令，并及时将信息传递至行车调度
    C. 保持与行车调度员的信息沟通，续报事态发展情况和现场处置情况
    D. 密切配合现场勘查人员调查和证据收集

（8）地铁应急预案包括（　　）。

    A. 运营突发事件应急预案　　B. 自然灾害应急预案
    C. 公共卫生事件应急预案　　D. 社会安全事件应急预案

（9）列车冲突的正确处理措施有（　　）。
    A. 立即紧急停车
    B. 报告行调及车站值班员（车厂内报车厂调度）
    C. 确认事故现场是否影响其他线路，做好线路及列车的防护工作
    D. 保护现场，坚守岗位

二、填空题

（1）站台屏蔽门故障处理的原则是_____。

（2）突发事件应急处置程序是_____、_____、广播（稳定乘客情绪）、_____。

（3）车站屏蔽门故障原因一般包括_____、_____、_____、_____。

（4）行车值班员接到AFC设备故障报告后，立即报告_____、_____，并做好车站广播，实时通过监控监测车站情况。

（5）根据产生的原因，大客流可分为_____、_____两类。

（6）地铁恐怖袭击的主要形式是_____、_____、_____等。

（7）突发事件发生后的组织工作必须要贯彻_____、_____、紧密联系、协同动作、_____的原则。

（8）车站发生突发性大客流时，应急处理流程一般为_____、_____、_____。

（9）运营线上发生突发事件时，列车乘务员应认真确认现场情况并及时、准确地向_____报告。

（10）因突发事件导致列车迫停于区间时，先期抢险救援工作由_____负责。列车迫停于车站时由_____负责。

（11）车站电梯故障原因一般包括_____、_____、_____、_____。

（12）AFC系统是由_____、_____、_____、_____四部分组成。

三、简答题

（1）当地铁列车在进站时发现一扇屏蔽门无法开启时，相关人员应如何进行应急处理？
（2）如果某车站进站闸机全部出现故障，应如何进行应急处理？
（3）当车站发生突发性大客流事件时，应如何进行应急处理？
（4）在城市轨道交通运营中，什么叫路外伤亡？
（5）当车站站台有人落入轨行区时，应如何进行应急处理？
（6）简述城市轨道交通中针对车站爆炸事件、毒气事件和劫持人质事件的应急处理方法。
（7）简述AFC系统的基本架构及功能。

项目七　行车突发事件应急处理

知识目标
（1）掌握车门系统的结构、功能和控制原理。
（2）掌握车门系统主要故障的判断和应急处理方法。
（3）列车牵引制动系统、脱轨和冲撞的应急处理程序。

能力目标
（1）能正确判断车门系统故障。
（2）能按规定进行车门系统故障、列车脱轨和冲撞时的应急处置。

思政目标
通过项目式教学，加强学生对城市轨道交通应急处置的基本概念、原则、处理程序的掌握，不断提升学生自身的实践技能和职业素养。通过了解我国城市轨道的发展和建设，增强爱国情感和民族自豪感。

任务一　列车车门故障应急处理

任务引入

（1）2020年11月29日8时10分，上海地铁1号线列车正常停靠在彭浦新村站站台。乘客正在陆续上车时，却出现了突发状况，有一扇车门始终关不上。随后，驾驶员赶到现场，试图手动关门，但没能成功。为尽量减少对早高峰的影响，列车不得不清客，退出运营。由于正值早高峰时段，现场不断有客流进站，满载列车中的乘客全部下车后，站台上的乘客已是摩肩擦踵，车站立即启动大客流应急预案。车站关闭了部分进站闸机，出入口也采取部分限流措施，站外的候车乘客也因此聚集起来。为确保安全，属地民警、街道志愿者前来增援。

8时51分，一列加开的空车抵达车站，一下清空了站台上的积压客流，站内运营秩序也同步恢复正常。

（2）2021年3月31日12时55分，北京地铁7号线一列车行驶至达官营站时，第17个车门处一乘客不慎将随身携带的雨伞柄卡入车门造成故障。工作人员按照应急处置流程，设置车门故障帘并跟车防护，12时58分列车正常发车，该列车到达双合站后退出运营。

通过上述两个案例可知，地铁列车车门的工作状态对于保证列车的安全运行具有重要作用。由于车门系统集电控、气动及机械传动于一体，系统设有列车不动安全保护，有一个车门发生故障，列车就无法正常牵引，且车门数量多，开关频繁，如果发生车门故障，会直接影响到乘客的人身安全，阻碍运营工作的顺利进行，地铁运营人员必须熟练掌握相应的应急处理方法，以便维持地铁的正常运行。

一、车门的分类

（一）按驱动方式的不同进行分类

1. 电控风动车门

电控风动车门由压缩空气作为开关动力驱动传动气缸，通过机械传动系统和电气控制系统完成车门的开关动作。机械传动系统的作用是将传动气缸活塞杆运动传递至车门，使车门动作。电气控制系统包括气动门控制、再开门控制、车门动作监视和列车控制电路连锁等内容。其作用是保证车门动作可靠和行车安全。

2. 电气驱动车门

电气驱动车门由电动机、传动装置（轴、磁性离合器、皮带轮和齿形皮带）、控制器、闭锁装置和紧急开门装置组成。齿形皮带与两个门翼相固定，闭锁和解锁所需的扭矩由电动机提供。另一种电器驱动装置为电动机通过一根左右同步的螺杆和球面支承螺母驱动滚珠摆动导向件和与其固定的门翼。

从实际应用中得知，电传动门与气动门相比，具有结构简单、易于控制、故障率低、维修容易等优点，目前电动门普遍应用于各城市轨道车辆中。

车门故障既有车门气动系统、机械传动方面的问题，也有电气控制及信息检测系统方面的问题。

（二）按用途不同进行分类

城市轨道车辆车门主要包括客室车门[见图7-1（a）]、司机室侧门[见图7-1（b）]以及与客室间的通道门。出于保障乘客安全的考虑，有的城市轨道车辆会在列车两端司机室的前端设有紧急下车的安全疏散门[见图7-1（c）]。在紧急情况下，可以向前放下至路基上，作为通向地面的踏板，用于列车发生火灾或紧急事故时疏散乘客。

二、车门故障原因

车门系统作为城轨列车的重要组成部分，其工作状态对于保证列车的安全运行具有重要意义。地铁自运营以来，车门系统的故障一直居车辆故障首位。

（a）客室车门

（b）司机室侧门

（c）安全疏散门

图 7-1　车门的种类

（一）车门的频繁开关导致门控制器故障

车门是乘客上下列车的通道，使用频率很高，长期频繁开关门会导致车门的电器元件和机械零部件出现不同程度的损坏，从而造成列车车门故障，影响城市轨道交通的正常运营。

（二）列车运行的环境影响

列车车体振动或隧道内的高尘环境，都是导致列车车门出现故障的重要原因。另外，乘客紧靠车门、抢门等行为都会给车门带来一定压力，也有可能导致列车车门发生故障，如图7-2 所示。

图 7-2　车门故障

相关案例

北京一地铁车门故障未关闭，遮块黄布继续运行

2021年3月31日12时55分，北京地铁7号线一列车行驶至达官营站时，第17个车门处一乘客不慎将随身携带的雨伞柄卡入车门造成故障。工作人员按照应急处置流程，设置车门故障帘并跟车防护，12时58分列车正常发车，该列车到达双合站后退出运营。

（三）人为损坏

列车司机操作失误、乘客擅自启动紧急设施以及列车检修人员存在疏忽或遗漏等，也是导致列车车门出现故障的重要原因。

相关案例

上海地铁1号线列车迫停原因：发生故障后3扇车门紧急装置接连被擅动

2018年6月27日8时22分，上海地铁1号线开往莘庄方向的一列车在即将到达中山北路站时，突发车门故障，因安全保护机制导致列车停驶，此时距离站台约100 m。司机迅速启动排故流程，通过车厢穿行至故障车门处进行快速处置，处置完毕后回到驾驶室，耗时仅4 min。

其间，有乘客擅自启动了第三节车厢第三扇车门的列车停车紧急装置，导致原本已经切除故障的列车因保护机制无法启动。司机随即通过车厢广播提示乘客不要擅动列车紧急装置，并第二次穿过密集客流，于8时28分到达该处，并确认现场手动复位紧急装置正常后返回司机室。由于列车停驶时间的人为叠加，在此过程中，又有其他乘客启动了第五节车厢第一、第二扇车门的两处紧急停车装置，导致该列车仍旧迫停原处。8时33分，司机第三次穿越高峰客流，到达两扇车门处，恢复列车紧急装置。8时35分，司机再次回到司机室开动列车。至此，该事件致使列车累计延误约13 min。

"上海地铁提醒广大乘客，当乘坐列车听到列车故障广播内容时，请您耐心等待，地铁列车司机正在积极处理，切勿擅自启动紧急装置，试图打开车门，这样反而会延长救援时间"。

本来该事件只是单扇车门故障处置，原本可以在短时间内恢复行车，而三扇车门的紧急装置接连被擅自启动，导致又多延误了9 min。同时，后续列车及全线运营也均不同程度受到影响。

（四）零部件随机性损坏

列车车门作为一种工厂大批量生产的工业产品，必然会有一定的次品率，任何一部件的损坏都会导致整个车门系统出现故障。该类型的故障存在一定程度的随机性，虽然出现的次数较少，但也是导致列车车门发生故障的原因之一。

三、列车车门故障的类型

对以往的车门故障事故原因及车门特点进行分析，可以知道城市轨道列车客室车门故障存在的安全隐患主要有：车门与屏蔽门之间夹人、车门在开闭过程中夹人、车门在列车非站台侧开启、车门在列车运营过程中意外开启、切除未锁闭的车门。

（一）单节车门不能打开或关闭

车辆屏显示故障（车辆诊断系统故障）、车门用方口钥匙不能切除（或车门可切除但不能完全关闭）等。

在车门出现故障后切除不了或者切除后不能完全关闭的情况下，站务人员需在现场做好监控及防护，列车才能继续运行到终点站退出服务。乘客比较多时，出于对安全的考虑，相关人员需立即组织清客，列车退出服务。

相关案例

一颗珍珠逼停成都地铁

2016年10月19日，16时44分，成都地铁1号线开往升仙湖方向的列车，正驶入广都站。当所有乘客都上车后，却发现车门无法关闭。一般情况下，如果车门无法电动关闭，司机会采用手动关闭的方式。但是列车司机和现场工作人员现场处理后，仍无法关闭该门。

车门关不上，为了确保乘客安全，清客后，故障列车很快就退出运营，地铁方面紧急调动了另外的列车上线运行。但是，由于清客花费了一些时间，还是影响了后续列车的运营。经过紧急排查发现，导致这起车门故障的元凶竟然是一颗"珍珠"首饰。地铁列车只要有一扇车门因故障关不上，就无法安全载客，必须退出运营抢修，而1个弹珠、1个手机或高跟鞋跟，就可能让车门卡滞无法关闭，轻则影响列车所在线路的运营，重则可能在高峰期时导致整个地铁全线运营晚点。

（二）整列车门不能打开故障

此类故障列车正常运行及乘客服务影响较大。若故障无法处理，则需相关人员手动解锁车门，组织乘客下车。只要车站人员和司机做好正确的引导，就能快速清客完毕。如果没有及时做好乘客服务，则容易引起乘客恐慌，甚至会出现乘客乱动车上设备的情况。

相关案例

沈阳地铁因车门故障导致停运19分钟

2011年12月23日8时10分，沈阳地铁1号线10404次列车在铁西广场站上行站台发生故障，导致整列车门无法开启。故障发生后，地铁运营分公司立即进行故障应急处理，组织列车清客下线，同时调整有关车次运行，并第一时间加开了1列电客车，及时输送滞留在车站的乘客。8时29分，地铁1号线全线恢复正常运营。受此影响，沿线共有8辆列车出现不同程度的延误，导致乘客滞留，许多上班族因此迟到。

（三）整列车门不能关闭故障

此类故障对列车运营安全的影响较大。客室车门由于发生故障不能正常关闭，或实际关闭但车门检测系统发生故障,列车都无法正常启动,这需要司机在站台侧确认所有非机械故障的客室车门均已机械关闭,操作车门旁路才能动车。

相关案例

北京地铁列车车门故障关不上　开门行一站

2015年8月20日8时40分,北京地铁八通线开往四惠方向的一列车,行至四惠东站车门发生故障无法关闭,开门运行一站至四惠后,工作人员将乘客疏散下车,将故障车辆开走。一名乘客称,事发时,开往四惠方向的列车行驶至四惠东站时,自己所在车厢的车门突然无法关闭,此时车辆已经要开往四惠站,情急之下,地铁工作人员找出一黄色布帘挂在车门处,列车继续运行至四惠站。行至四惠站后,工作人员将车上乘客疏散,之后将空车开走。目击者称,自己原本在四惠东站台等候开往高碑店方向的列车,但轨道上突然由反方向开来一辆车,十几名工作人员通知车上乘客下车后,将空车开走。9时,八通线已经恢复正常运营。地铁工作人员称,故障导致了部分车辆折返运行,但折返时已经采取了封闭区间措施,可以保证乘客安全。

(四)车门非正常自动打开或关闭故障

站台侧、非站台侧车门非正常自动打开或关闭,会直接影响到乘客及列车运营安全。出现非站台侧车门自动打开的情况时可能会造成乘客掉下轨道,甚至使其触电伤亡,影响乘客人身安全,并且该车还需要立即组织清客退出服务,致使运营服务水平降低,出现站台侧车门自动关闭的情况时会导致车门夹人,造成客伤等安全事件发生。从车辆方面分析,车门自动关闭后可能会出现车门继电器卡滞,"门全关闭"指示灯不亮,导致列车不能正常启动。

(五)车门安全回路检测故障

车门安全回路检测故障表现为车门关闭后指示灯不亮,或车门关闭后动车出现保压制动不能缓解。出现此类故障,列车将不能启动,需到现场确认后旁路车门才能动车。旁路车门以后列车将不再监控车门,只能通过车辆屏及由现场人员判断车门状态,对运营安全造成一定的隐患。此类故障可组织列车到终点后退出服务,对乘客服务的影响不大。

四、列车车门故障的应急处理

(一)车门故障处理原则

(1)尽量缩短在线故障处理时间。

(2)列车停在车站,客室门故障需切除时,司机应从站台走到故障所在的车门位置。

(3)司机需要离室处理车门故障时可通过向行调发布信息告知行车调度员,处理完毕后需要用电台汇报行车调度员。

(4)司机室侧门关不上,最高运行速度不得超过60 km/h。

(5)客室门不能关闭时,应进行列车清客。站务人员及时对乘客做好引导及安抚工作,退出服务时在区间内限速35 km/h运行,通过站台时限速10 km/h运行。

(6)列车车门故障是否退出服务按《车辆故障处理指南》和有关规定办理。

（二）当发生车门无法开启或关闭故障时的应急处理

司机或站务人员应立即做出应急处理，按照操作规程进行处置，在确保乘客人身安全的情况下让列车行驶。

1. 车门无法开启时的应急处理

（1）司机。

当发现一对或以上车门无法关闭时，司机尝试按开/关门按钮，对故障车门开关三次。如果车门仍没有开启，司机需采用门使能旁路开关（门控开关 DBPS）进行开门操作，具体步骤如下：

① 确认列车已停。
② 通过列车监控显示屏确认车门没有故障。
③ 将"门模式选择开关"打到"手动"位置。
④ 将要开门侧的"门使能旁路开关"打到"旁路"位置。
⑤ 按相应开门按钮开门。

如果仍不能打开车门，司机应立即上报行车调度员，并把所有安全门和车门重新打开，等候站务人员来处理，同时用广播通知乘客列车有所延误。门控开关操作流程如图 7-3 所示。

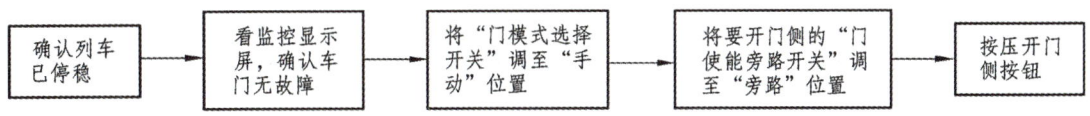

图 7-3　门控开关操作流程图

（2）站务人员。

① 收到值班站长通知后，复述故障车门位置和状态，把手台调到"正线组"，并携带处理工具备品（钥匙、门故障帘和告示），赶赴现场，如图 7-4 所示。

 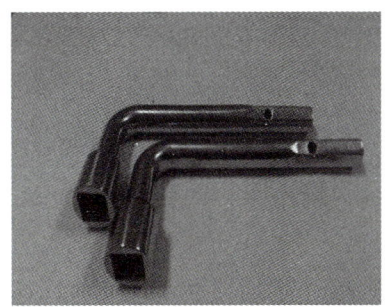

图 7-4　车门故障处理工具

② 站务人员赶到现场后，立即用手台报告行车调度员，如果不能与行车调度员联络，应先处理故障。

③ 站务人员用手反拉车门，确认不能拉开后，将车门隔离。检查门侧面的门缝，确认锁止门闩落入锁止卡槽后，通知行车调度员，并张贴"车门故障，请勿靠近"的告示（如果没有告示，通知行调下一站让工作人员贴上告示，同时跟车到下一个车站后再坐车返回）。

(三)车门无法关闭时的应急处理

1. 司　机

当司机发现有一对或一对以上车门无法关闭时,尝试把车门开关三次。如果不成功,司机应立即上报行车调度员,并把所有安全门和车门重新打开,等候站务人员来处理,同时,用广播通知乘客列车有所延误。

2. 站务人员

(1)站务人员收到值班站长通知后,复述故障车门位置和状态,把手台调到"正线组",并携带处理工具备品(钥匙、门故障帘和告示),赶赴现场。

(2)站务人员到现场后,立即用手台报告行车调度员,如果不能与行车调度员取得联络,应先处理事故。

(3)站务人员确定故障车门位置,检查是否有异物。

① 有异物,且能取。

发现有异物,马上取出,手台通知司机按"关门按钮"一次。如果司机确认车门关门成功,通知行车调度员;如果车门仍然不能关闭,应用力把车门关上并进行反向试拉一次确认车门已关闭,用手台通知司机再按一次"关门按钮",如果司机确认列车监控显示器上显示车门关闭成功,再把车门隔离,并检查门侧面的门缝确认锁止门闩落入门扇锁止卡槽(听到两声"咔")后。通知行车调度员隔离成功。把告示贴在车门内侧。跟车到下个车站后再返回原站,如果司机确认列车监控显示器显示车门关闭不成功,马上隔离车门,通知行车调度员,通知司机车门处理完毕、发车,跟车监护确认无误后返回原工作岗位。

如果手动也不能把门体关闭,上报行车调度员。只有一对车门关不上时。挂好门故障帘,通知司机车门处理完毕、发车,之后跟车监护,提醒乘客远离故障车门,确认无误后返回原工作岗位。两对或两对以上车门关不上时,应上报行车调度员,等候行车调度员命令清客。

② 有异物,但不能取出。

如发现有异物,经尝试无法取出时,应尝试将故障门拉一半,可以拉动,再尝试能否取出异物,若仍无法取出,则上报行车调度员,听候调度命令。若可以取出,则按照情况①的程序进行处理。尝试将故障门拉一半,仍无法拉动,则报行车调度员,听候调度员的命令。

③ 无异物。

用力把车门关上并进行反向试拉一次确认车门是否已关闭,用手台通知司机再按一次"关门按钮",等司机确认列车监控显示器上显示车门关闭成功才能把车门隔离,并检查门侧面的门缝确认锁止门闩落入门扇锁止卡槽(听到两声"咔")。通知行车调度员隔离成功。把告示贴在车门内侧。跟车到下个车站再返回原站。

如果司机确认列车监控显示器显示车门关闭不成功,马上隔离车门,通知行车调度员。通知司机车门处理完毕、发车,跟车监护确认无误后回原工作岗位。如果手动也不能把门体关闭,上报行车调度员。只有一对车门关不上时,挂好门故障帘,通知司机车门处理完毕、发车,跟车监护,提醒乘客远离故障车门,确实无误后回原工作岗位。两对或两对以上车门关不上时,上报行车调度员,等候行车调度员命令清客。

（4）只有一对车门关不上时，站务人员需挂好车门故障帘，通知司机车门处理完毕，并跟车监护，提醒乘客远离故障车门。当两对（含）以上车门关不上时，则站务人员需上报行车调度员，等待清客命令。站务人员处理故障车门的应急处理流程如图 7-5 所示。

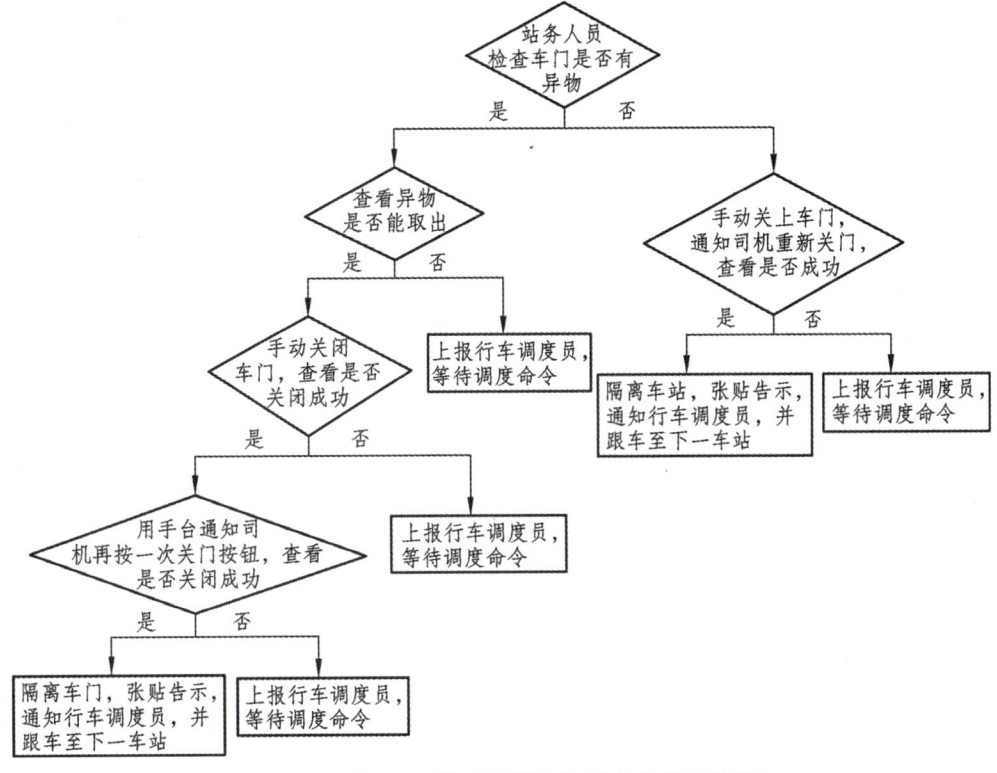

图 7-5　站务人员处理故障车门的应急处理流程

五、实战演练

【任务目标】

（1）学会分析城市轨道交通中列车车门故障的原因。
（2）掌握城市轨道交通中不同类型列车车门故障的应急处理方法。
（3）培养和提高学生对城市轨道交通列车车门故障的应急处理能力。

【任务实施】

（1）学生可按 5 人为一组的形式进行分组，分别担任值班主任、行车调度员、故障车司机、值班站长和站务员。
（2）根据本任务所学内容，编写城轨列车车门故障的应急处理方案。
（3）每组学生按照所编写的应急方案反复进行演练，逐步完善演练效果。
（4）每组学生依据最终确定的演练方案，进行汇报演练。

（5）教师对各小组的汇报演练进行评估，指出演练中存在的问题，并加以讨论。其中，评估标准主要包括编写思路是否清晰，内容是否完整，是否具有可操作性，汇报话语是否流畅，是否表达清晰、准确和得体。

【任务自测】

自行上网查询城轨列车车门故障突发事件案例，选取其中一个，完成以下任务：
（1）根据此类事故，编写相应的应急处理方案。
（2）分析案例中的应急处理方案，通过对比进一步优化自己编写的应急处理方案。

城市轨道交通中列车紧急车门故障的应急演练

在某城市轨道交通运营过程中，当一列列车运行至某站时，其多扇车门突然无法关闭，车站工作人员迅速赶到，检查车门时发现车门并没有故障，于是采取应急措施关闭车门，同时安排多名站务人员在现场维持秩序。列车大约停了 10 min，待车门恢复正常后，工作人员考虑到当时正是客流高峰，于是让这列列车一直运行至终点站才退出运营。

该列车车门无法关闭与客流高峰时巨大的客流量有关，另外，该列车是从其他线路借调过来的，投入运营的时间也仅有几个月，尚处于磨合期。此次事故造成沿线大量乘客短暂滞留，候车区内人山人海，队伍甚至排到自动扶梯口，场面混乱不堪，后面驶来的多列列车均处于满载状态。

【任务描述】

如果你是现场的工作人员，应如何快速、有效地应对此类突发事件呢？请编写相应的应急处理方案，并采用角色扮演法分组进行模拟演练。或者也可以选定其他类型列车车门故障的情境，进行相应的应急演练。

任务二　列车牵引制动系统故障应急处理

任务引入

2011 年 12 月 16 日 8 时 27 分，南京地铁早高峰运营时间段即将过去，1 号线的一列从迈皋桥站开往江宁药科大学站的 0705 次列车突发牵引故障。当时，司机在驾驶室里发现仪表盘出现黄色警报，显示牵引发生故障，现场常规处置无效，列车只能以缓慢速度运行。随即，地铁运营控制中心启动列车应急救援预案。通知该故障车清客，并通知后续列车清客，然后前往玄武门站连挂救援。8 时 38 分后，救援车与故障车连挂成功，驶往小型车辆段基地。8 时 41 分，1 号线恢复运营，整个故障处置和救援一共花了 14 min。

由于故障车限速回库，随后恢复运营的车辆也都是限速行驶，为了保持车辆安全间隔距离，控制中心的行调不断发出指令，要求各个列车临时停车。影响过程大概持续了半个小时，

9时多，地铁恢复正点运营，积压在站台的客流也全部疏散。在故障发生和限速期间，南京地铁通过站台广播、车内广播及时通报情况。南京地铁官方微博也及时发布讯息，提醒市民及时换乘其他交通工具。

一旦列车牵引制动系统发生故障，很可能影响地铁整个线路的正常运行。本案例中，由于地铁运营人员应急处理及时，全线很快恢复了正常运营。通过本任务的学习，使学生掌握地铁列车牵引制动系统发生故障时的应急处理方法。

列车在运行过程中经常会出现无牵引力或制动系统故障等现象，这会使城市轨道交通线路的行车工作陷入停顿，特别是当故障短时间内无法排除时，行车调度员必须采取各种行车调整措施来维持正常线路的运行。

一、列车牵引制动系统故障救援的组织原则

列车故障救援是指当城轨列车在正线运行出现车辆故障（主要包括车辆供电、牵引、制动、控制回路类故障）且故障无法排除时，不能凭自身动力清出正线线路，造成行车中断，需要及时、迅速地被拖离所在路线的情况。

正线运行的列车发生故障需要救援时，应从正常运行的列车中选择一列来充当救援车。只有救援车将故障车移出运营线路，疏通被阻塞的线路后，才能恢复正线的正常运营。在救援时，首先遵循"顺向救援"的原则，防止列车冲突，确保正线其余列车正常运行，即采用故障车后的正常列车充当救援车，连挂在故障车后，通过推进故障车的方法进行救援。而故障车的存放地点，如有辅助线路（如存车线、折返线）时可就近选择辅助线，或可直接推回车辆段（车场）。

地铁站线的设计及建设因素与铁路的配线设置不同，列车发生故障时必然会导致正线线路的堵塞，所以地铁运营企业必须在第一时间组织故障车下线，疏通线路，才能尽快恢复全线列车的正常运营。

顺向救援避免了逆向救援时可能造成的行车冲突，避免了列车运行秩序被彻底打乱，降低了列车救援时的行车组织难度。行车调度员能够结合实际情况更加优化正线运行列车的运营，尽可能地保证地铁运营服务工作的正常开展。

采用后续正常列车救援，在故障车处理故障的同时可以及时进行列车清客，清客后即可进区间组织救援故障列车，在救援故障车过程中，应当遵循时间控制原则、合理利用资源原则和灵活制订方案原则。

（一）时间控制原则

救援应急处理以时间作为评价标准。中断正线行车时间一般由故障处理时间、连挂准备时间和连挂时间三部分组成。对于连挂准备和连挂过程，司机有标准的作业程序，完成连挂的时间基本固定不变，因此故障处理时间是行车中断时间控制的关键变量。

若故障处理时间过短，则可能无法有效排除故障，导致影响扩大。若故障处理时间过长，则会影响城轨全线运营，因此，救援人员必须要控制好故障处理时间。

（二）合理利用资源原则

当车辆发生故障需要救援时，救援人员应合理调配资源，包括现场资源、技术资源和领导资源等，以便压缩各环节的完成时间。

1. 现场资源

调度员需要充分掌握司机、车站作业流程及人员配备，以便在救援组织时充分利用司机、车站等现场资源。如在折返线除故障司机外，可充分利用司机轮值、接车/到达司机，提前安排支援司机上车，在换端尝试动车、切除气制动、清客等环节加快作业时间。调度员可提前安排车站加派人员在站台待命，做好应急处理准备。图 7-6 为救援车和故障车成功实现对挂。

图 7-6　救援车和故障车成功实现对挂

2. 在故障处理期间，应尽量向指导司机、检修调度员等寻求技术支持

指导司机是在发生车辆故障时的技术支援力量。当发生无法动车的故障时，如果排除信号因素，则可以安排指导司机直接对故障车司机进行指导，从而避免其进行错误操作或无效操作，避免延误故障处理时机。在指导司机指挥故障车司机处理故障期间，行车调度员需要全程做好监控，对于动车、越灯等关键命令，需要征得行车调度员同意方可进行。

3. 领导资源调配及指导

调度控制中心既是应急处理中心，又是信息收发中心。当救援应急事件发生时，需要调度控制中心及时将故障情况通报相关领导，以便各级领导及时了解故障情况，调配资源，支援和指导现场人员进行应急处理。

（三）灵活制订方案原则

救援方案的制订是城轨救援应急处理的关键，行车调度员需要了解故障现象、线路特点、运行速度等因素，加以综合考虑，制订最优的应急处理方案。救援时应尽量遵循"顺向救援"的原则，也可采用逆向救援、变逆向牵引为顺向牵引、后端动车等方法。当列车在折返线、存车线或出厂线发生故障时，救援人员可视情况不进行救援。牵引制动系统应急处理如图 7-7 所示。

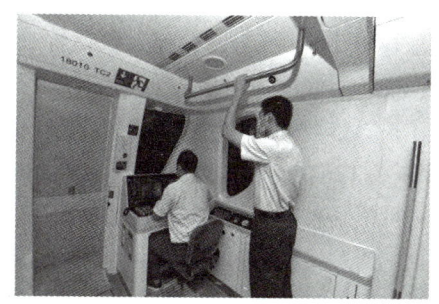

图 7-7 牵引制动系统应急处理

二、列车牵引制动系统故障救援的应急处理

根据地铁站线、配线设计和故障车存放地点的不同,城轨故障车救援的行车组织模式可分为 3 种:送入就近的车辆段模式、送入就近车站的存车线模式、送入就近终点站的折返线模式。

以上 3 种行车组织模式各有优劣,由于受线路设计、信号系统制约和故障车地点等不同因素的影响,在组织列车救援时应该择优选择,以达到尽快疏通线路、恢复正常运营的目的。

当运营列车在车站或区间发生牵引制动系统故障时,司机可根据《车辆故障处理指南》对故障现象进行判断(见图 7-7),同时报告行车调度员,行车调度员接到司机的救援请求后,对全线列车的运行进行调整,并联系维修调度员向司机提供技术支援;当故障不能排除或达到一定的时间标准时,行车调度员需组织列车进行救援,如果救援车为正线客车时,必须清客后空车救援。待救援车将故障车推进存车线或折返线后,清出运营线路,救援任务结束,恢复运营,最大限度地减少故障对城市轨道交通运营全局的干扰和影响。

三、情景模拟

在城市轨道交通线路运营中,1201 次列运行至 E 站—D 站下行区间车牵引制动系统故障无法排除,需要紧急救援。故障示意图如图 7-8 所示,OCC 决定由后续 1202 次列车承担救援任务,推进故障车至 D 站上行站台清客后牵引回基地。

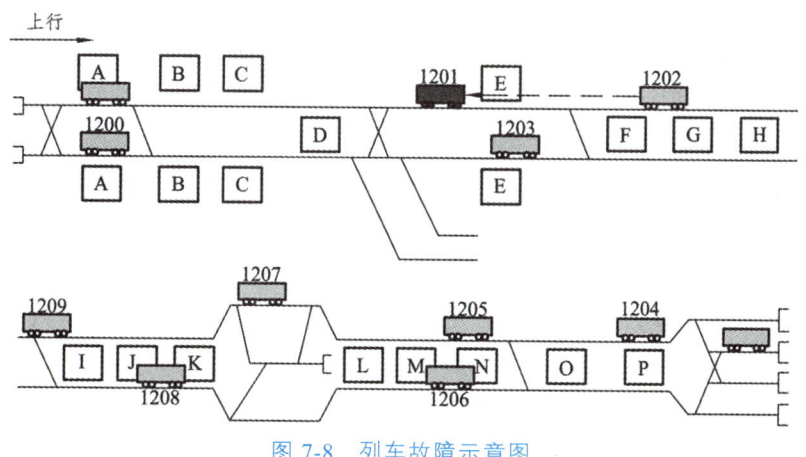

图 7-8 列车故障示意图

1201次司机：报告行调，1201次车辆严重故障，现已停在E站—D站下行区间。

行车调度员1：1201次车辆严重故障做好乘客广播，按《车辆故障处理指南》处理。

1201次司机：做好广播，按《车辆故障处理指南》处理，1201次司机明白。

行车调度员2：报告调度长，1201次列车故障，现在E站—D站下行区间停车。

调度长：收到，注意全线列车调整。1200次扣在A站上行站台。

行车调度员1：D站—P站上行各次列车沿途站各多停40 s，1208复诵，行调01（1208次列车司机复诵）。

行调2：维调，1201次在D站—E站区间车辆严重故障，已停车处理。

维调：收到，马上安排人员到现场检修。

行调1：1201次司机故障处理如何？

1201次司机：正在处理，故障依然存在。

行调1：收到。

行调1：1200到A站待令，行调01（1200次司机复诵）。

行调1：1202到E站待令，行调01（1202次司机复诵）。

行调1：1207次、1205次列车沿途站各多停40 s，行调01（1207次列车司机复诵）。

环控调度员向相关车站发布晚点消息。

1201次司机：故障处理不好，请求救援。

行调1：报告调度长，1201次列车处理不好。

调度长：收到，现实施救援方案，1202次担当救援任务，牵引故障车回车辆基地。

行调1：1202次E站清客，行调01。

1202次司机：1202次E站清客，1202次司机明白。

行调1：因1201次在D站故障请求救援，由1202次列车牵引故障车回车辆基地，1202次司机复诵，行调01。

1202次司机：因1201次在D站故障请求救援，1202次至D站担任救援工作，牵引故障车回车辆基地，1202次司机复诵，行调01。

行调2：因1201次在D站故障请求救援，1202次至D站上行站台担任救援工作，牵引故障车回车辆基地，D站复诵，行调02。

D站行值：因1201次在D站故障请求救援，准1202次至D站上行站台担任救援工作，牵引故障车回车辆基地，D站明白。

1202次司机：报告行调，连挂成功，请求动车。

行调1：收到，1202次动车。

1202次司机：报告行调，下行线出清。

行调1：收到，故障已排除，恢复按图行车。

行调2：报告调度长，故障已排除。

调度长：收到，做好行车调整，恢复正常运营。

列车牵引制动系统故障的应急处理程序如图7-9所示。列车救援过程的主要作业和时间如表7-1所示。

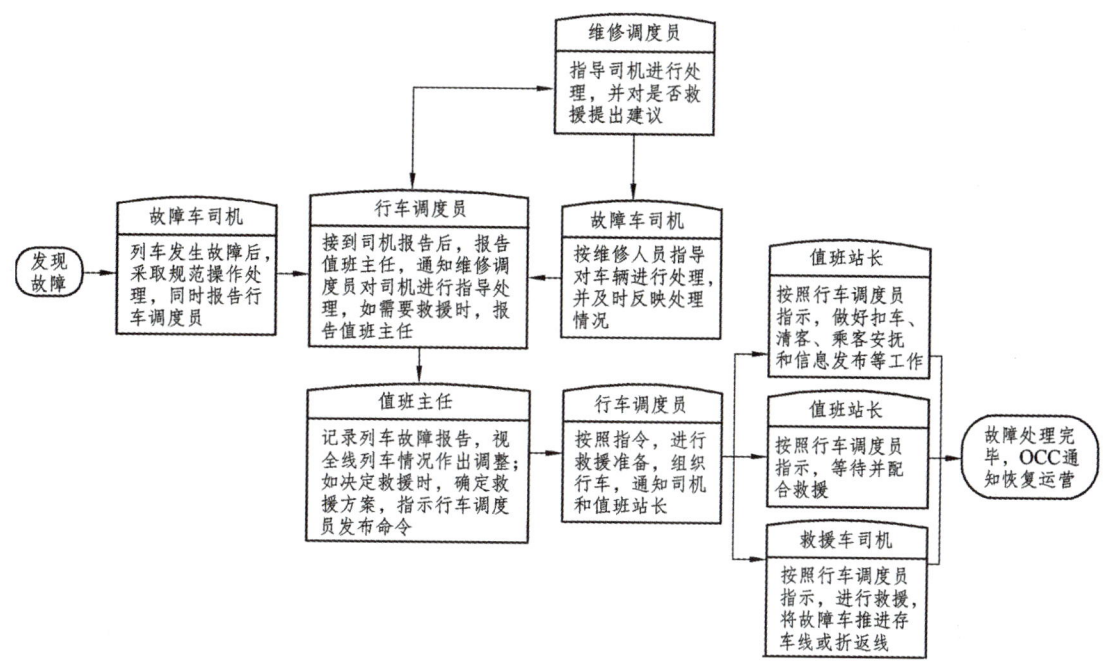

图 7-9　列车牵引制动系统故障的应急处理程序

表 7-1　某地铁公司列车救援过程的主要作业和时间

序号	作业项目	所需时间/min	备注
1	判断和处理故障	5	列车密度大，限定的时间越少
2	救援车执行交接命令并清客	2	如预先实施清客，可节约 1 min
3	故障车在前方清客	1	被后续救援车推送到站后清客
4	故障车被推送运行	1	含与救援车的连挂时间和进入存车线或折返线的对位停准时间（可通过计算得出）
5	救援车和故障车摘钩	1	
6	救援车司机换端	2	
7	救援车司机返回站台	1	按每列一名司机的配置考虑
8	救援车换端、开门清客	2	
	合计	15	

四、实战演练

【任务目标】

（1）掌握城市轨道交通列车牵引制动系统故障应急处理方法。
（2）培养和提高学生对城市轨道交通列车牵引制动系统故障的应急处理能力。

【任务实施】

（1）学生可按 6 人为一组的形式进行分组，分别担任值班主任、行车调度员、故障车司机、救援车司机、值班站长和站务员。

（2）根据本任务所学内容，编写列车牵引制动系统故障应急处理演练方案。

（3）每组学生按照所编写的应急方案反复进行演练，逐步完善演练效果。

（4）每组学生依据最终确定的演练方案，进行汇报演练。

（5）教师对各小组的汇报演练进行评估，指出演练中存在的问题，并加以讨论。其中，评估标准主要包括编写思路是否清晰，内容是否完整，是否具有可操作性，汇报话语是否流畅，是否表达清晰、准确和得体。

【任务自测】

根据已掌握的列车制动系统故障救援的相关知识，模拟情境，编写相应的应急演练方案。

某列车行驶至车站时牵引制动系统故障救援的应急演练

情景模拟中 1025 次列车在 N 站，突发列车制动故障，司机处理后无法恢复，请求救援。调度控制中心、司机和车站根据现场列车制动系统故障情况进行应急处理。针对此次列车牵引制动系统故障，制订相应的应急处理方案，并采用角色扮演法分组进行模拟演练。

任务三　列车冲突、脱轨应急处理

任务引入

2021 年 4 月 2 日 9 时许，我国台湾地区的铁路"太鲁阁号"408 次列车行至花莲县大清水隧道时因撞上从坡上掉落的工程车，失去动力从而发生出轨事故，部分车厢卡在隧道内。这班列车共有 8 节车厢，第 1、2 节车厢遭滑落的工程车撞击出轨，5 至 8 节车厢严重变形，其中一节横躺隧道内，造成民众受困，最严重的是卡在隧道内的第 6、7、8 节车厢，因在隧道内来回撞击变形，这次事故共造成 54 人死亡，200 人受伤，列车司机当场死亡，其他遇难者中最小的年龄仅为 6 岁，另有至少 156 人受伤送医。本次事故是台湾地区近 40 年来最严重的一起列车脱轨事件。现场和示意图如图 7-10 所示。

城市轨道交通中列车冲突、脱轨产生的后果一般较为严重，通过本任务的学习，让学生了解列车冲突、脱轨的相关知识。

城市轨道交通列车的车门故障、牵引制动系统故障相对比较常见，而列车冲突、列车挤岔和列车脱轨事故则相对比较罕见。到目前为止，国内城市轨道交通线路中，除了上述台湾地区发生的脱轨事件外，上海地铁 1 号线发生过一起因信号设计错误造成的列车冲突事件和上海地铁10号线发生过的一起因人为失误造成的列车冲突事件。相对而言，列车挤岔或脱轨事故发生的概率要比列车冲突的发生概率高一些，本任务针对两种情况介绍城市轨道冲突和脱轨的应急处理方法。

城市轨道交通列车在正线运行或在车辆基地进行调车作业时，由于司机或车站工作人员失误，有可能造成道岔被挤，挤岔后相关人员如果不能正确地处理，还有可能造成列车脱轨，这就必然使得部分城市轨道交通线路无法正常运营。

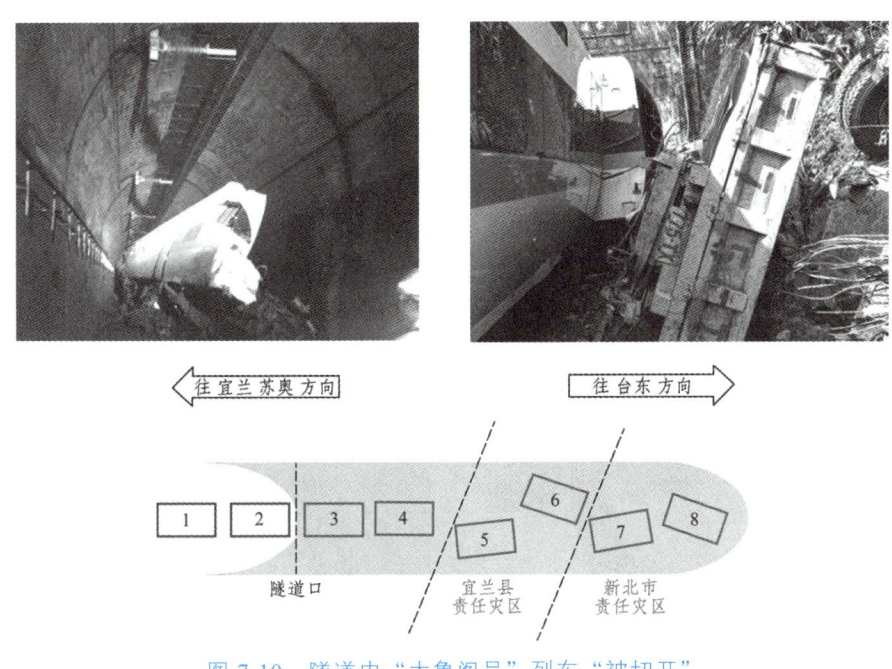

图 7-10　隧道内"太鲁阁号"列车"被切开"

一、基本概念

列车冲突是指列车、机车车辆相互间或与轻型车辆、设备设施（如车库、站台、车挡等）发生冲撞，致使机车车辆、轻型车辆、设备设施等破损。

列车脱轨是指列车在行进时脱离轨道，会造成轨道交通设备损坏或人员伤亡，如图 7-11 所示。

图 7-11　列车冲突和脱轨

二、列车的脱轨现场救援

发生列车脱轨后，如果列车上有乘客，司机应按照相关预案立即组织人员疏散。如列车脱轨时造成其他设备、设施损坏，事故处理现场指挥小组应安排相关部门进行先期处理，确保车辆起复时人员和设备的安全。考虑到车辆起复可能对供电系统的影响，在救援队员进入现场前需由供电维修人员将脱轨车辆附近接触网（或接触轨）断电，并挂好接地线。

（1）铁路发生车辆脱轨事故时使用的起复工具大多采用简易复轨器，包括人字形复轨器[见图7-12（a）]和海参型复轨器[见图7-12（b）]。在车辆起复前简易复轨器均需安装在脱轨车辆前方的钢轨上，再由机车将脱轨车辆向前拉复，两者具有使用轻便、灵活和起复迅速等特点。因为城市轨道交通车辆脱轨大多发生在车辆基地、高架桥或隧道内，重型起复工具使用不便。

 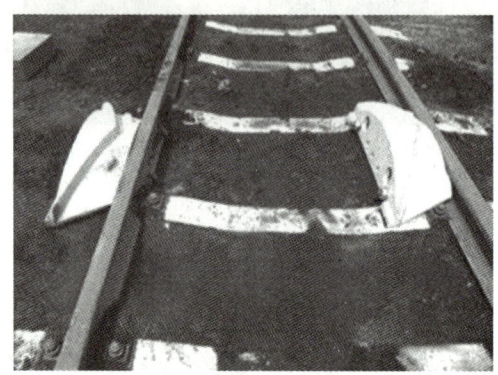

（a）人字形复轨器　　　　　　　　（b）海参型复轨器

图 7-12　人字形复轨器和海参型复轨器

（2）列车起复前的准备工作。

列车起复前救援人员要先对脱轨车辆上止轮器，防止其移动。然后研究确定起复的车体支撑点和移动支撑点，并制订救援方案报现场指挥批准。如果脱轨发生在碎石道床处，选择顶升位后救援人员需平整碎石道床以保证顶升点的稳固。

如果车辆发生多轮对脱轨，一般先选择容易复轨的轮对先复轨，其他的轮对根据现场实际情况再分别复轨。

使用手动简易复轨器起复车辆的作业过程如下：

① 第一步，用顶起千斤顶，从脱轨轮对下方顶起脱轨车辆。
② 第二步，用横向移动千斤顶，将脱轨轮对推至钢轨上方并对准钢轨。
③ 第三步，落下顶起千斤顶，将轮对落在轨面上复位。
④ 第四步，撤出手动简易复轨器。

车辆复位后救援人员要迅速检查脱轨车辆，确认车辆能满足基本行车条件，然后汇报救援现场指挥，由其报调度中心恢复列车运行，事故救援结束。列车简易复轨器安装方法如图7-13所示。

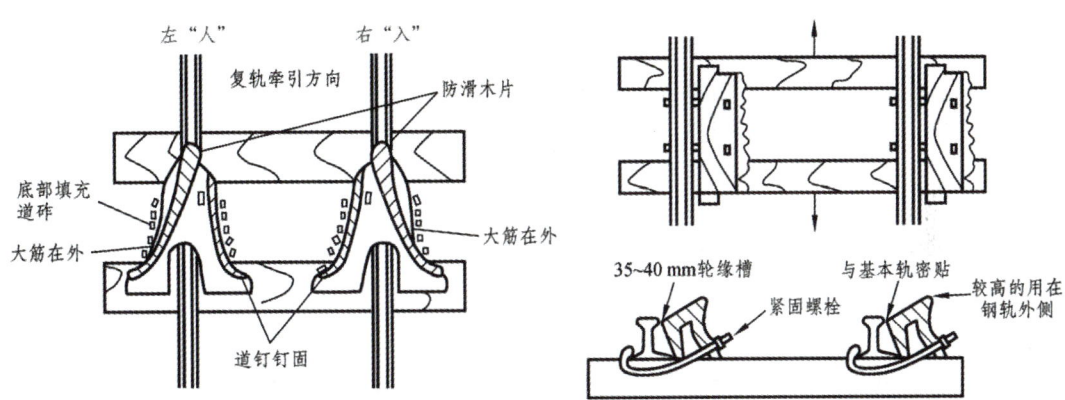

图 7-13　列车简易复轨器安装方法

三、列车冲突的应急处理

列车冲突在地铁运营中一直是一种危害性较大的事故,地铁列车发生冲突事故以后,应急人员应采取正确的应对措施,重点做好事故安全防护和受伤乘客救助,将事故危害和损失降低到最低程度。

城市轨道交通运营过程中,发生列车相撞的突发事件时,一般具体应对措施如下。

（一）信息报告

事发现场人员应按照应急上报流程及时上报。上报内容包括事发地点和时间、事发列车车次、列车相撞原因及影响程度。

（二）救援疏散

列车相撞事故会导致供电系统故障,造成人员伤亡和乘客恐慌,甚至可能引发火灾和踩踏等次生事故。因此,地铁运营管理人员应迅速判断情况,并根据应急预案进行处置,配合119、120等人员做好现场救援工作,同时积极组织乘客安全疏散,如图 7-14 所示。

图 7-14 救援疏散

（三）现场处置

当列车发生相撞事故后，当事人（列车司机或车站值班员）应立即将现场情况及影响程度上报行车调度员，同时列车司机应严禁开动列车。行车调度员接到报告以后，应立即按照上报流程进行汇报，根据应急救援指挥中心的指令，向相关各救援组发布抢险命令。若事故发生在运营正线，行车调度员应尽快与现场沟通，迅速做出反应，确定运营调整方案，做好恢复运营的准备，协调指挥各单位、各救援组进行列车调整和客运组织工作，根据事故影响做好公交接驳工作，尽可能控制事故影响范围，加强与应急现场指挥的协调，减少由于指挥不当造成的人员慌乱等次生危害。

相关救援人员应携带担架等应急救援物品，火速赶往事发现场，对车厢内乘客进行疏散、救援。具体操作时，应急人员可按事故的严重程度，进行初期疏散和救护，确保乘客安全撤离事发现场。

在区间内发生事故时，临近车站须按要求打开区间通风，并指派救援人员进入区间进行疏散和救援。各车站行车值班员要严格按照行车调度员命令，做好行车调整组织工作，将事故的危害程度降到最低。

（四）调查取证

在迅速处置事故的同时，要高度重视对事故原因的调查取证工作。事故发生后，一方面要做好现场处置和疏散工作，另一方面要及时记录事故现场情况，包括列车受损情况、线路受损情况以及采取的处置措施等信息。疏散及现场救援完成后，相关部门应根据事故记录情况，组织做好事故原因分析工作，为今后预防和处理此类事故提供重要参考。

四、列车脱轨的应急处理

（一）先期处理

发生列车脱轨时，司机应紧急制动并报告行车调度员，利用广播安抚乘客，确认有无人员伤亡，组织人员疏散。供电维修人员将脱轨车辆附近的接触网断电，并挂好接地线。

报告内容如下：

（1）事故发生的年、月、日、时、分。
（2）事故发生地点（线路名称、行别、区间、千米、米、停车位置）。
（3）列车车次、型号、编组、总重、计长及关系人姓名。
（4）人员伤亡情况及动车组线路损坏等情况。
（5）事故概况及初步原因判断。
（6）应当立即报告的其他情况。

列车调度员根据司机或车站报告情况，向值班主任报告，值班主任按规定向应急领导小组及有关成员单位通报，根据事故等级和应急领导小组指示，启动相应的应急预案。

（二）抢修人员响应

救援人员先对脱轨车辆上止轮器以防止其移动，然后确定起复的车体支撑点和移动支撑点，并制定救援方案汇报现场指挥批准。

如果脱轨发生在碎石道床处，救援人员选择顶升位后需平整碎石道床以保证顶升位的稳固；如果车辆发生多轮对脱轨，救援人员一般先选择容易复轨的轮对先复轨，其他轮对再根据实际情况分别复轨。

（三）抢修结束，汇报信息，开通线路

脱轨列车复位且满足行车条件后，救援人员向救援现场指挥汇报，再由其上报控制中心恢复列车运行，开通线路，事故救援结束。

演练实例

地铁脱轨应急处置演练　不到30分钟完成生死救援

2015年5月18日，大连市应急办、市交通局、市卫生计生委、市公安局、市安监局、市消防局、市轨道办等部门联合举行大连市轨道交通突发事件应急演练。演练模拟内容为地铁2号线30203次列车从港湾广场站向会议中心站运行时，突然发生脱轨，司机立即采取紧急制动措施，列车迫停于会议中心站进站前60 m处。乘客出现恐慌焦虑情绪，部分乘客由于紧急制动，摔倒受伤。

"事故"发生后，大连地铁运营有限公司第一时间启动《大连地铁运营公司突发事件应急救援预案》。司机向行车调度报告情况，随后利用广播安抚乘客情绪。指挥中心工作人员立即向公司领导报告，向公司所辖各单位下达启动突发事件应急救援预案指令，同时呼叫"119""120"请求支援。市轨道交通应急办根据情况，立即启动Ⅲ级响应，向市应急办报告事故情况。

地铁会议中心站立即封站，做好区间疏散准备，通过后台关闭TVM自动售票机，打开所有出站闸机。地铁运营公司利用车站广播、微博、微信、手机App等渠道向乘客通报2号线故障情况。

司机打开疏散门，迎接急救人员进入车厢，为急救人员、抢险队及疏散人员提供紧急通道。同时，工作人员询问乘客受伤情况并为乘客佩戴"安全手环"，"安全手环"是大连地铁针对突发情况，统计受伤乘客数量、通过佩戴不同颜色手环分辨受伤程度的一种识别手段。

此时,公安交警、消防人员、医疗急救人员、公交接驳车辆陆续到达。大连地铁专业救援抢险队携带将脱轨列车复位的液压复轨器、专用维修工具、检测仪器等抢险救援物资赶赴现场。经过抢修,地铁恢复正常运营。

情景模拟

【任务实施】

(1)组织形式:每个学习小组,按涉及的岗位设置站台岗、电客车司机、行车值班员、值班站长、OCC、工程车司机、车场调度员、信号楼值班员、派班员、行车调度员。各小组按发生故障后的应急处理流程开展演练。

(2)设备准备:运营和驾驶模拟实训室、多媒体教学软件及相关教具等。

(3)学习方法:各小组按工种分角色进行演练,教师指导、组间互评。要求;信息汇报流程合理、演练步骤符合实际、各岗位工作处置得当、用语标准。

(4)拓展提高:

问题一:以小组为单位分角色对列车脱轨、列车分离进行演练。

问题二;找出演练中存在的问题并加以讨论。

(5)考核表如表 7-2 所示。

表 7-2 效果评价

项目七	行车突发事件应急处理		
任务三	列车冲突、脱轨应急处理		
考核内容		分值	考核得分
1. 信息汇报远程内容		20	
2. 列车脱轨处理岗位能力		30	
3. 对使用时机、注意事项的认知情况		30	
4. 预习情况		10	
5. 职业素养		10	
总体评价			
教师评价	小组评价(自评互评)	个人自评	学生姓名
			分数

五、实战演练

【任务目标】

(1)使学生掌握城市轨道交通列车冲突脱轨突发事件的应急处理方法。

(2)培养和提高学生对城市轨道交通列车冲突脱轨突发事件的应急处理能力。

【任务自测】

自行上网查询城轨列车冲突脱轨的案例，选取其中一个案例，完成以下任务：

（1）根据此类事故，编写相应的应急处理方案。

（2）分析案例中的应急处理方案，通过对比进一步优化自己编写的应急处理方案。

2014年5月2日15时32分许，韩国首尔2号线地铁开往蚕室方向的两班列车在去往十里站时发生追尾事故，导致列车两节车厢脱轨，如图7-15所示。

图7-15 事故现场

事故发生前，其中一班列车因异常情况而稍作停车，后一班地铁列车未能及时掌握前车的状况，尽管进行了急刹车，但还是发生了追尾相撞事故。两班列车均采用手动运行模式，且没有保持一定的间隔，事故原因可能是自动保持安全距离的装置出现问题。两车追尾后，列车上的广播要求乘客留在原处，但基本上没有乘客听从。目击者说，许多乘客强行打开列车车门，跳到轨道上逃生，很多乘客都是在争相逃生的过程中受伤的。事故发生后，车站立即紧急组织疏散撤离，大概有10辆救护车前往事故现场，约200人受伤。

根据以上案例，请编写相应的应急处理方案，并采用角色扮演法分组进行模拟演练。或者也可以选定某一区间内地铁列车发生冲突或脱轨事故，编写相应的应急处理方案，并采用角色扮演法分组进行模拟演练。

习题及思考题

一、填空题

（1）车门系统的组成为_____、_____、_____。

（2）列车车门故障的原因一般包括_____、_____、_____、_____等。

（3）列车车门故障类型一般包括_____，整列车门、单节车车门不能打开故障，_____，_____，_____。

（4）在救援故障车过程中，应当遵循＿＿＿＿＿＿、＿＿＿＿＿＿灵活制订方案原则。

（5）救援方案的制订是城轨应急处理的关键，救援时应尽量遵循＿＿＿＿＿＿的原则。

（6）城市轨道交通运营过程中，发生列车脱轨时，一般处理流程为＿＿＿＿、＿＿＿＿、＿＿＿＿。

（7）城市轨道交通运营过程中，发生列车相撞突发事件时，一般具体应对措施包括＿＿＿＿、＿＿＿＿、＿＿＿＿、＿＿＿＿等。

（8）＿＿＿＿＿＿是指列车在行进时脱离轨道，造成城市轨道交通设备损坏或人员伤亡。

（9）根据地铁站线、配线设计和故障车存放地点的不同，城轨故障车救援的行车组织模式可分为3种：＿＿＿＿、＿＿＿＿、＿＿＿＿。

（10）脱轨起复工具有＿＿＿＿、＿＿＿＿、＿＿＿＿、＿＿＿＿。

二、判断题

（1）站台站务员发现车门故障处理时，应第一时间与司机、车站控制室沟通，立刻携带对讲机、故障贴纸、隔离带到故障车门处协助司机处理，司机关好故障门并切除后，站务员按"一确认、二贴纸、三反推"的"三步曲"要求协助司机确认及张贴好告示。（　　）

（2）当列车发生相撞事故，列车司机、车站值班员应立即将现场情况及影响程度上报行车调度员，并根据现场情况开动列车。（　　）

（3）隔离车门时按照《电客车故障应急处理指南》的程序需要进行广播。（　　）

（4）列车在列车救援过程中，由于司机有标准作业程序，连挂准备和过程完成时间基本固定不变。（　　）

三、简答题

（1）简述城市轨道交通中列车车门故障的原因。

（2）简述城市轨道交通中列车脱轨的应急处理程序。

（3）如果地铁列车在运行过程中一扇车门无法开启，相关人员应如何进行应急处理？

（4）如果列车的故障车门内有异物，司机或站务人员应如何进行应急处理？

（5）在列车牵引制动系统发生故障且无法排除时，应如何快速、有效地进行应急救援处理？

（6）在城市轨道交通运营中，什么叫列车冲突和脱轨？

（7）简要说明城市轨道交通列车车门故障类型及其对城轨正常运营带来的影响。

项目八　火灾事故应急处理

知识目标

（1）掌握城市轨道交通火灾事故的原因和应急处理原则。
（2）掌握城市轨道交通列车在区间发生火灾的应急处理方法。
（3）掌握城市轨道交通列车在车站发生火灾的应急处理方法。
（4）掌握城市轨道交通车站站厅火灾事故的应急处理方法。
（5）掌握城市轨道交通车站站台火灾事故的应急处理方法。

能力目标

（1）掌握城市轨道交通火灾事故的应急处理方法。
（2）能够进行城市轨道交通火灾事故的应急演练。
（3）培养学生将城市轨道交通火灾事故理论知识应用于实践的能力。

思政目标

通过讲解国内外城市轨道交通火灾事故的案例，分析事故原因、后果及应对措施，让学生深刻认识到火灾的严重性和危害性，增强安全意识。通过介绍火灾预防的基本知识，如定期检查消防设施、遵守安全操作规程、禁止携带易燃易爆物品上车等，培养学生的安全预防意识。

任务一　列车火灾应急处理

任务引入

2017年2月10日19时15分左右，香港地铁一列车在从金钟开往尖沙咀的途中，车厢内突然起火，车内火势猛烈，冒出大量浓烟，事发后港铁及时启动了应急处理程序，列车到达尖沙咀站后迅速打开车门,车站工作人员协助疏散乘客并灭火,当时月台的通风系统亦正常运作。所有乘客被疏散后,尖沙咀站暂时关闭,各列车在经过该站时不停车。站外停有多辆消防车、救护车及警车。该事故造成 12 人受伤,且大部分人被烧伤,伤者陆续被送往医院。港铁表示,事件是由乘客点燃危险品引起的。

一起突发事件的影响往往会呈连锁效应,如果处理不规范,甚至可能给一个城市带来难以估算的损失。列车发生火灾事故(见图 8-1)的概率较高,快速有效地进行应急处理对保证地铁正常运行和乘客安全的重要性不言而喻。

图 8-1 列车发生火灾

火灾事故是指在城市轨道交通运营过程中,在车站或列车等处突发火灾,危及城轨正常运行和乘客人身安全的一类事故。其中,列车车厢是发生火灾事故的主要部位,如图 8-2 所示。

随着地铁在我国的快速发展,地铁在运营期间的安全问题也越来越多,一旦发生火灾,由于地铁空间的封闭性,乘客疏散困难,将会导致人员伤亡及经济财产的损失,甚至会对国家的社会安定产生严重的负面影响。

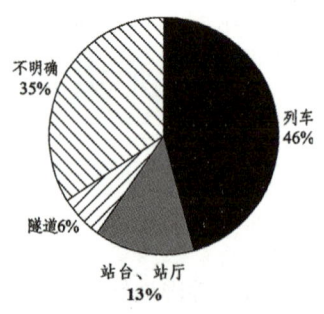

图 8-2 地铁发生火灾的部位

一、火灾事故的原因

（一）电气线路、电气设备故障引发火灾

电气线路和电气设备在运行中发生短路、过负荷、过热等故障，如图 8-3 所示。

图 8-3　电气线路引发火灾

（二）人为因素引发火灾

工作人员违章操作、用火不慎，乘客携带易燃易爆危险品乘车，在车站内或列车上吸烟，人为纵火等。

（三）环境因素引发火灾

城市轨道交通内部通风不畅、隧道散热不良等因素导致温度过高，老鼠等小动物啃咬电缆电线等环境因素都可能造成电气设备、线路短路从而引起火灾，如图 8-4 所示。

图 8-4　环境因素引发火灾

（四）外来建筑物引发火灾

处于城市中心区域的城市轨道交通车站常常与地面商业建筑合建，这些外来建筑物容易引发火灾，如图 8-5 所示。

图 8-5 外来建筑物

二、火灾事故应急处理的原则

(一)坚持"救人第一"原则

开展灭火救援行动时,必须坚持"救人第一"原则,正确处理救人和其他灭火救援行动的关系,把保障乘客的生命安全放在首位。

(二)集中领导、统一指挥原则

火灾事故发生后,应急指挥部全权负责对事故的组织指挥,所有部门必须无条件服从应急指挥部的统一调动指挥。各部门既要各司其职又要密切配合、协调一致,提高灭火救援的效能。

(三)反应迅速原则

发生火灾事故时,各岗位工作人员应迅速行动,积极抢险,将火灾事故的损失降到最低。

三、列车火灾事故应急处理

列车发生火灾后,根据火灾的影响程度、发展情况和紧迫性等,城轨各运营部门应按照各自的职责进行应急处理。司机发现火情后,应做好广播宣传,按行车调度员的命令做好行车组织;控制中心根据实际情况扣停列车、组织小交路运行等;车站应立即组织力量,迅速赶往现场施救,达到控制事态和减少损失的目的。

(一)列车在区间时发生火灾的应急处理方法

1. 司 机

(1)司机发现火灾或收到报警信息后,应迅速判明火情,立即向行车调度员和两端车站报告。

(2)广播安抚乘客,指引乘客使用车内灭火器灭火,并组织乘客疏散。

(3)尽量将列车保持车速驶进车站。如列车被迫停在区间,立即降下受电弓,打开紧急疏散门疏散乘客。

2．控制中心

（1）行车调度员确认火灾情况后，报告值班主任和各个车站。根据实际情况，扣停相关列车，调整运行。

（2）值班主任接到行车调度员的报告后，立即启动列车火灾事故应急预案，并视情况拨打"119"和"120"。通知各调度员组织人员灭火救灾，指示两端车站组织工作人员前往火灾列车灭火并协助乘客疏散。

（3）电力调度员及时切断相关区域接触网的供电，检查设备情况和隧道电缆是否受影响；在区间乘客疏散时，提醒行车调度员注意接触网情况，做好避免乘客触电的措施。

（4）维修调度员通知维修人员在必要时启动抢修程序。

（5）环控调度员确定火灾位置，启动区间火灾模式，确定疏散乘客的方向和隧道通风模式。如果疏散方向为单向，按气流原则组织相邻车站隧道通风系统；如果疏散方向为双向，首先让完成乘客撤离的车站隧道风机执行排烟模式，待全部撤完，两边车站隧道风机全部执行排烟模式。

3．车　　站

（1）行车值班员接到行车调度员或司机火灾报告后，立即报告值班站长，拨打"119"和"120"。通知相关人员将进出闸机设置为紧急模式，开启区间工作照明，做好乘客广播。通过CCTV实时监控火灾情况，及时向行车调度员汇报火灾情况。

（2）客运值班员接到通知后，立即到车控室协助行车值班员工作。中央级不能实现时，客运值班员按照环控调度员的指示操作BAS，对消防系统进行监控。

（3）值班站长根据行车调度员的指示，组织车站人员穿戴好荧光衣和防毒面具，做好共同灭火、疏散乘客的准备：

① 售检票人员负责关停电梯，疏散乘客；

② 站台人员负责疏散乘客，并在相应的位置使用灭火装置准备灭火（如消防员到达，将灭火工作交给消防员）；

③ 保洁员负责到出入口张贴告示、拦截乘客进站、引导消防员进站。

如列车被迫停在区间，值班站长组织车站人员进入隧道协助灭火，引导乘车疏散，并做好消防员引导工作。

（二）列车在车站时发生火灾的应急处理方法

1．司　　机

（1）司机发现火灾或收到报警信息后，立即报告行车调度员。立即打开车门，降下受电弓，广播通知乘客疏散。

（2）进入车厢疏散乘客，并到着火处灭火。

2．控制中心

（1）行车调度员确认火灾情况后，报告值班主任和各个车站。根据实际情况，扣停相关列车，调整运行（如小交路运行或反方向运行等）。

（2）值班主任接到行车调度员的报告后，立即启动车站火灾事故应急预案，并视情况拨打"119"和"120"；通知各调度员组织人员灭火救灾，必要时指示就近车站组织工作人员前往火灾列车灭火并协助乘客疏散。

（3）电力调度员及时切断相关区域接触网的供电，通知接触网人员检查设备情况，并配合救火。

（4）维修调度员通知维修人员必要时启动抢修程序。

（5）环控调度员确定列车停靠的位置和上下行区间，启动区间火灾模式。必要时启动相邻车站一端的隧道风机，按同线侧通风排烟模式运行。

3. 车　站

（1）行车值班员接到行车调度员或司机火灾报告后，立即报告值班站长、客运值班员，拨打"119"和"120"。通知相关人员将进出站闸机设置为紧急模式，开启区间工作照明，做好乘客广播。通过CCTV实时监控火灾情况，及时向行车调度员汇报火灾情况。

（2）客运值班员接到通知后，立即到车控室协助行车值班员工作，中央级不能实现时，按照环控调度员的指示操作BAS，对消防系统进行监控。

（3）值班站长根据行车调度员的指示，组织车站人员穿戴好荧光衣和防毒面具，立即采取有效措施进行乘客疏散和灭火：

① 售检票人员负责在站厅疏散乘客；
② 站台人员负责疏散乘客，协助灭火（如消防员到达，将灭火工作交给消防员）；
③ 保洁员负责到出入口张贴告示，拦截乘客进站，引导消防员进站。

（三）停车位置的选择（见图8-6）

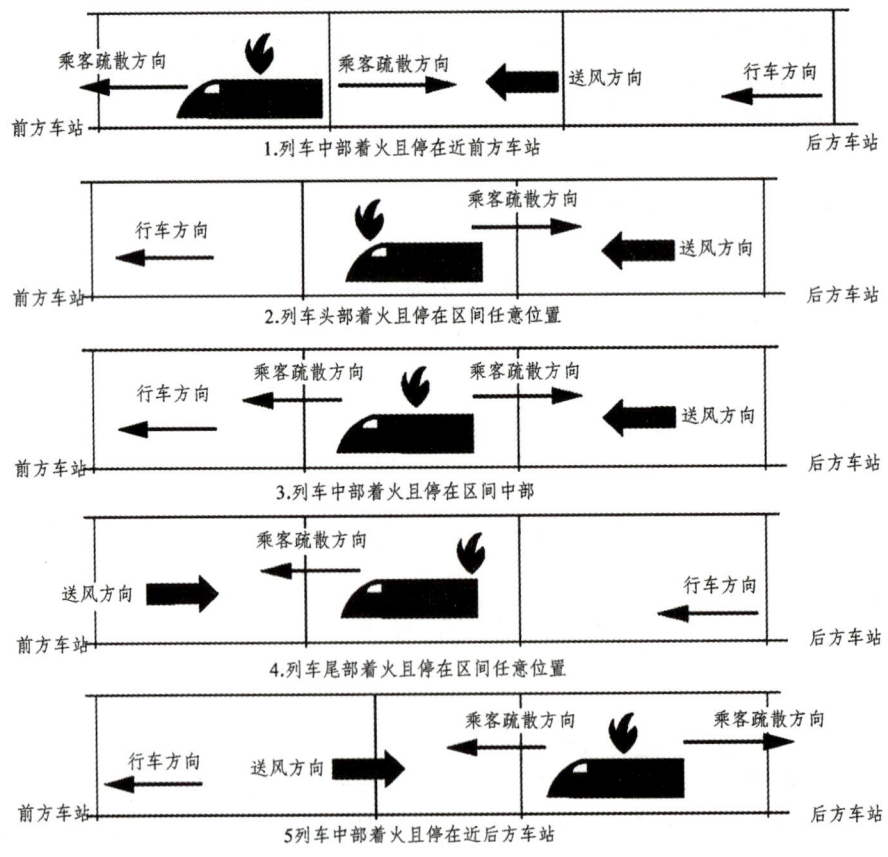

图8-6　列车在区间（隧道）火灾的处理停车位置的选择

1. 当列车停于站台时起火

列车停于站台时为人员疏散的最佳环境,此时应立即打开所有车门,组织人员疏散。

2. 当列车位于两站隧道中部时起火

当列车位于两站隧道中部起火时,应尽力将列车开至前方站台停车。

3. 当列车刚刚驶离车站,进入区间隧道时着火

(1) 列车前端起火,应选择立即停车疏散;
(2) 列车中段起火,应选择在隧道停车疏散;
(3) 列车末端起火,行驶至前方站台停车较为有利。

列车在区间发生火灾时的应急处理程序如图 8-7 所示。

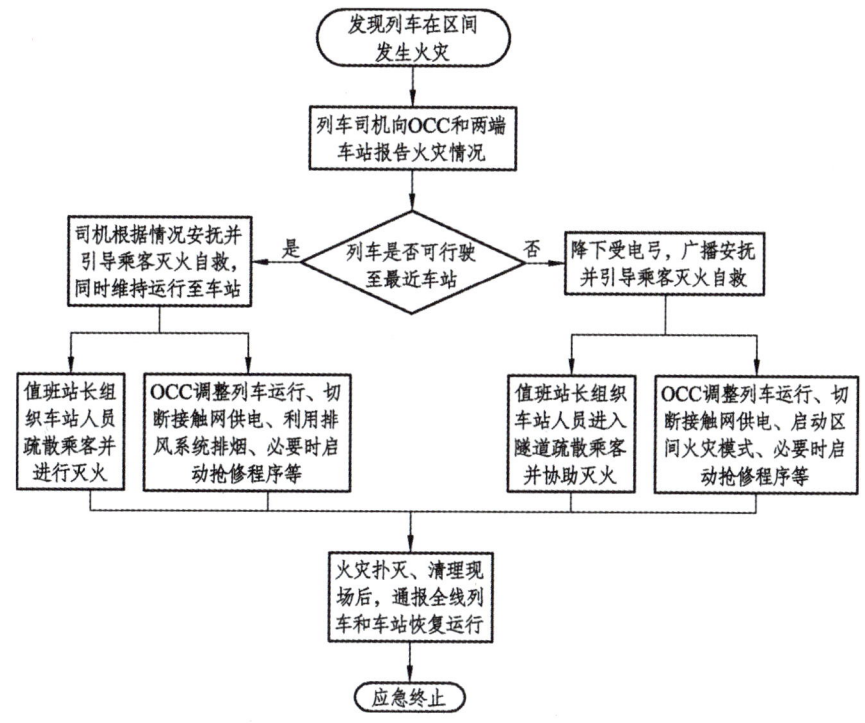

图 8-7 列车在区间发生火灾时的应急处理程序

四、实战演练

城市轨道交通列车火灾事故的应急演练

【任务描述】

根据本节任务引入的案例,编写相应的应急处理方案,并采用角色扮演法分组进行模拟演练。或者,你也可以选定发生的某一地铁列车火灾事故,编写相应的应急处理方案,并采用角色扮演的方式分组进行模拟演练。

【任务目标】

（1）掌握城市轨道交通列车火灾的应急处理方法。

（2）培养和提高学生对城市轨道交通列车火灾的应急处理能力。

【任务实施】

（1）学员可按12人为一组进行分组，组员分别担任司机、行车值班员、值班站长、客运值班员、售票员、站台员、保洁员、值班主任、行车调度员、环控调度员、维修调度员和维修人员等角色。

（2）根据本任务所学内容，编写地铁列车火灾的应急处理方案。

（3）每组学员按照所编写的应急方案反复进行演练，逐步完善演练效果。

（4）每组学员依据最终确定的演练方案，进行汇报演练。

（5）教师对各小组的汇报演练进行评估，指出演练中存在的问题，并加以讨论。其中，评估标准主要包括编写思路是否清晰，内容是否完整，是否具有可操作性，汇报话语是否流畅，是否表达清晰、准确和得体。

【任务自测】

自行上网查询地铁列车火灾的案例，选取其中一个，完成以下任务：

（1）根据此类事故，编写相应的应急处理方案。

（2）分析案例中的应急处理方案，通过对比进一步优化自己编写的应急处理方案。

某隧道火灾应急处理预案

（一）隧道火灾的类型及原因

1. 隧道火灾的类型

（1）单洞双线隧道火灾。

（2）单洞单线隧道火灾。

2. 导致隧道火灾发生的可能原因

（1）隧道内各种电缆、配电柜因短路或绝缘不良而着火冒烟。

（2）轨道因绝缘不良等原因造成电气短路引起橡胶件着火冒烟。

（3）外来物着火冒烟等。

（二）处理原则

1. 发现火灾

（1）司机发现隧道内有明火或烟雾时，由其决定停车退回或通过。当明火较大或烟雾较浓时，经行调批准后，司机停车退回；当明火较小且烟雾轻微时，司机驾车通过。

（2）当车站发现站台区隧道有烟雾或隧道感温系统报火警时，立即向OCC报告。

（3）隧道感温系统报火警时，环调立即要求行调与有关司机核实。

（4）行调接到司机、车站报告后，立即要求环调启动事故风机，通知维修工程部、自动监控部生产调度安排人员准备到现场检查。启动不成功时，立即通知维修工程部生产调度安排人员现场启动。

（5）当供电中断、列车在区间无法动车时，司机立即与行调共同确认疏散方向，得到区间疏散命令后，组织乘客疏散。

（6）行车安排、火灾确认及火灾报告。

① 当明火较大、确认发生火灾时，事发区间立即停运，并报公安部门。

② 当烟雾较浓时，事发区间立即停运。待启动事故风机、确认烟雾减轻且后续首列车清客后，安排站务人员或机电人员携带干粉灭火器添乘，查看现场情况，根据确认结果安排后续行车并报公安部门。如列车运行受阻，则组织列车退回。

③ 当明火较小且烟雾较淡时，启动事故风机，后续首列车清客后，安排站务人员或机电人员携带干粉灭火器添乘，查看现场情况，根据确认结果安排后续行车，并报公安部门。

④ 当烟雾轻微时，维持正常行车，并安排机电人员携带干粉灭火器添乘，根据现场情况安排后续行车，并报公安部门。

⑤ 当隧道内有烟雾时，立即安排相关车站到地面查看风亭周围是否发生火灾或有烟气吸入。

⑥ OCC报公安部门，并说明消防人员到达的车站。

（7）驻站机电人员接到火灾信息后，立即到车控室。

① 确认排烟设备是否启动，如未启动，立即到现场启动。

② 需要现场确认时，与车站人员共同前往现场。

（8）供电、接触网专业人员接到通知后，立即赶往相关车站，做好该供电分区停电和挂接地线准备工作。

2. 确认发生火灾后

1）OCC

（1）在确认发生火灾后，事发区间立即停运，并做好行车调整工作。轨道因绝缘不良等原因造成电气短路引起橡胶件着火冒烟时，在不影响行车的情况下，维持列车运行。

（2）根据灭火需要或消防人员的要求，电调组织对隧道内电缆停电，并根据停电对运营的影响，做好行车调整工作。

2）现场检查人员、车站

（1）现场检查人员如确认为低压电缆或轨道发生火灾，在保持安全距离情况下，尝试灭火。如不能确认发生火灾的电缆属性或现场烟雾较大，立即撤回。35 kV电缆发生火灾时，在未停电的情况下，禁止使用干粉灭火器灭火。

（2）由值站或站长负责与到场消防人员的联络，并及时将OCC的联系电话告知消防人员。

3. 抢险组织

（1）火灾发生时第一时间的现场处理工作由司机/车站/机电人员在OCC指挥下负责，

当值司机/车站值班站长（站长）/机电人员担任现场负责人。各岗位的具体负责人员如表8-1所示。

表8-1 岗位职责

岗位	人员
应急指挥	司机/值班站长（站长）/机电人员
通信联络	司机/值班站长（站长）/行车值班员/机电人员
安全防护救援	客运值班员/站务员（无专职客运值班员，由车站指定一名站务员）/司机
疏散引导	其他站务员或司机
灭火行动	司机/值班站长（站长）/机电人员
设备设施保障	驻站机电工作人员

（2）事态严重时，分公司立即成立现场抢险救援领导小组，下设行车客运指挥组、抢险救援组、救援疏导组、医疗救治后勤组、新闻信息组等5个工作组，负责后期的应急抢险救援组织工作。

（3）抢险救援领导小组到达现场前，由车务部担任应急主导部门，指派人员担任处理负责人，全面负责乘客疏散、受伤人员救治等组织工作。

（4）抢险救援领导小组到达现场后，在其领导下进行抢险。

（5）事件转由公司、政府部门负责处置后，分公司各工作组归公司组成的各工作组领导，并在其指挥下开展抢险工作。

五、应急处理

隧道发生火灾时，各岗位人员应根据各自的职责进行应急处理，如表8-2所示。

表8-2 岗位人员工作职责

岗位	职责
现场发现人员	（1）向OCC报告 （2）立即疏散事发区域人员，使用灭火器灭火
行车值班员	（1）发现站台区隧道有烟雾，隧道感温系统报火警时，立即报OCC （2）按行调的命令执行隧道疏散程序
司机	（1）发现隧道内有明火或烟雾时，根据现场情况决定通过或停车，停车后经行调批准退回 （2）被迫停车无法动车时，报告行调停车位置，做好防溜措施，执行隧道疏散程序
值班站长	（1）安排车站保安到地面查看风亭周围是否发生火灾或有烟气吸入 （2）按行调的命令组织后续列车清客后，安排机电人员或站务人员携带干粉灭火器查看现场情况，并将现场情况报告行调。发现现场轻微火灾立即组织灭火；如火势不可控则配合司机执行隧道疏散程序

续表

岗位	职责
行调	（1）确认和通报：接到隧道内有明火或烟雾的报告时，立即报主任调度员及OCC全体当班调度；视情况安排站务人员或机电人员添乘，确认现场情况，并视情况报公安部门（须说明消防人员到达的车站） （2）通知抢险救援：确认隧道火灾时，通知维修工程部、自动监控部救援队出动；掌握各救援队、车站的联络方式 （3）发布信息及调整列车运行：根据现场情况及主任调度员指令调整列车运行，必要时进行区间疏散；向全线列车司机和车站发布事件及列车调整信息，维持最大限度的运营 （4）跟进抢险：加强与车站及抢险救援队的联系以及对现场的监控，掌握抢险进展情况
主任调度	（1）启动预案：接行调汇报隧道内有明火或烟雾后，立即向各岗位宣布启动隧道火灾应急处理程序 （2）通报信息：向各级领导及相关部门发布火灾或烟雾信息 （3）调整列车：下达列车调整方案，向行调提供技术支援 （4）组织和协调抢险：掌握现场抢险救援进展，协调各岗位的工作
电调	（1）通知维修工程部生产调度安排人员立即赶往相关车站，做好该供电分区停电和挂接地线的准备工作 （2）根据灭火需要或消防人员要求，组织对隧道内电缆或接触网停电。 （3）监控好电力设备的运行
环调	（1）隧道感温系统报火警时，立即通知行调与有关司机核实现场情况 （2）隧道内有烟雾时，立即安排相关车站查看地面风亭周围是否发生火灾或有烟气吸入；同时组织开启隧道通风进行排烟，必要时开启区间事故照明 （3）确认隧道发生火灾时，通知维修工程部、自动监控部生产调度安排。 （4）需要进行区间疏散时，根据人员疏散方向，开启相应的隧道排烟模式 （5）加强与车站及抢险救援队的联系，掌握抢险进展情况 （6）抢险结束后，及时组织恢复环控设施正常运行
机电驻站或救援人员	（1）接到生产调度或OCC的火灾信息后立即赶到车控室 （2）确认事故风机的开启情况 （3）风机不能正常启动时，立即赶往相应控制室手动启动（个别在区间的风机控制柜除外） （4）风机、照明均能正常启动，根据需要切断其他回路电源 （5）需要现场确认火灾性质时，戴上防毒面具、干粉灭火器与车站人员共同前往现场查看，如现场确认为低压电缆或轨道发生火灾，在保持安全距离的前提下尝试灭火。若不能确认属性或烟雾较大时，立即撤回 （6）协助车站做好疏散工作
维修工程部、自动监控部生产调度	（1）抢修组织：立即组织距现场最近人员和后续增援人员赶赴现场 （2）信息传递：立即通知相关专业抢修队长、抢险车司机、本部门负责人 （3）记录与传达：记录现场汇报情况及上级指挥命令，并传达给相关人员
维修工程部、自动监控部救援队长	立即组织抢险专业人员携带器材赶赴现场，指定本部门抢修负责人，安排人员将本救援队联系方式报行调
维修工程部、自动监控部抢险负责人	（1）到达后，立即与值站、现场抢险救援领导小组、市专业救援部门会合，在现场指挥部待令，根据其指令，全力配合救援行动 （2）警方允许进入现场后，组织本部门抢修人员查看现场，制定抢修方案负责人方案，在分公司指挥下，完成抢修工作

任务二　车站火灾应急处理

任务引入

2003年2月18日,韩国大邱市地铁发生特大火灾。火灾导致198人死亡,147人受伤。8月6日,韩国大邱地方法院对大邱地铁纵火案的9名被告人进行公开宣判,纵火犯金大汉被判处终身监禁。事件结束后,韩国政府对于火车、地铁的安检工作进行了一定程度的提高,将安全检查和控制系统进行了升级,以保证在出现紧急情况时,能够及时作出判断,提供有用的解决方案。此次事故源于监管不到位被人为纵火,加之指挥不力和救援不及时,造成了极为严重的伤亡。在事故中未实施救援,弃车逃生的两位驾驶员——1079号列车的崔正焕和1080号列车的崔相烈分别以业务过失致死罪被判处5年和4年有期徒刑,大邱地铁的部分负责人也受到了惩处,事故现场如图8-8所示。

图8-8　韩国大邱市地铁火灾灾后救援

一、站厅发生火灾的处理

(一) 值班站长

(1) 向车控室下达紧急疏散指令。
(2) 组织人员使用灭火器进行灭火,控制火势蔓延。
(3) 领导所有工作人员组织站厅乘客向站外疏散,阻止乘客下站台。
(4) 确认将站厅乘客疏散出站后,报告车控室。
(5) 组织并确认全部站台、站厅员工往站外撤离。
(6) 火灾扑灭后,组织员工清理现场。
(7) 具备开通条件后,恢复正常运营。

(二) 行车值班员

(1) 接到值班站长下达的紧急疏散指令后,立即向全体员工进行火灾广播,宣布"紧急疏散指令"。
(2) 将全站扶梯紧停按钮打到紧急关闭,并释放所有闸机和门禁。

（3）联系环控调度，根据指示在 BAS 上设置执行相应的排烟模式。
（4）加强与行调联系，及时将火灾变化情况向行调报告。
（5）根据现场需要，及时拨打"110""120""119"。

（三）行车调度员

（1）指示车站停止服务。
（2）向全线列车通报火灾情况，要求司机做好列车广播。
（3）接到车站值班员站台乘客已经全部上车的汇报后，指示后续各次列车载客通过该站，如图 8-9 所示。
（4）加强与车站联系，随时掌握乘客疏散、消防灭火的情况，做好信息的搜集、上报。
（5）接到车站火灾已扑灭，现场清理完毕的报告后，如符合开通条件，则指示恢复运营。

（a）

（b）

图 8-9 工作现场

（四）票亭岗站务

（1）接到紧急疏散指令后，停止售票，收好票款。
（2）到车站出入口张贴暂停服务公告，打开员工通道，疏散乘客出站，阻止乘客继续进站。
（3）引导消防员进站灭火，从安全出口撤离，火灾扑灭后，清理现场，撤除暂停服务公告，恢复运营。

（五）站厅岗站务员

（1）接到紧急疏散指令后，引导站厅乘客从未受火灾影响处疏散出站。
（2）使用灭火器进行灭火，控制火势蔓延。
（3）从安全方向撤离车站，火灾扑灭后，按值班站长指示清理现场，恢复运营服务。

（六）站台岗站务员

（1）接到紧急疏散指令后，组织站台乘客上车。
（2）检查确认站台有无遗留乘客。
（3）报告车控室。
（4）阻止站厅乘客下站台乘车。
（5）从安全方向撤离到站外。

（6）或乘车到下一站。

（7）火灾扑灭后，按值班站长指示清理现场，恢复服务。

（七）客运值班员

（1）火灾发生时，客运值班员的首要任务是迅速与上级、消防部门以及其他相关部门进行通信联络，需要准确报告火灾发生的地点、火势大小、是否有人员被困等关键信息，以便相关部门能够迅速做出反应。

（2）立即组织乘客有序疏散。客运值班员应熟悉车站的疏散路线和安全出口，引导乘客按照既定的疏散方案快速撤离火灾现场。在疏散过程中，客运值班员应确保乘客保持冷静，避免恐慌和踩踏事故的发生。

（3）积极配合消防部门和其他应急处理人员进行灭火和救援工作。客运值班员需要提供车站的消防设施信息，如消防栓、灭火器的位置和使用方法，并报告车站的电力和通风系统情况，以便消防部门能够迅速控制火势。

（4）时刻关注火灾现场的安全情况，确保乘客和自身的安全。在火灾得到初步控制后，客运值班员应向上级部门报告火灾的详细情况，包括疏散人数、受伤人数、财产损失等，以便后续处理。

站厅和站台发生火灾时的应急处理程序如图 8-10 和 8-11 所示。

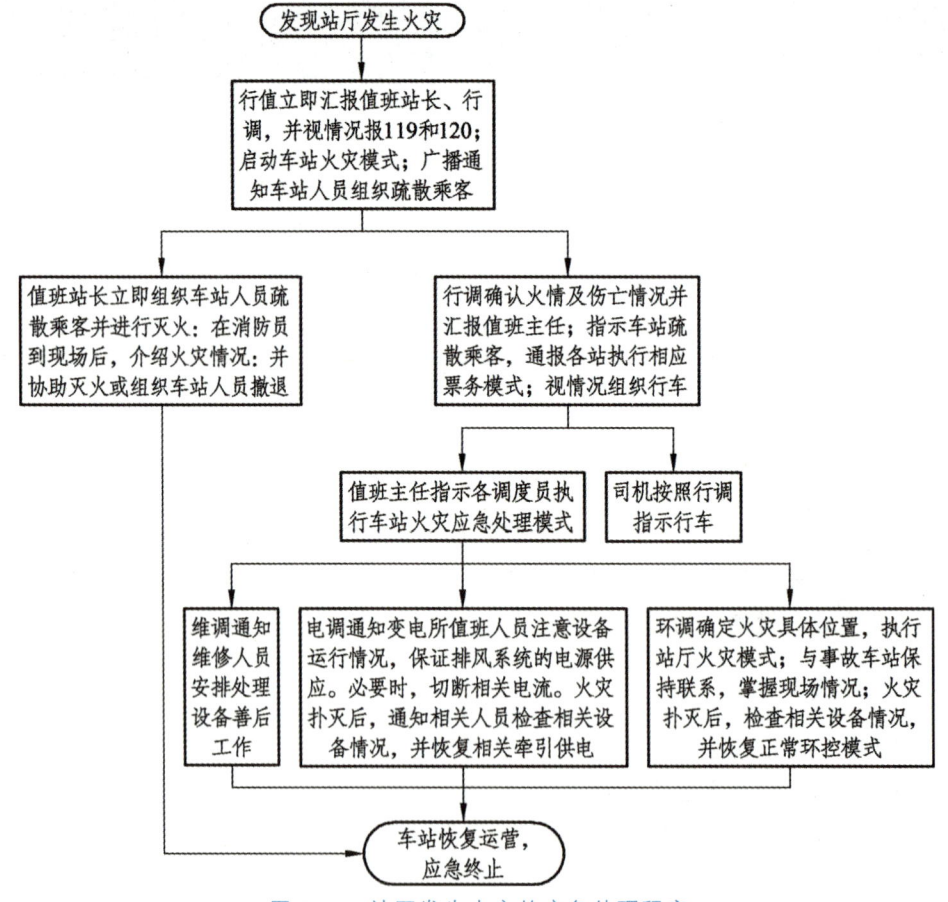

图 8-10　站厅发生火灾的应急处理程序

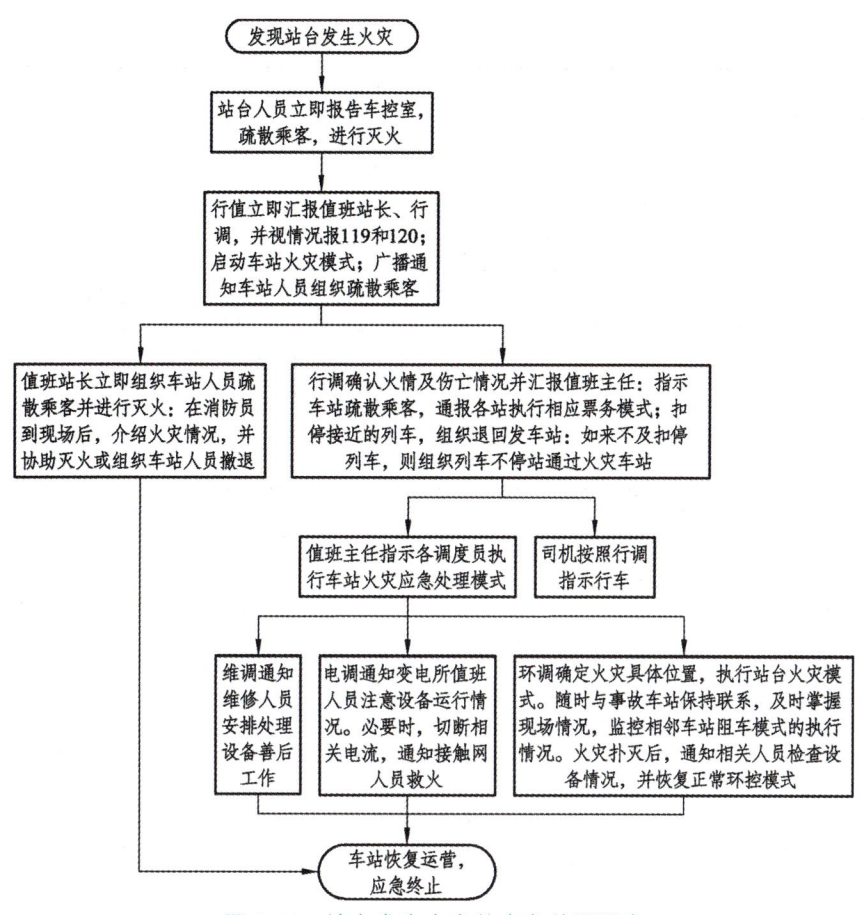

图 8-11 站台发生火灾的应急处理程序

二、站台发生火灾的应急处理

站台发生火灾时各岗位人员的应急处理职责如表 8-3 所示。

表 8-3 站台发生火灾时各岗位人员的应急处理职责

岗位		应急处理职责
车站	站台人员	发现站台发生火灾后,立即疏散乘客,进行灭火,并报告车控室
	行车值班员	(1)接到报警信息后,立即汇报值班站长、行车调度员和地铁公安,并视情况拨打"119"和"120"。 (2)广播通知车站所有员工站台发生火灾,宣布执行站台火灾应急处理程序,并广播引导乘客疏散。 (3)按压 AFC 和扶梯紧急按钮,将闸机设为紧急模式,关闭广告照明,确认相应的火灾模式已启动
	值班站长	(1)接到火警通知后,立即组织人员到现场疏散乘客并进行灭火:① 售票员停止售票,收好钱和票款,关闭票亭电源,协助疏散乘客;② 站台安全员立即从远离火灾的一端疏散站台乘客,如车站停有列车,立即通知司机并将乘客疏散到列车上,通知司机动车;③ 保洁人员负责关闭出入口扶梯,到车控室拿"安民告示",在车站出入口张贴告示、拦截乘客进站及引导消防员进站。 (2)在消防员到现场后,介绍火灾情况,并协助灭火或组织车站人员撤退

163

续表

	岗位	应急处理职责
车站	客运值班员	（1）协助售票员收好钱和票款、关闭票亭电源。 （2）赶到车控室，协助行车值班员将所有闸机设为紧急模式，开启通风排烟模式，关闭广告照明，关停扶梯等。 （3）听从值班站长的安排，协助疏散乘客
控制中心	行车调度员	（1）接到火灾报告后，确认火情及伤亡情况，并汇报值班主任。 （2）指示火灾车站紧急疏散乘客，通报各站按照规定执行相应的票务模式。 （3）扣停接近的列车，组织退回发车站；如来不及扣停列车，则组织列车不停站通过火灾车站。 （4）必要时通知电力调度员对该区域停止供电。 （5）火灾扑灭后，通知恢复正常运营
控制中心	值班主任	处理程序与站厅火灾应急处理程序相同
控制中心	维修调度员	处理程序与站厅火灾应急处理程序相同
控制中心	电力调度员	（1）通知变电所值班人员注意设备运行情况。 （2）必要时，切断相关电流，通知接触网人员救火
控制中心	环控调度员	（1）确定火灾具体位置，执行站台火灾模式，如中央级控制失控时指令车站启动相应火灾模式。 （2）随时与事故车站保持联系，及时掌握现场情况，监控相邻车站阻车模式的执行情况。 （3）火灾扑灭后，通知相关人员检查设备情况，并恢复正常环控模式
列车	司机	（1）当行车调度员通知在火灾车站后方站扣车时，司机在站台开门待令，做好乘客广播。 （2）当行车调度员通知在火灾车站通过时，司机做好乘客广播并加强瞭望和确认进路。 （3）当列车停在火灾车站时，立即关门动车开往下一站（区段站司机必须确认凭证和进路）

三、实战演练

城市轨道交通车站火灾事故的应急演练

2016年1月26日6时50分，日本东京地铁银座车站内因车站通气口的不明物质燃烧而引起火灾，烟雾弥漫整个车站。事故发生后，消防人员迅速赶到，用了两个多小时方才将火势控制住，幸未造成人员伤亡。由于事件发生时恰为上班早高峰，车站因故关闭后，约6.8万人的出行受到了影响。截至当地时间9时14分，车站方面才重新恢复了运行。

【任务描述】

请根据以上案例，编写相应的应急处理方案，并采用角色扮演的方式分组进行模拟演练。也可以选定某一地铁站台的火灾事故，编写相应的应急处理方案，并采用角色扮演的方式分组进行模拟演练。

【任务目标】

（1）掌握城市轨道交通车站火灾事故的应急处理方法。

（2）培养和提高学生对城市轨道交通车站火灾事故的应急处理能力。

【任务实施】

（1）学员可按12人为一组进行分组，分别担任司机、行车值班员、值班站长、维修调度员、维修人员、售票员、站台员、保洁员、行车调度员、电力调度员、环控调度员和值班主任等角色。

（2）根据本任务所学内容，编写地铁车站火灾事故的应急处理方案。

（3）每组学员按照所编写的应急方案反复进行演练，逐步完善演练效果。

（4）每组学员依据最终确定的演练方案进行汇报演练。

（5）教师对各小组的汇报演练进行评估，指出演练中存在的问题，并加以讨论。其中，评估标准主要包括编写思路是否清晰，内容是否完整，是否具有可操作性，汇报话语是否流畅，是否表达清晰、准确和得体。

【任务自测】

自行上网查询地铁车站火灾事故的案例，选取其中一个案例，完成以下任务：

（1）根据此类事故，编写相应的应急处理方案。

（2）分析案例中的应急处理方案，通过对比进一步优化自己编写的应急处理方案。

车站火灾应急疏散预案

（一）目　的

为了在车站发生火灾事故时能够采取及时、有效的措施，将火灾事故的影响范围缩小到最小，损失降到最低，特制定此办法。

（二）适用范围

本办法适用于地铁所属车站范围内发生火灾事故，且火势较大、车站力量无法扑灭时的应急处理。

（三）基本原则

1. 集中领导、统一指挥原则

车站火灾事故发生后，应急指挥部全权负责对事故的组织指挥，所有部门必须无条件服从应急指挥部的统一调度指挥。

2. 协同作战、统一行动原则

扑救车站火灾，各部门既要各司其职，又要加强协同，做到整个灭火救援现场一盘棋，相互之间要密切配合、协调一致，提高灭火救援效能。

3. 加强第一时间出动原则

发生火灾事故时，各岗位迅速行动，积极抢险，力争将火灾事故损失降到最低程度。

4. 坚持"救人第一"原则

开展灭火救援行动，必须坚持以人为本，正确处理救人和其他灭火救援行动的关系，把保障乘客的生命安全放在首位。

5. 坚持自救和外援相结合的原则

扑救车站火灾要充分利用内部固定消防设施，积极疏散抢救人员，有效控制火势，消灭火灾。

（四）工作规范

1. 成立地铁车站火灾应急处理指挥机构

1）成立应急指挥部

总指挥：运营公司总经理。

副总指挥：运营公司副总经理以及地铁公安分局领导。

成员：控制中心、客运部、安全稽查部、行车设备部、车站设备部、车辆部、综合部负责人，事发车站负责人以及地铁分局派出所领导。

职责：

（1）负责灭火救援工作的组织、指挥、决策。

（2）贯彻市上级部门的各项指示、命令，保持与上级部门及事故现场的通信联系，及时向上级汇报现场情况。

（3）组织恢复地铁设备，尽快恢复正常运营秩序。

（4）组织现场的勘察、取证。

2）成立现场指挥部

组长：运营公司主管运输、安全副经理。

副组长：控制中心、客运部、安全稽查部、行车设备部、车站设备部、车辆部、综合部负责人，地铁分局派出所领导。

组员：各相关中心（分部）负责人、事发车站负责人、各相关部门专业工程师等人员。

职责：

（1）负责火灾现场的灭火、救援组织指挥工作，贯彻执行上级指挥部的各项指示、命令，及时向上级指挥部汇报现场情况，听取指示。

（2）负责与地铁公安人员、消防力量一起，积极疏散乘客、营救被困人员，抢救财产，控制、扑救火灾。

（3）负责配合医疗人员，做好现场救治和伤病员转运。

（4）负责做好灭火救援所需物资供给及灭火救援人员的饮食、饮用水等保障工作。

（5）负责配合地铁公安人员，维护现场秩序，保护好现场，做好现场勘察、调查取证工作。

（6）负责修复损坏设备，积极组织线路开通，恢复正常运营秩序。

2. 应急信息报告

1）报告原则

（1）迅速、准确、真实、简单明了、逐级上报的原则。

（2）分公司内部及协作单位并举的原则。

2）报告事项

（1）发生时间（月、日、时、分）。

（2）发生地点。

（3）火灾事故概况及原因。

（4）车站人员情况及伤亡情况。

（5）车辆、线路等地铁设备损坏情况。

（6）其他必须说明的事项。

3）报告程序

（1）车站安全员在接到乘客火灾报告或发现火灾后立即报告车控室或车站值班员，通过FAS发现并确定火警位置，通知车站安全员立即赶赴现场确认，车站安全员现场确认后，将火灾情况报车控室。

（2）行车值班员接到车站安全员报告后，立即向行调、值班站长、站长报告火灾情况，并报告"119"火警、"120"医疗急救中心、地铁公安分局和驻站工班人员。值班站长接到车站值班员通知后，协助通知相关人员。

（3）控制中心行调接到报告后立即报告值班主任，并上报应急指挥部。值班主任接到行车调度员通知后，协助通知相关人员。

（4）应急指挥部人员在接到控制中心关于发生火灾事故的报告后，须在 10 min 内集结，赶往事故现场。在到达现场前，由车站站长担任负责人（站长不在车站时，由值班站长担任），组织现场的乘客疏散和灭火工作，并与控制中心保持联络，随时上报火灾变化情况，待应急指挥部人员、公安人员和消防队员到达现场后，负责介绍情况，并听从指挥。

（5）分公司安委会接到报告后立即报告总公司安委会，总公司安委会办公室必须在 2 h 内向市委、市政府报告。

3. 现场人员安排

（1）应急指挥部人员应立即赶赴各自工作地点，总经理在 OCC，副总经理在事故现场。

（2）各相关部门、中心（分部）负责人及有关人员应立即赶赴各自工作地点，同时做好本部门、中心（分部）的人员、工具、备品等的组织安排。

各应急人员所在的具体地点为：

① 控制中心主任在 OCC。

② 客运部负责人在 OCC，副部长在事故现场。

③ 车辆部负责人在 OCC，副部长在事故现场。

④ 车站设备部负责人在 OCC，副部长在事故现场。

⑤ 行车设备部负责人在 OCC，副部长在事故现场。

⑥ 安全稽查部负责人在事故现场。

⑦ 综合部负责人在事故现场。

⑧ 乘务、站务、设施、设备中心（车间）负责人在事故现场。

⑨ 地铁分局派出所领导在事故现场。

4. 应急处理

1）处置原则

反应迅速、报告及时、密切配合、全力以赴、疏散乘客、排除险情、减少损失、尽快恢复运营。

2）处理程序

（1）站厅发生火灾时的处理。

① 值班站长。

a. 向车控室下达紧急疏散指令。

b. 组织人员使用灭火器进行灭火，阻止火势蔓延。

c. 领导客运值班员、售票员、站厅巡检员、公安、保安、驻站工班人员组织站厅乘客往站外疏散，阻止乘客下站台。

d. 确认将站厅乘客全部疏散出站后，报告车控室。

e. 组织并确认全部站台、站厅员工往站外撤离。

f. 火灾扑灭后，组织员工清理现场。

g. 具备开通条件后，恢复运营服务。

② 行车值班员。

a. 接到值班站长下达的紧急疏散指令后，立即向全体员工进行火灾广播，宣布"紧急疏散指令"。

b. 将全站扶梯紧停旋钮打到紧急关闭状态。

c. 关闭广告灯箱电源。

d. 联系环控调度，根据指示在BAS上设置执行相应的排烟模式。

e. 加强与行调联系，及时将火灾变化情况向行调报告。

f. 布置站台安全员组织站台乘客全部上车。

g. 接值班站长汇报站厅乘客已全部离站后报告行调。

h. 接站台安全员汇报站台乘客已全部上车后报告行调。

i. 及时将消防队的灭火情况汇报行调。

j. 从安全方向撤离出站。

k. 火扑灭后进行现场清理，清理完毕后报告行调，并按行调指示恢复运营服务。

③ 行车调度员。

a. 指示车站停止服务。

b. 向全线客车通报火灾情况，要求司机做好客车广播。

c. 接到车站值班员站台乘客已全部上车汇报后，通知后面各次客车一律通过该站。

d. 加强与车站联系，随时掌握乘客疏散、消防灭火情况，做好信息的搜集、上报。

e. 接到车站火灾已扑灭、现场清理完毕报告后，如符合开通条件，则指示恢复运营。

④ 司机。

a. 客车到达该站前，司机做好阻止乘客下车的客车广播。

b. 接行调命令后在该站通过，并做好客车广播。客车到达该站前，司机做好阻止乘客下车的客车广播。

⑤ 客运值班员。

a. 接到紧急疏散指令后，在 SC 上执行命令使所有进出闸机处于自由进出状态，关闭车站的所有 TVM。如设置无效，则通知行车值班员转动车控室操作台上的 AFC 紧急疏散旋钮。

b. 组织售票员、站厅巡检员快速疏散乘客。

c. 乘客疏散完毕后，关闭紧急出入口以外的其他出入口。

d. 从安全方向撤离出站。

e. 得到行车值班员恢复运营的指令后，对 SC 进行设置，开放进出闸机，恢复运营服务工作。

⑥ 售票员。

a. 接到紧急疏散指令后，停止售票，收好票、款。

b. 到出入口张贴暂停服务公告，打开员工通道，将乘客疏散出站，阻止乘客进站。

c. 将站厅全部乘客疏散出站，引导消防队进站灭火。

d. 从安全方向撤离出站。

e. 火灾扑灭后，清理现场，撤除暂停服务公告，恢复服务。

⑦ 站厅巡检员。

a. 接到紧急疏散指令后，引导站厅乘客从未受火灾影响处疏散出站。

b. 使用灭火器进行灭火，控制火势蔓延。

c. 从安全方向撤离出站。

d. 按值班站长指示清理现场，恢复服务。

⑧ 站台安全员。

a. 接到紧急疏散指令后，组织站台乘客上车。

b. 检查确认站台没有遗留乘客后报告车控室。

c. 阻止站厅乘客下站台乘车。

d. 从安全方向撤离到站外或乘车到下一站。

e. 火灾扑灭后，按值班站长指示清理现场，恢复服务。

⑨ 公安/保安/驻站工班人员。

a. 接到紧急疏散指令后，到站厅协助灭火。

b. 组织站厅乘客往站外疏散，阻止乘客下站台。

c. 从安全方向撤离出站。

d. 火灾扑灭后，保安人员按值班站长指示清理现场，恢复服务，公安人员组织调查火灾原因。

（2）站台发生火灾的处理。

① 值班站长。

a. 向车控室下达紧急疏散指令。

b. 组织人员使用灭火器进行灭火，控制火势蔓延。

c. 领导站厅巡检员、站台安全员、公安、保安、驻站工班人员组织站台乘客从未受火灾影响端向站厅疏散。

d. 与站厅巡检员、站台安全员、公安、保安和驻站工班人员确认将站台乘客全部疏散到站厅后，通知车控室。

e. 组织并确认全部站台员工往站厅撤离。

f. 火灾扑灭后，组织员工清理现场。

g. 具备开通条件后，恢复运营服务。

② 行车值班员。

a. 接到值班站长下达的紧急疏散指令后，立即向全体员工进行火灾广播，宣布"紧急疏散指令"。

b. 将全站扶梯紧停旋钮打到紧急关闭。

c. 关闭广告灯箱电源。

d. 联系环控调度，根据指示在 BAS 上设置执行相应的排烟模式。

e. 加强与行调联系，及时将火灾变化情况向行调报告。

f. 接到值班站长通知站台乘客已全部疏散到站厅后报告行调。

g. 接到客运值班员通知将站厅乘客全部疏散出站后报告行调。

h. 及时将消防队的灭火情况汇报行调。

i. 火扑灭后进行现场清理，清理完毕报告行调，并按行调指示恢复运营服务。

③ 行车调度员。

a. 接到火灾报告后，指示车站停止服务。

b. 向全线客车通报火灾情况，要求司机做好客车广播。

c. 根据情况安排客车两端车站扣车或命令客车通过该站。

d. 加强与车站联系，随时掌握乘客疏散、消防灭火情况，做好信息的搜集、上报。

e. 接到车站火灾已扑灭、现场清理完毕的报告后，如符合开通条件，则指示恢复运营。

④ 司机。

接到行调在两端车站扣车或在该站通过的命令后，做好客车广播。

⑤ 客运值班员。

a. 接到紧急疏散指令后，在 SC 上执行命令使所有进出闸机处于自由进出状态，关闭车站的所有 TVM。如设置无效，则通知行车值班员转动车控室操作台上的 AFC 紧急疏散旋钮。

b. 组织好售票员快速疏散乘客，确认将站厅乘客全部疏散出站后，通知车控室。

c. 乘客疏散完毕后，关闭紧急出入口以外的其他出入口。

d. 火灾扑灭后，清理现场。

e. 得到行车值班员恢复运营的指令后，对 SC 进行设置，开放进出闸机，组织售票员恢复服务工作。

⑥ 售票员。

a. 接到紧急疏散指令后，停止售票，收好票、款。

b. 到出入口张贴暂停服务公告，阻止乘客进站乘车。

c. 将站厅全部乘客疏散出站，引导消防队进站灭火。

d. 火灾扑灭后，清理现场。

e. 得到行车值班员恢复运营的指令后，撤除暂停服务公告，恢复服务。

⑦ 站厅巡检员。

a. 接到紧急疏散指令后，迅速到站台指引乘客向站厅疏散出站。

b. 阻止站厅乘客下站台乘车。

c. 使用灭火器进行灭火，控制火势蔓延。

d. 从安全方向撤离到站厅。

e. 按值班站长指示清理现场，恢复服务。

⑧ 站台安全员。

a. 接到紧急疏散指令后，组织引导站台乘客从未受火灾影响一端往站厅疏散。

b. 阻止站厅乘客下站台乘车。

c. 使用灭火器进行灭火，控制火势蔓延。

d. 从安全方向撤离到站厅。

e. 按值班站长指示清理现场，恢复服务。

⑨ 公安/保安/驻站工班人员。

a. 接到紧急疏散指令后，到站台协助灭火。

b. 组织引导站台乘客往站厅疏散。

c. 从安全方向撤离到站厅。

d. 火灾扑灭后，保安人员按值班站长指示清理现场，恢复服务，公安人员组织调查火灾原因。

四、注意事项

（1）所有参加灭火、疏散、救人的人员应穿戴、携带好安全防护用品，加强个人安全防护。

（2）处理好灭火与撤离的关系，乘客疏散后尽快撤离，避免造成人员伤亡。

（3）加强对出入口的控制，只能出，不能进。

（4）开启广播系统通知疏散，要稳定人员情绪，明确提示疏散方向，以免造成疏散秩序混乱。

（5）有大量人员待疏散时，火灾扑救中应尽可能不用二氧化碳、七氟丙烷等有窒息性或毒性大的灭火剂。

（6）车站电缆电线密布，火灾时灭火及救援人员要严防触电事故的发生。

（7）火灾扑灭后，要及时清点人数，检查火场，防止复燃。

五、其他要求

（1）安全稽查部负责定期组织演练。

（2）各部门、中心（分部）根据本预案制定相应级别预案，并定期组织演练。

六、事故、事件台账表

地铁运营分公司的事故、事件台账如表 8-4 所示。

表 8-4 事故、事件台账

序号	事故影响	事故名称	时间	地点	事故原因	事故定性	全部责任	主要责任	次要责任

习题及思考题

一、选择题

（1）列车在隧道内发生火灾时，司机应优先（　　）。
  A. 加速驶离隧道　　　　　　B. 立即停车并启动紧急疏散程序
  C. 关闭车厢照明系统　　　　D. 向乘客发放湿毛巾

（2）车站站台发生火灾时，工作人员应首先（　　）。
  A. 组织乘客通过楼梯疏散　　B. 切断站台电源并启动排烟系统
  C. 使用灭火器尝试扑灭火源　D. 拨打媒体热线通报情况

（3）列车车厢内灭火器的标准配置位置是（　　）。
  A. 座椅下方　　　　　　　　B. 司机驾驶室和每节车厢连接处
  C. 行李架顶部　　　　　　　D. 车门上方

（4）乘客发现列车起火后，正确的第一反应是（　　）。
  A. 大声呼救并按下紧急报警按钮　B. 跳车逃生
  C. 寻找安全锤击碎车窗　　　D. 躲进卫生间等待救援

（5）车站火灾应急广播的播放原则是（　　）。
  A. 仅用中文播放一次　　　　B. 中英文交替循环播放
  C. 仅通知工作人员　　　　　D. 避免引起恐慌，保持静默

（6）列车火灾疏散时，乘客应避免（　　）。
  A. 用湿布捂住口鼻　　　　　B. 贴近地面弯腰前行
  C. 携带大件行李逃生　　　　D. 听从工作人员指挥

（7）车站火灾启动Ⅰ级响应时，应（　　）。
　　A. 仅关闭起火区域　　　　　B. 全线停运并联动消防部门
　　C. 继续运营但降低车速　　　D. 仅疏散付费区乘客
（8）列车紧急开门装置的使用条件是（　　）。
　　A. 任何情况下乘客均可操作　B. 司机授权后由工作人员操作
　　C. 火灾时乘客可自行拉闸　　D. 仅在站台停稳后启用
（9）车站消防栓箱的明显标识颜色是（　　）。
　　A. 黄色　　　　　　　　　　B. 红色
　　C. 绿色　　　　　　　　　　D. 蓝色
（10）火灾导致列车迫停隧道时，疏散方向应（　　）。
　　A. 逆风方向撤离　　　　　　B. 顺风方向撤离
　　C. 原地等待救援　　　　　　D. 随意选择方向

二、判断题

（1）列车火灾时，司机可立即打开所有车门疏散乘客。（　　）
（2）车站火灾中，垂直电梯可作为应急疏散通道使用。（　　）
（3）列车灭火器适用于扑灭电气设备火灾。（　　）
（4）车站火灾确认后，应优先关闭空调系统防止烟雾扩散。（　　）
（5）乘客使用安全锤击碎车窗时，应敲击玻璃四个角。（　　）
（6）列车火灾中，穿行燃烧车厢时应将衣物浸湿。（　　）
（7）车站微型消防站队员须在 3 min 内抵达火场。（　　）
（8）火灾中烟雾上升，疏散时应尽量匍匐前进。（　　）
（9）列车火灾报警后，司机需立即停车并切断车厢电源。（　　）
（10）车站火灾演练应每季度至少开展一次。（　　）

三、简答题

（1）简述火灾事故发生的原因。
（2）简述火灾事故应急处理的原则。
（3）简述列车发生火灾事故时的应急处理。
（4）简述发生火灾事故时停车位置应如何选择。
（5）简述列车在车站时发生火灾的应急处理方法。
（6）简述隧道火灾的类型及发生原因。
（7）简述站厅发生火灾的应急处理程序。
（8）简述站台发生火灾时的应急处理程序。

项目九　供电设备故障应急处理

知识目标

（1）了解城市轨道交通大面积停电的成因、危害和应急处理原则。
（2）了解城市轨道交通接触网故障的应急处理原则。
（3）掌握城市轨道交通大面积停电时的应急处理办法。

能力目标

（1）掌握城市轨道交通供电设备故障的应急处理方法。
（2）能够进行城市轨道交通供电设备故障的应急演练。
（3）掌握城市轨道交通大面积停电、接触网故障时的处理原则和应急措施。

思政目标

通过建立丰富的思政教学资源和设计有效的教学方法将理想信念、社会主义核心价值观、中华优秀传统文化等方面的德育元素有效融入理论课堂教学。

针对列车安全运行的内容，将列车安全运行技术的发展历程与国家综合实力的发展历程、中华民族的辉煌历史相融合，以提升学生的民族自信心。

任务一　正线大面积停电应急处理

任务引入

2020 年 6 月 9 日 8 时 24 分，上海地铁 1 号线部分区段因供电设备故障，徐家汇至莘庄站区段列车限速运行。由于正值早高峰时段，现场客流压力较大，莘庄、莲花路、徐家汇等站已先后采取限流措施。上海地铁提醒乘客们选择其他线路或公交方式，以免耽误行程。

随后，上海地铁官方微博发布消息称，1 号线供电设备故障正在积极抢修中，发车班次间隔延长，延误近 1 h。直到 9 时 12 分，1 号线供电设备故障排除，全线运营正在逐步恢复。

通过上述案例,我们可以看到城市轨道交通运营期间供电一旦出现问题,将严重影响正常运营和乘客的安全出行,此时采取快速有效的应急处理是非常关键的。通过本任务的学习,使学生掌握城市轨道交通供电系统的相关知识及正线大面积停电的应急处理方法。

一、城市轨道交通供电系统概述

城市轨道交通供电系统是城市轨道交通系统的重要组成部分,是城市轨道交通运行的动力基础,是城市轨道交通安全、可靠运行的重要保证。城市轨道交通供电系统不仅为车辆提供牵引用电,还为自动售检票系统、空调设施、自动扶梯、屏蔽门、信号设备、消防设施和各种照明设备提供电能。

(一)城市轨道交通供电系统概念及原理

城市轨道交通供电系统指由电力系统经高压输电网、主变电站(所)降压、配电网络和牵引变电所(站)降压、整流等环节,向城市轨道交通系统输送电力的能源系统。

城市轨道交通电力能源直接取自城市电网,通过城市电网外部供电系统和城市轨道交通供电系统实现输送或变换,最后以适当的电压等级、一定的电流形式供给用电设备。城市轨道交通供电系统归纳起来包括两大部分的内容,一是对沿线牵引变电所输送电力的高可靠性外部供电系统;二是从直流牵引变电所经降压、换流后,提供给车辆的直流牵引供电系统和动力照明供电系统,城市轨道交通供电系统如图9-1所示。

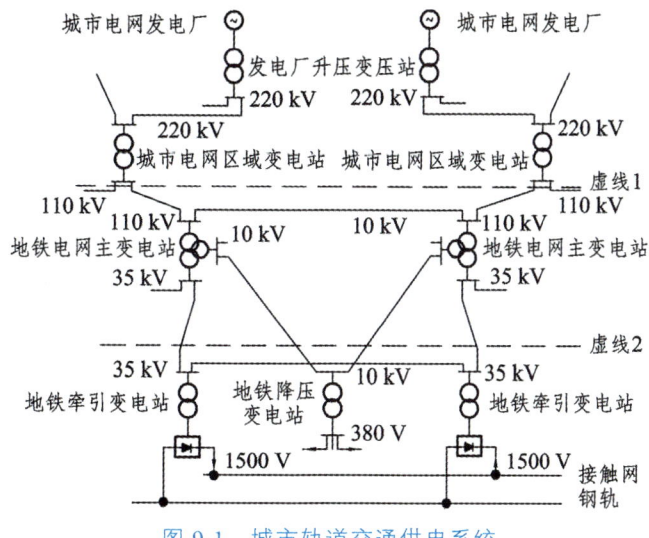

图9-1 城市轨道交通供电系统

牵引供电系统的主要作用是降压、整流和传输电能,是城轨供电系统的核心,包括牵引变电所、接触网、馈电线、走行轨和回流线等,如图9-2所示。牵引变电所将三相高压交流电变成适合列车使用的直流电,馈电线再将牵引变电所的直流电传送到接触网上,电动车辆通过受流器与接触网的直接接触获得电能。

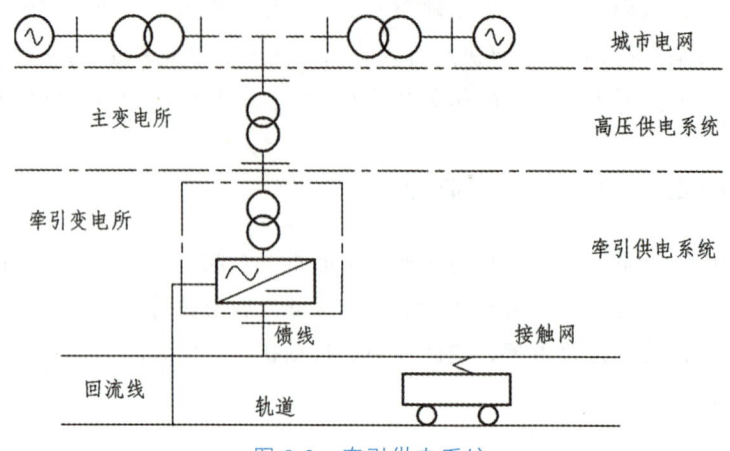

图 9-2 牵引供电系统

(二) 城市轨道交通的供电模式

在城轨供电系统中,根据实际需要,可以分为集中式供电、分散式供电和混合式供电三种。

1. 集中供电模式

在城市轨道交通沿线,根据用电容量和线路长短,建设专用的主变电所。主变电所进线电压一般为 110 kV,经降压后变成 35 kV 或 10 kV,再向牵引变电所与降压变电所供电。主变电所有两路独立的进线电源。

集中式供电有利于城市轨道交通供电形成独立体系,是我国城市轨道交通的主要供电模式,具有便于管理、接线分明、相对独立及形式灵活等特点,供电安全有保障。上海地铁、广州地铁等均采用这种供电模式。

2. 分散供电模式

分散供电模式一般不设置专门的主变电所,而是通过城市轨道交通沿线的城市电网直接为牵引变电所与降压变电所供电,国内一般为 10 kV 电源,如北京地铁和大连轻轨等均采用这种供电模式。

分散供电模式的缺点是对城市电网要求较高,相互影响较大,不便于集中管理和实施综合控制技术(行车调度、环控调度、电力调度等一体化管理);优点则是降低了城轨一次性投资、充分利用电力资源。随着国家电网运行水平的提高,这种方式得到广泛应用。

3. 混合供电模式

此种模式将前两种供电方式结合起来,可充分利用城市电网的资源,节约投资成本,但供电可靠性不如集中式供电,一般以集中式供电为主,分散式供电为辅,个别地段引入城市电网电源作为集中式供电的补充,使供电系统更加完善和可靠。北京地铁一号线和环线、建设中的武汉轨道交通工程、青岛地铁南北线工程等即采用了混合式供电方案。

二、供电系统故障的成因、危害

城市轨道交通大面积停电,通常是指城市轨道交通系统整体或较大范围内电力供应中断,严重影响列车运行及乘客的正常出行。

(一)供电系统故障的成因

1. 外界电网故障

城市轨道交通所在市域的电力网发生故障时,很有可能会造成城市轨道交通大面积停电。

2. 电力设备故障

城市轨道交通电力设备故障包括变电所的变压器故障、整流机组故障、断路器故障、传输电缆故障、接触网(轨)故障、电力 SCADA(数据采集及监控)系统故障等。

3. 其他因素

(1)自然气象灾害会造成电网受损和大范围停电,如雷击、冻雨等。

(2)人为因素,即不法分子刻意破坏城市轨道电力系统的正常运行,如恐怖袭击事件、爆炸、火灾等。

(3)相关的地面施工和其他行为也有可能对电力系统造成破坏。

相关案例

2010年6月17日17时15分左右,南京地铁2号线一列由河西开往仙林的列车,在快进入大行宫地铁站时突然停运静止在轨道上,经查明,停运原因是地铁高压接触网发生故障。事故发生后,南京地铁公司要求列车司机打开应急逃生门,将乘客全部安全疏散到大行宫站站台,事故造成2号线延误达28 min,影响700多名乘客的出行。

(二)城市轨道交通大面积停电的危害

城市轨道交通供电系统属于一级供电负荷,一旦发生故障或供电中断,都会不同程度地影响城轨列车的正常运行、环控和照明等系统的运行,引起城轨交通供电混乱,造成不良社会影响。城轨供电系统故障的危害主要包括以下几个方面的内容。

(1)造成城市轨道交通局部或全线运营中断,影响乘客正常出行,对城市地面交通带来极大压力。由于城市轨道交通以电作为动力,一旦供电中断,列车就将面临运行瘫痪的危险,电客车停止运行并可能停在隧道。如果供电中断造成城市轨道交通停运,乘坐城市轨道交通的这部分客流就必然会在短时间内迅速转向地面交通,这对地面交通将是一个巨大的考验。而由于人数的突然增加,也必然会影响到地面交通的服务质量,造成乘客出行时间的增加和出行效率的降低。

(2)在人员疏散过程中会产生瞬间大客流,容易引起乘客恐慌,可能会造成踩踏、挤压等乘客伤害事件。城市轨道交通在一种相对密闭的环境中运行,在地下区段没有自然采光,仅靠灯光照明。大面积停电之后如果应急照明不能及时启动,乘客将被置于黑暗之中,即便有应急照明可以使用,其照明的广度和亮度也无法与正常照明相比,在这种毫无思想准备的情形之下，会给乘客带来压抑和恐惧。此外，如果大面积停电发生在客流高峰时段，疏散的难度必然加大。

（3）由于供电中断可能造成通信、信号、机电等系统不能正常使用，从而引发次生故障和灾害，如通信受影响，应急指挥、旅客疏导不灵敏；空调、通风设备停止运行，列车、车站环境质量变差；排水不畅引发水淹钢轨，给水中断，消防、生活用水不能保证；发生火灾、治安等事件。在正常情况下，大面积停电后的一些系统诸如通信、信号等应由 UPS 供电，以保证其能够在一段时间内继续使用。然而，一旦停电时间过长或 UPS 本身出现问题，将无法保证这些系统的正常使用，会给城市轨道交通带来潜在的次生影响。如果不能及时应对，也会给乘客疏散、列车调整、应急指挥、故障抢险等工作带来更大的困难，甚至危及乘客和员工的安全。

（4）影响城市轨道交通在公众心目中的形象。在发生大面积停电事件之后，乘客的利益会受到损害，他们对城市轨道交通的认可度也会随之降低。由于事件涉众之广、影响之大，会使城市轨道交通企业的形象受到严重的负面影响，并在短时期内无法消除。

三、正线大面积停电应急处理

（一）正线大面积停电应急处理原则

正线大面积停电是指地铁系统整体或较大范围内电力供应中断，一般是主变电所停电，属于生产运营类突发事件。城轨停电事故具有不可预知性，其影响范围和危害程度都是难以预测的。发生大面积停电时，运营人员必须遵循一定的应急处理原则，以降低事故的影响。处理城市轨道交通大面积停电事故的主要原则如下。

1."安全第一，预防为主，防救结合"原则

发生大面积停电事故时，应以抢救为主，及时去受灾乘客所在地进行救助。另外，鉴于停电事故的未知性较大，可能导致事故的因素也较多，因此必须在平时加强对电力设备的保养、控制和管理的力度，提高设备的安全性和稳定性，同时落实好其他预防和隐患控制的相关措施。

2."先通后复"原则

发生大面积停电事故时，先尽快恢复运营，然后再通知相关部门修复或更换故障设备，以缓解地面交通压力，降低因城轨停运而造成的一系列不良影响。

（二）正线大面积停电时的应急处理方法

按照停电的范围、性质和对城轨运营影响程度的不同，正线大面积停电一般可分为两座 110 kV 主变电所同时停电和一座 110 kV 主变电所停电两类。两座主变电所同时停电时，会导致一条城市轨道交通线路全部停运，严重影响行车和乘客安全；一座主变电所停电时，城市轨道交通的三级负荷必须切除，在一定程度上影响城市轨道交通的行车和乘客服务。

1. 控制中心的应急处理工作

（1）立即启动应急预案，向相关部门通报信息。

（2）电力调度员判断故障原因、调整运行方式，尽快恢复供电且优先恢复折返站交流供电分区的供电。若是地方供电公司原因引起的失电，则加强与地方供电公司调度的联系，配合做好故障处理的有关工作，并做好恢复送电的准备工作。

（3）行车调度员通知失电范围内的车站将站台门置于"常开"位，并将 PSL（安全门控制台）打至"互锁解除"位，通知失电的折返站人工办理列车进/出折返线的进路，要求司机加强列车状态监控，发现网压异常时尽量维持进站，根据列车折返完成情况，控制好行车间隔。

（4）环控调度员加强对 FAS、BAS 监控，确认失电车站的事故照明和导向是否正常开启，确认垂直电梯内是否困人，确认环控设备的故障情况，并为恢复送电做好准备。

（5）信号人员派人赶到折返站配合车站人员确认信号设备情况，为道岔设备恢复正常运用做好准备。

（6）控制中心根据停电的发展情况，做好城市轨道交通部分车站中断运营的准备工作。

2. 车站的应急处理工作

（1）增派工作人员、公安人员到站台，加强维持站台秩序。当站台门打至"常开位"时，及时做好乘客防护工作，防止乘客落入轨行区。

（2）控制进站客流，及时回收单程票并向乘客做好 IC 卡更新等的解释工作，及时更新广播最新的运营信息。

（3）确认车站事故照明和导向工作情况，如有异常应及时汇报设备调度员，并穿上荧光衣，带好应急灯、手提广播，引导乘客出站，如图 9-3 所示。

（4）确认垂直电梯内是否有人，并检查电扶梯是否有乘客跌伤。

（5）加强车站防火巡查和治安保卫工作。

（6）折返站失电时，车站应立刻派人带好无线手持台前往线路，人工办理列车折返进路。

（7）必要时，根据控制中心指令做好关站的准备工作。

图 9-3 工作人员在隧道中疏散乘客

3. 司机的应急处理工作

（1）加强列车运行状态监控和区间线路观察，如区间照明亮度受影响时，可以降低运行速度，在失电车站限速进站，并加强对站台轨行区的观察，确保行车安全。

（2）发现列车网压偏低时，及时通知行车调度员并做好乘客广播宣传工作（在空调季节，将列车空调改为通风状态，以减少列车负荷用电）。

（3）列车快到失电车站停车前要进行人工广播，提醒乘客要按车站工作人员的引导出站。

（4）发现区间有积水情况时，及时通知行车调度员。

（5）在折返站折返时，应确认道岔开通方向是否正确、线路是否出清。

四、地铁大面积停电应急预案

在应对大面积停电时，以"安全第一"为前提，在事故处理过程中坚持"统一指挥、快速反应、各司其职、密切配合"的原则，力争尽快修复故障、恢复正常运营、减少事故造成的影响。

（一）成立应急指挥中心

大面积停电事故发生后，现场负责人要第一时间向控制中心（OCC）报告，同时电力调度员要对停电信息进行确认，之后马上向值班主任报告。控制中心接报后，应立即通知相关专业（电力、通信、信号、机电等）人员，并将停电信息向上级汇报。主管领导接报后，应立即成立应急指挥中心，并安排故障抢修组、行车指挥组、客运组织组、对外联系组、后勤保障组等分别开展行动。事故应急处理组织结构如图9-4所示。

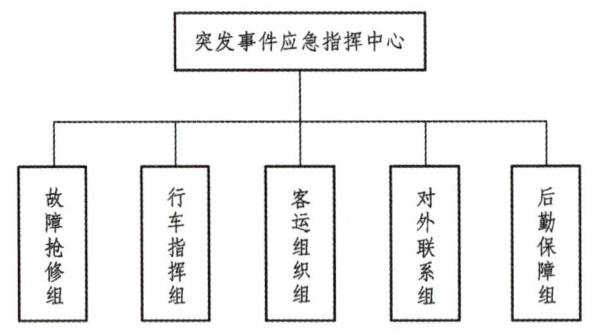

图9-4 事故应急处理组织结构

在应急处理过程中，控制中心（OCC）发挥着极其重要的作用，所有信息的传递、指令的下达、执行情况的回复、事故现场的信息和事态的发展都应实时在控制中心的掌控之下。在事故发生后的第一时间，在进行信息上报的同时，控制中心就应组织进行初步的应急处理工作。待应急指挥中心成立后，控制中心要在应急指挥中心的指导下进行指挥工作，行使事故处理过程中"统一指挥"的职能。

（二）故障抢修

故障要遵循"先通后复"的原则，即先对故障点进行隔离，以保证正常设备的运行，必要时可以采用"单边供电""越区供电"的措施，使电力系统在最短时间内恢复到能够维持正常运营的状态。待当日运营结束之后，再对相关设备进行进一步的检修、更换以及开展事故的分析和调查工作。

1. 成立抢修小组，赶赴事故现场

电力调度员根据监控系统报警情况或相关人员的报告，初步判断事故发生地点、原因，并及时通知电力维修人员。电力维修人员在接到控制中心发出的抢修命令后，应立即集合所有人员组成抢修组，携带必要的抢修器具赶赴事故现场。如果影响范围较大，事故点不止一处时人员应分头行动。

2. 判断事故原因，制定抢修方案

到达事故现场后，抢修人员要全面了解事故的影响范围以及设备的损坏情况，对事故发生的原因作出初步判断，并按照"先通后复"的原则制定抢修方案，向电力调度员报告。

3. 开展抢修工作，随时保持联系

在征得电力调度员同意后，应立即开展抢修工作。在抢修过程中，要注意人身安全，做好安全防范措施，随时与电力调度保持联系，将抢修工作的进展情况及时向电力调度员报告。如果事故范围较大，需要人力或设备、器具支援的，要立即联系、紧急调配。

4. 排除电力故障，撤离事故现场

抢修工作结束后，观察设备运行状况，向电力调度员报告，注销作业手续，并试送电。同时加强对设备的巡视，无人值守变电站必要时可增加值守人员。

（三）行车指挥

事故发生后，行车调度员应立即制定行车调度方案，并报值班主任批准。行车指挥工作要遵循"安全、稳定"的工作原则，不受大面积停电影响的区域要尽可能维持正常运营，保证列车服务。在大面积停电区域，故障抢修、车站工作、电客车司机等岗位的工作人员应密切配合，安全疏散乘客，并及时抢修设备。

在制定行车调整方案时，要综合考虑停电范围、行车间隔、线路情况、车辆状况等不同因素，主要有以下几种措施可供选择。

1. 小交路运行

在不受大面积停电影响的区域，充分利用区间渡线安排列车折返，维持小交路运行。

2. 分段运行

如果大面积停电发生在线路中部区域，可在不受影响的线路两端各自维持小交路运行。

3. 单线双向运行

如果只有一条线路供电受影响,可安排另外一条线路进行单线双向运行。在这种情况下,如果单向线路距离过长,势必会影响列车运行效率。因此,可以分段分别进行单线双向行车,以提高行车效率。

4. 列车跳停

如果列车牵引供电未中断,而车站发生大面积停电,可在相应车站人员疏散完毕后进行闭站,通过此车站的列车不在站台停车。

在行车调整过程中,行车调度员要将列车调整情况及时向车站进行通报,以便于车站妥善安排客运组织工作。

(四) 客运组织

客运组织工作应与行车指挥工作密切配合,把乘客的安全放在第一位,在安全得到保证的前提下,最大限度地提高服务质量水平。另一方面,也要告知乘客列车的运行状况,必要时规劝乘客选择其他交通方式出行。

在地铁发生大面积停电的情况下,车站客运组织工作按照以下几个方面的内容进行。

1. 稳定乘客情绪,引导乘客配合地铁工作人员的指挥有序地进行疏散

当车站动力供电中断影响到乘客的正常出行,或列车牵引供电中断造成停站的列车无法继续运行时,事故发生后的第一时间,车站值班人员和列车司机就应利用广播向乘客发布相关信息,需要进行车站人员的疏散工作。

若车站照明中断,车站工作人员应安抚乘客情绪并寻求乘客配合,同时立即将存放在车站的大功率应急照明灯布置在车站关键部位,以利于乘客的有序疏散。在疏散过程中,要打开所有闸机通道和边门,关闭自动售票机,并及时播放应急广播进行引导。此外,还要在关键点位进行人员布控,包括闸机、楼梯(电扶梯)口和出入口,这些地点都是容易造成乘客拥堵的关键"节点",需要重点加强引导和防范。

此外,对站台两端端头门也应进行控制,防止乘客误入区间。在此过程中,车站人员应联系驻站民警维持好疏散秩序,并重点做好对特殊乘客(老、弱、病、残、幼等)的照顾。在条件允许的情况下,尽可能做好对已购票乘客的票务处理工作,如退票或授权乘客可持票在限定期限内再次乘坐地铁。如果形势紧急,则应以疏散为主。待乘客全部疏散完毕后,对车站进行关闭,并在所有出入口发布闭站公告。

2. 区间人员疏散

当列车牵引供电中断造成列车在区间无法运行并在短时间内无法恢复时,需要对列车上的乘客进行区间疏散。

列车在区间停车后,司机应第一时间与行车调度员联系,确认故障情况,听从行车调度员的指挥。在停车过程中,司机应保证列车通风系统的正常运行,并通过列车广播对乘客进行引导,稳定乘客情绪。此时,行车调度员通知临近车站派人进入区间进行引导。引导人员

在进入区间之前，应按规定穿着荧光背心，携带通信工具及应急照明设备，如果区间有岔线或临时存车线，还应在这些部位安排人员进行防护，以防乘客进入出现误伤，在站台端头也应安排人员进行接应。环调则应负责开启区间照明，启动环控"列车阻塞"模式，对区间进行送风。

当车站接应人员到达故障车停留位置以后，行车调度员下达区间疏散的命令，司机打开距离车站较近一端的列车紧急疏散门进行疏散。乘客由区间进入车站后，再按车站人员疏散程序将乘客疏散出站。

3. 地面交通接驳

如果大面积停电发生在客流高峰时段，影响范围广且短时间内不易恢复时，为及时将地铁乘客转移到目的地，减轻车站压力，应及时启动地面交通接驳方案，联系城市客运管理部门，安排适量的公交车和出租车进行支援。

（五）后勤保障

在故障处理或车站客运组织过程中，如果需要设备、器具以及人员支援，应进行紧急调配，以保证一线人员的需求。在这种情况下，后勤保障工作能否及时到位，很大程度上决定运营恢复时间的长短。

（六）信息发布

事故发生后的信息发布原则为"统一口径、及时沟通"，确保地铁服务热线在第一时间内知晓事故的实情，以便能够正确解答乘客问询，处理乘客投诉。同时，通过电视台和交通广播电台等媒介提示市民改乘其他交通工具，运营恢复后应立即公布运营恢复信息，减少社会不良影响。

（七）恢复运营

在设备故障修复之后，抢修人员应观察设备试运营状况，待确保满足安全运营的条件之后，经应急指挥中心批准，由控制中心向全线各单位发布恢复运营的命令。受事故影响，控制中心需要对列车运行间隔进行人工调整，合理分配列车间隔。此时，所有受影响关闭的车站可重新开站运营，停在区间的列车继续运行至前方车站后载客运行，停在车站的列车可直接载客运行，地铁运营正式恢复正常。

应急演练

城市轨道交通正线大面积停电的应急演练

为了加强相关工作人员在日常地铁运营过程中，应对运营线路出现突发事件的现场处置能力，2017年11月10日晚，长春市轨道交通集团机电维修公司开展应急演练，模拟情景为地铁1号线解放大路主变电所人民广场开关故障跳闸，造成地铁1号线停止运营。

机电维修公司接到故障报警后，迅速启动大面积停电应急响应。各专业人员立即进入现场，供电段迅速判明事故原因和影响范围，组织力量进行抢修，其他各部门分别开展对设备设施进行检查、保障物资、维持现场秩序等工作。待各专业汇报设备状态，确保设备满足送电要求后，演练总指挥下达恢复供电指令，现场恢复到演练前的正常运行状态。本次演练涉及供电、信号、车站照明等9个专业系统，共计百余人参加。

【任务描述】

根据以上案例，请编写相应的应急处理方案，并采用角色扮演法分组进行模拟演练。或者也可以选定地铁某一正线大面积停电事故，编写相应的应急处理方案，并采用角色扮演法分组进行模拟演练。

【任务目标】

（1）掌握城市轨道交通正线大面积停电时的应急处理方法。
（2）培养和提高学生对城市轨道交通正线大面积停电的应急处理能力。

【任务实施】

（1）各小组按涉及的岗位设置OCC值班主任、行车调度员、电客车司机、行车值班员、值班站长、站务员、电力调度员、维修调度员、维修人员。
（2）根据本任务所学内容，编写地铁正线大面积停电的应急处理方案。
（3）每组学生按照所编写的应急方案反复进行演练，逐步完善演练效果。
（4）每组学生依据最终确定的演练方案进行汇报演练。
（5）组间互评和教师点评，指出演练中存在的问题，并加以讨论。要求：信息汇报流程合理、演练步骤符合实际、各岗位处置得当、用语标准、操作设备规范。

【任务自测】

自行上网查询地铁正线大面积停电的案例，并选取其中一个，完成以下任务：
（1）根据此类事故，编写相应的应急处理方案。
（2）分析案例中的应急处理方案，通过对比进一步优化自己编写的应急处理方案。

任务二　牵引变电所故障应急处理

任务引入

2006年12月11日7时55分左右，北京地铁2号线宣武门变电站瞬间过载跳闸，造成长椿街信号系统无法正常使用，导致列车通过能力下降，运营间隔加大，长椿街临近的复兴门等重点站短时间内出现乘客滞留。

由于信号系统无法正常使用，列车运行方式被迫由自动闭塞改为电话闭塞，导致2号线内外环西直门至宣武门早高峰的列车间隔加大，列车最小间隔由原来的3.5 min被迫延长到

8~10 min，由于故障发生时正处于早高峰阶段，客流较大，导致部分车站出现乘客短时滞留的现象。

上述的牵引变电所故障给北京地铁的正常运营和乘客的出行造成严重的影响，其应急处理也不够及时。作为城轨运营人员，应熟练掌握牵引变电所故障的应急处理方法，以降低该类故障对城轨正常运营造成的影响。通过本任务的学习，使学生掌握城轨牵引变电所发生故障时的应急处理方法。

一、牵引变电所故障应急处理的原则

牵引变电所是牵引供电系统的可靠动力，一旦其发生故障，就会迫使行车中断或运输能力下降，直接影响运输生产。为了能在发生事故后尽快处理故障，恢复送电，运营人员应遵循以下原则。

（1）故障处理及设备抢修，要遵循"先通后复"的原则。如果有备用设备，首先考虑投入备用设备，采用简便、易行、正确的方案，沉着、冷静、迅速、果断地进行故障处理和设备抢修，以最快的速度设法先行送电，然后再通知有关部门修复或更换故障设备，恢复正常运行状态。

（2）故障处理及设备抢修，高度集中、统一指挥，由当班值班员或所长任总指挥，其余人员任组员，服从指挥。指挥长在处理事故前应简要向组员说明抢修方案，其余人员如有不同的意见，可当场提出，指挥长可作适当考虑。

（3）做好停电后的设备保护工作。

（4）根据需要，在确保安全的情况下于恢复供电后尽快投入运营。

二、牵引变电所故障应急处理

（一）信息汇报和先期处置

（1）在发现牵引变电所设备发生供电故障时，电客车司机、高压供电巡检人员或车辆检修人员应及时汇报控制中心，并报告相关部门领导及专业工程师，高压供电巡检员应配合电力调度员，采取有效的措施，防止事态的继续扩大。

（2）电力调度员立即联系供电巡检人员或供电值班人员，检查确认故障的情况，改变故障变电所的运行方式，并通知值班主任及其他相关调度。

（3）值班主任协助电力调度员处理故障的情况，协助行车调度员调整行车组织，协助维修调度员处理抢修工作。

（二）应急响应

现场抢修工作由供电中心抢修小组、工程师、供电中心和物资设施部负责人组成，由到达现场的最高级别人员或由领导指定人员担任指挥。客运部负责人负责现场的列车调整和客运组织工作，协调设施系统进行现场故障抢修。现场抢修工作、相关专业的配合以及与控制中心的配合，由现场指挥负责进行协调。

（1）高压供电工班接到维修调度员故障抢修通知后，应做好相关"高压供电故障处理记录"，记录故障发生的时间、地点、故障原因，并立即向上级汇报，及时组织人员抢修，抢修人员应立即做好相关抢修的准备工作。

（2）维修调度员及时安排抢修车辆工具。

（3）抢修工作小组根据抢修通知，及时了解故障设备情况，并携带抢修工具和材料，在抢修车辆到达后，以最快的速度奔赴故障现场，制定故障抢修流程图，规范抢修操作流程，处理过程中要保持信息通畅。

（4）安排人员对变电所的 35 kV，1 500 V 和 400 V 开关设备和变压器进行检查，发现异常情况后立即汇报并组织抢修。

（三）现场救援

（1）直流开关柜母排故障。

电力调度员通过 SCADA 系统（数据采集与监视控制系统）进行相关操作及处理，退出故障牵引所运行，恢复接触网供电。高压供电抢修人员在不影响运营的情况下再对退出的故障设备进行检查处理，按公司技术文件——《高压供电维修规程》进行检修。

（2）框架保护动作故障。

① 发生车辆段牵引降压所 DC 1 500 V 框架保护动作时，会造成所内 DC 1 500 V 系统跳闸。电力调度员判断是否通过正线支援车辆段，恢复接触网供电。高压巡检员及抢修人员在接到故障报告后，必须立即前往故障车辆段变电所确认故障情况。

a. 当确认为电压型框架保护动作时，直接在直流端子柜，按下"复归按钮"。如能复归，立即汇报电力调度员，待电力调度员通过 SCADA 系统进行相关操作及处理。如不能复归，也立即汇报电力调度员。高压供电抢修人员按公司技术文件——《高压供电维修规程》进行设备检修。

b. 当确认为电流型框架保护动作时，立即汇报电力调度员，同时高压供电巡检员、抢修人员对故障所直流系统进行故障检查、处理。检查处理后方可打开负极柜后门，按下柜内 K500（MAS-2）继电器上的红色按钮复位继电器，然后在端子柜侧面板处，按下"复归按钮"，汇报电力调度员。

② 发生正线牵引降压变电所 DC 1 500 V 框架保护动作，会造成相应故障所内开关跳闸，并联跳临所相应馈出开关。变电所值班人员或高压巡检员在接到故障报告后，必须立即赶到故障变电所或被联跳变电所，将被联跳开关打到"切除"位置，再汇报电力调度员，由电力调度员进行相关操作及处理。

a. 当故障变电所确认为电压型框架保护动作时，直接在端子柜按下"复归按钮"；如能复归，立即汇报电力调度员，由电力调度员进行相关操作及处理；如不能复归，也立即汇报电力调度员，高压供电抢修人员按公司技术文件——《高压供电维修规程》进行设备检修。

b. 当故障变电所确认为电流型框架保护动作时，也立即汇报电力调度员，同时高压供电巡检员、抢修人员对故障所直流系统进行故障检查、判断、处理。检查处理后方可打开负极柜后门，按下柜内 K500（MAS-2）继电器上的红色按钮复位继电器，然后在端子柜按下"复归按钮"，汇报电力调度员，由电力调度员进行相关的操作及处理。

（3）当整流变压器、整流器设备发生故障时，电力调度员应进行相关的操作及处理，退出有故障的变压器、整流设备，恢复接触网供电。高压供电抢修人员在不影响运营时再对退出的故障设备进行检查，按公司技术文件——《高压供电维修规程》进行设备检修。

（4）当 DC 220 V 控制电源失电而引起开关跳闸时，电力调度员应进行相关的操作及处理，退出牵引所故障回路运行，恢复接触网供电。高压供电抢修人员在不影响运营的情况下，对低压直流电源系统进行设备检修。

（5）当直流开关本体发生故障而跳闸时，电力调度员应根据故障后接触网的供电情况，判断是否采取越区供电等方式进行相关的操作及处理，恢复接触网供电。高压供电抢修人员根据实际情况对退出的故障设备进行检查，按地铁《高压供电维修规程》进行直流开关的检修。

（四）应急终止

经现场抢修救援后，地铁具备正常的运营条件，由现场负责人向 OCC 汇报，由 OCC 发布应急终止命令。

故障抢修流程如图 9-5 所示。

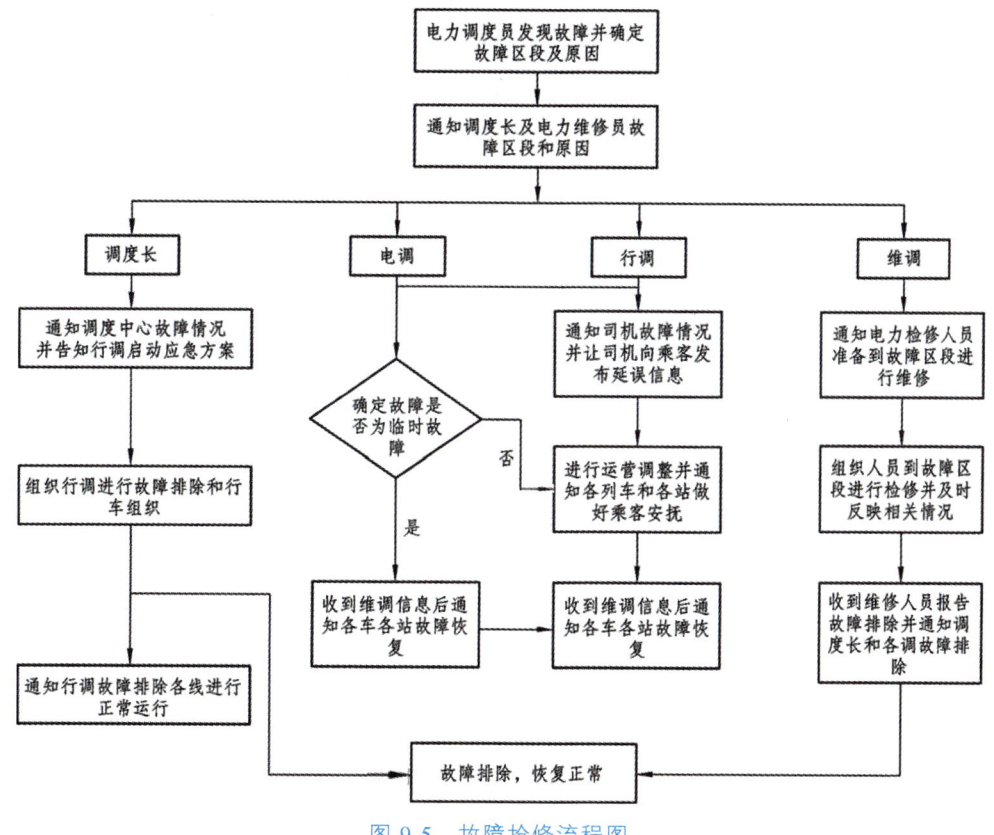

图 9-5　故障抢修流程图

演练实例

为检验呼和浩特地铁 2 号线供电系统在出现故障情况下运营人员、设备、规章的总体协调和应对能力，2020 年 9 月 16 日 10 时，地铁运营公司组织开展了地铁 2 号线主变电所支援供电应急演练，调度、供电、机电、站务、车辆、乘务、通信、信号、AFC 等专业共计 300 余人参加了此次演练。

演练场景

演练模拟情景：2 号线正常运营期间因外电源突发故障导致下新营主变电所失电退出，公司应急指挥部接报后，立即启动"大面积停电应急预案"，下令控制中心（OCC）电调切换 35 kV 环网运行方式工作，由水上公园主所支援下新营主所供电，组织恢复正常的运营生产。

公司各专业抢险组在接到命令后第一时间赶赴 2 号线各车站、变电所、停车场开展设备巡查监视、故障恢复、负荷转移、用电保护等工作，各车站工作人员在正常照明熄灭后开展客运组织工作；控制中心（OCC）电调远程控制进行倒闸作业，行调制定行车调度方案，与车站、变电所、电客车司机等其他岗位的工作人员密切配合，维持正常运营，保证设备及时修复，车站有序组织乘客乘车及安全疏散。

整个演练的过程中各单位通力合作、配合有条不紊、应对沉着冷静、演练过程规范有序。经过 40 分钟紧张的抢险救援处置，全线供电恢复正常状态，如图 9-6 所示。

图 9-6　演练现场

通过演练，进一步提升了各部门之间的协调应对能力，地铁运营公司将认真总结本次应急演练经验，全面完善应急预案，持续强化与地方供电部门的协调联动，不断提高供电故障应急处置能力，为乘客提供安全优质的出行服务。

三、实战演练

【任务目标】

（1）使学生掌握城市轨道交通牵引变电所故障的应急处理方法。

（2）培养和提高学生对城市轨道交通牵引变电所故障的应急处理能力。

【任务实施】

（1）各小组按涉及的岗位设置OCC值班主任、行车调度员、电客车司机、行车值班员、值班站长、站务员、电力调度员、维修调度员、维修人员。

（2）根据本任务所学内容，编写牵引变电所故障的应急处理方案。

（3）每组学员按照所编写的应急方案反复进行演练，逐步完善演练效果。

（4）每组学员依据最终确定的演练方案，进行汇报演练。

（5）教师对各小组的汇报演练进行评估，指出演练中存在的问题，并加以讨论。其中，评估标准主要包括编写思路是否清晰，内容是否完整，是否具有可操作性，汇报话语是否流畅，是否表达清晰、准确和得体。

【任务自测】

自行上网查询城轨牵引变电所故障的案例，选取其中一个案例，完成以下任务：

（1）根据此类事故，编写相应的应急处理方案。

（2）分析案例中的应急处理方案，通过对比进一步优化自己编写的应急处理方案。

2014年3月6日10时20分，哈尔滨地铁1号线因供电出现故障，临时停运2 h 15 min。故障发生后，哈尔滨供电公司立即组织供电相关部门和专业技术人员沿线进行排查和抢修。为确保乘客安全，地铁全线正在运营的车辆全部在临近车站暂时停止运营，停车待命。车站站务人员、保安人员和公安干警在沿线车站内执勤巡查，维护车站秩序，并向乘客做好宣传解释和疏导工作，引导乘客转乘其他交通工具。

初步排查，故障的原因为牵引变电所35 kV电缆发生故障。经过全力排除，12时36分，地铁1号线全线恢复运营。

【任务描述】

根据以上案例，请编写相应的应急处理方案，并采用角色扮演法分组进行模拟演练。或者也可以选定地铁某一牵引变电所故障，编写相应的应急处理方案，并采用角色扮演法分组进行模拟演练。

任务三　接触网故障应急处理

任务引入

（1）2013年9月8日20时13分，杭州地铁1号线近江站至江陵路站区间接触网可断开绝缘装置局部发生松脱，导致区间供电故障，造成经过该区间的一列列车无法动车。杭港地铁立即启动应急预案，一方面组织维修人员前往排查故障，同时开始有组织地引导受影响列车乘客就地疏散，撤往江陵路站。另一方面，开始调整地铁运营交路，保障全线其他区域维持运行。

本次故障造成延误 48 min 后全线恢复运营，25 辆列车受影响。经初步调查，故障原因为隧道潮湿导致接触网可断开装置腐蚀。

（2）2020 年 7 月 28 日 5 时 56 分，上海地铁 1 号线因接触网故障导致短路失电，莘庄至上海火车站区段列车限速运行，发车班次间隔延长。

维修一次后恢复供电，但在漕宝路至上海体育馆站区间，一辆列车在距离漕宝路站约 200 m 的地方再度停车。为保证安全，地铁运营方通过列车应急疏散门疏散了停在地铁隧道内列车上的 315 名乘客。

上海市交通委指挥中心先后四批次共调集 110 辆公交车，前往地铁 1 号线莘庄站至徐家汇站区段，执行公交配套接驳任务，共疏运乘客 1 万余人次。其间，上海市公安局增派 300 余名警力，会同闵行区、徐汇区政府加强道路管控与站点秩序维护，并临时征用过路大客车配合疏解站点积压人流。至 9 时 30 分，公交短驳线路撤销，1 号线莘庄站至徐家汇站区段的客流秩序趋于平稳。

虽然杭州和上海地铁在接触网发生故障后进行了应急处理，但事故仍然对城轨的正常运营造成了严重的影响。由此可见，分析事故原因并进行有效预防对避免或减少接触网故障是非常重要的。通过本任务的学习，使学生了解城轨牵引供电分区接触网等发生故障的原因、预防措施及其应急处理方法。

一、接触网概述

（一）接触网定义

接触网是电气化轨道交通所特有的、沿路轨架设的、为电动车组提供电能的特殊供电线路，是电气化轨道交通牵引供电系统的重要组成部分，如图 9-7 所示。通过电动车组的受电弓（靴）和接触网的滑动接触，电能由接触网传入电动车组，驱动牵引电动机带动列车运行。

图 9-7　城市轨道接触网

（二）接触网的要求

（1）因工作中无备用网，要求接触网强度高，对地绝缘好、安全可靠。

（2）因采用与受流器摩擦接触的受流方式，要求接触网具有良好的稳定性、耐磨性和抗腐蚀能力。

（3）因接触网维修是利用行车中的间隔进行的，故要求接触网结构应尽量简单，以便于施工、维护和抢修。

（4）接触网在各种气候条件下均能受流良好，在气候变化时，能保证高度、弹性与稳定性变化量达到最小。

（5）因接触网部件更换困难，因此要求接触网性能好、使用寿命长。

二、牵引供电分区停电的成因及改进措施

按故障点位置不同，牵引供电分区停电故障可分为室内设备故障和室外设备故障。室内设备故障在调度员判断准确、运行方式调整果断的情况下对正线行车的影响是可以控制的。而由于室外设备的唯一性，大多需要维修人员现场抢修后才能排除，对运营工作的影响较大。

根据对运营秩序影响程度和故障维修方法的不同，牵引供电分区停电故障可分为接触网类故障和弓网类故障。造成供电分区接触网类和弓网类故障的原因很多，主要包括以下几个方面的内容。

（一）设计缺陷

接触网设计是质量的前提保障。设计的缺陷，往往会造成接触网出现"硬伤"，形成难以消除的隐患，随着不良状态的持续积累，在一定条件下可能形成弓网故障。

小知识

弓网故障是指列车在正线运行时，因受电弓或接触网异常，导致接触网掉落，与受电弓挂碰，导致列车无法运行。

分段绝缘器的位置设置不当，极易与受电弓发生碰撞，引起弓网故障；定位器在城市风口地段由于选型不当，很容易造成接触线脱弓；隧道内零件的材质选择不当，处在锈蚀和振动的双重作用下，仅从外观难以检查出异常，长时间的疲劳运转则很容易引起弓网故障。

（二）零部件质量

接触网零部件作为接触网的主体，其生产制造质量直接影响甚至决定了接触网的运行质量和安全。若接触网零部件质量不满足要求，将为弓网的使用留下隐患。

（三）施工质量

接触网工程较为复杂，由数量极大、型号复杂、性能要求各异的零部件和设备组成。零部件进场验收不到位，性能不良的零部件安装上网，各种螺栓、紧固件未能严格按技术要求紧固，同时受现场施工人员技术水平和责任心、施工环境、施工机具等因素的影响，施工中稍有偏差就会留下质量隐患。

(四)外部环境

外物侵入接触网(如异物落在接触网上),会造成接触网状态参数改变,受电弓通过时会引发打弓故障。而大风等极端天气下造成的塌方和支柱倾斜,会导致接触网稳定性降低,较易引发弓网故障。

相关案例

2018年7月26日12时40分,上海地铁1号线突发供电设备故障,莘庄至上海南站区段的列车限速运行,故障发生后,地铁方及时启动了应急预案,立即组织供电专业抢修人员快速赶赴现场开展检修工作。同时,调度部门也马上调整了列车运行方式:1号线临时调整为富锦路站至上海南站站小交路运行,上海南站站至莘庄站单线双向运行,确保运营不中断。另外,莘庄站至上海南站站区段还启动了地面公交应急短驳预案。

为确保大客流通行安全,1号线莘庄站还采取了限流措施。同时,莘庄站、外环路站、莲花路站等站点先后启动了"四长联动"应急处置机制,联合轨道交通公安警长、属地派出所所长、属地街镇长做好现场客流的疏导工作。

经过紧张的现场抢修,14时22分左右,1号线供电故障被排除,受影响区段的运营逐步恢复正常。经过专业部门排查,是因为雷电击中供电设备,导致的莲花路往外环路接触网上的"下锚绝缘子"断裂,造成莲花路往莘庄方向的接触网失电。

为了进一步提高地铁的运行质量,防止牵引供电系统故障的发生,针对以上供电故障的成因,需采取一定的改进措施,如表9-1所示。

表9-1 不同故障对应的改进措施

改进方面	改进措施
设计	(1)设计人员进行设计时,不仅要按照设计规范,还需结合地铁的特点,切实保证接触网的高质量、高安全性。 (2)在满足接触网零部件紧固的前提下,尽量采用通用和便于安装、拆卸的接触网零部件,以满足维修和抢险的需要
产品质量	(1)生产厂家应严格按照标准进行生产、安装和调试,加强零部件的检验程序和对不合格品的管理。 (2)受电弓厂家应增加受电弓限位保险装置,保证在受电弓限位装置失灵的情况下,起到二次保护的作用,提高安全系数
运营管理	(1)地铁运营管理部门应提高运行管理和检修人员的业务能力,把检修维护工作放在提高供电设备的质量上。 (2)事故抢修时,一定要落实"先通后复"的原则,尽量采用便于运输的车梯,一旦出现情况,在最短时间内形成作业面。在进行事故处理时,在满足运行的前提下尽量利用夜间天窗进行修复

三、接触网类故障应急处理

接触网设备故障一般表现为绝缘瓷瓶破损、雷击造成设备损坏、受电弓和接触网接触后出现摩擦损坏、异物缠绕在接触网上等。在故障抢修过程中需要供电、抢修及行车专业的人员相互协调，配合作业，这对调度员在设备抢修过程中的组织协调能力和调度指挥水平提出了很高的要求。

（一）控制中心

（1）电力调度员接报后，及时通知供电人员及其他相关人员确认接触网故障的位置及影响范围，维修调度员根据规定组织抢修并发布抢修令。

（2）如接触网未失电，行车调度员根据现场情况调整列车运行，必要时限速通过或扣停列车。若接触网已失电，行车调度员向司机、车站了解相关信息并提供给电力调度员，电力调度员根据综合监控报文及相关信息决定是否提出试送电要求。行调根据停电区域和停电处置时间做好列车小交路运行组织，对于造成列车区间停车的情况，根据相关规定在必要时组织区间疏散。同时根据列车区间停车情况组织好隧道通风。

（3）OCC对现场人员提出必须立刻停电并给予配合的指令，电力调度员确认停电区段内的断路器、隔离开关已分闸，向现场抢修人员发布抢修作业令。

（4）抢修完毕后，电力调度员根据行调命令，在确认相关人员已出清后，接触网具备送电条件后对失电区域组织接触网送电。

（二）司　机

（1）若发现接触网异常，或听见有异常声音应立即将故障地点、类型和是否影响行车等情况汇报行车调度员。

（2）根据行调命令行车，列车无网压时，应尽量惰行进站。

（3）列车在区间停车时，司机要按规定利用列车广播安抚乘客，并通过CCTV密切关注乘客的情况。

（三）车　站

（1）做好列车延误的广播和乘客服务工作，加强与地铁公安的协调合作。

（2）加强对车站设备的巡视，若发现接触网异常，或听见有异常声音时应及时通知行车调度员，并提供故障信息。

（3）根据行车调度员的通知内容做好区间疏散的工作。

（4）电力中心。

① 电力调度员接报后立即通过电力电控系统确认故障区域电力设备的运行状态，并通知值班员前往事发地确认接触网的故障情况，开展故障排查。

② 根据现场情况判断是否具备行车条件并汇报OCC。

③ 接到维修调度员抢修令后，根据故障信息组织备品、备件、人员、工器具、车辆赶赴现场开展设备抢修工作。

④ 根据现场设备情况，制定抢修方案并报OCC审核执行。

⑤ 根据电力调度员命令，完成抢修工作。接触网类故障应急处理程序如图9-8所示。

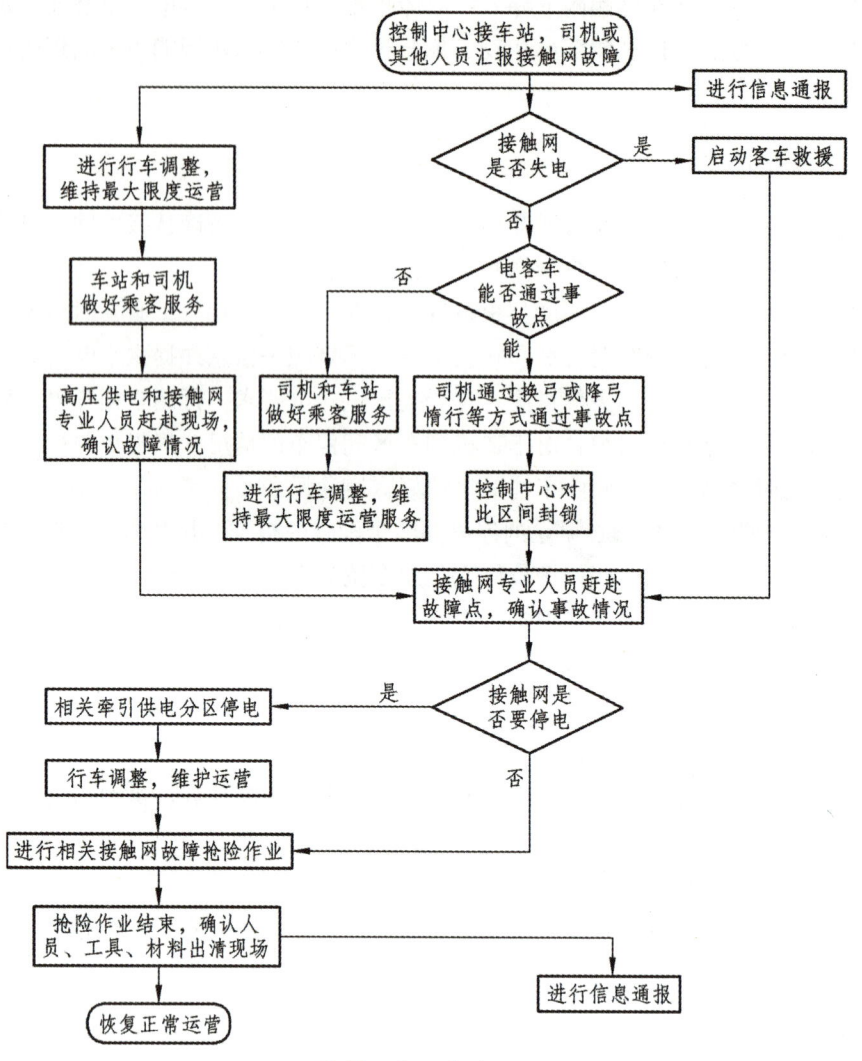

图 9-8　接触网类故障应急处理程序

演练实例

城市轨道交通接触网类供电系统故障的应急演练

2015 年 8 月 26 日 14 时许，演练正式开始，大连北站地铁站突然停电，列车停驶，中华广场站主变电所内警铃立即响起，抢修人员立即赶赴故障现场检查故障设备，在短短四五分钟内便迅速排除了问题。

车站发生供电故障全面断电后，主变电所内抢修人员第一时间赶到开关室内，发现为大连北站地铁站供电的两个 35 kV 开关柜均显示供电异常，已经跳闸断电。此时，大连北站地铁站内灯光昏暗，主电源已停止运行，车站内立即启动了应急电源，并组织乘客进行疏散。在中华广场主变电所内，抢修人员打开开关柜排查故障原因，在 5 min 内排除了问题，并通知控制中心向车站恢复送电，当仪器显示供电正常后，故障宣告解决。

2012年7月23日，沈阳地铁1号线保工街站因接触网架空地线出现故障，导致整个地铁1号线瘫痪。故障发生后，沈阳地铁运营分公司立即启动应急预案，组织技术人员紧急赶赴现场抢修处理，同时调整行车组织方式，最大限度地保证运营服务。

经现场人员紧急抢修，故障于 1 h 20 min 后处理完毕，运营逐步恢复正常。在此期间，1号线全线列车出现不同程度的晚点。

【任务描述】

根据以上案例，请编写相应的应急处理方案，并采用角色扮演法分组进行模拟演练。或者也可以选定地铁某一接触网类故障，编写相应的应急处理方案，并采用角色扮演法分组进行模拟演练。

【任务目标】

（1）掌握城市轨道交通接触网类故障的应急处理方法。

（2）培养和提高学生对城市轨道交通接触网类故障的应急处理能力。

【任务实施】

（1）学员可按7人为一组的形式进行分组，分别担任司机、行车值班员、电力调度员、维修调度员、维修人员、行车调度员和值班主任。

（2）根据本任务所学内容，编写城轨接触网类故障的应急处理方案。

（3）每组学员按照所编写的应急方案反复进行演练，逐步完善演练效果。

（4）每组学员依据最终确定的演练方案，进行汇报演练。

（5）教师对各小组的汇报演练进行评估，指出演练中存在的问题，并加以讨论。其中，评估标准主要包括编写思路是否清晰，内容是否完整，是否具有可操作性，汇报话语是否流畅，是否表达清晰、准确和得体。

【任务自测】

自行上网查询城轨接触网类故障的案例，选取其中一个，完成以下任务：

（1）根据此类事故，编写相应的应急处理方案。

（2）分析案例中的应急处理方案，通过对比进一步优化自己编写的应急处理方案。

四、实战演练

【任务描述】

根据以下案例，请编写相应的应急处理方案，并采用角色扮演法分组进行模拟演练。或者也可以选定地铁某一弓网类故障，编写相应的应急处理方案，并采用角色扮演法分组进行模拟演练。

【任务目标】

（1）掌握城市轨道交通弓网类故障的应急处理方法。

（2）培养和提高学生对城市轨道交通弓网类故障的应急处理能力。

【任务实施】

（1）学员可按 7 人为一组的形式进行分组，分别担任司机、行车值班员、电力调度员、维修调度员、维修人员、行车调度员和值班主任。

（2）根据本任务所学内容，编写城轨弓网类故障的应急处理方案。

（3）每组学员按照所编写的应急方案反复进行演练，逐步完善演练效果。

（4）每组学员依据最终确定的演练方案进行汇报演练。

（5）教师对各小组的汇报演练进行评估，指出演练中存在的问题，并加以讨论。其中，评估标准主要包括编写思路是否清晰，内容是否完整，是否具有可操作性，汇报话语是否流畅，是否表达清晰、准确和得体。

【任务自测】

自行上网查询城轨弓网类故障的案例，选取其中一个案例，完成以下任务：

（1）根据此类事故，编写相应的应急处理方案。

（2）分析案例中的应急处理方案，通过对比进一步优化自己编写的应急处理方案。

南京地铁 1 号线红山往迈皋桥区段早晨突发失电故障

2014 年 8 月 23 日 6 时 3 分，南京地铁 1 号线一列驶至迈皋桥站的列车突然无牵引力，列车显示电压为 0 V，发生接触网失电故障。南京地铁运营公司总调中心立即启动接触网故障应急预案。一方面调整行车组织，不间断行车，在失电区段另一侧（迈皋桥至红山站）采取单线双向载客运行，而药科大学开往迈皋桥的各次列车运行至红山站后清客，经南京站渡线至南京站另一侧载客，以尽快疏导南京站客流。另一方面，供电等相关专业人员迅速赶赴现场，查找原因，紧急抢修。7 时 33 分，故障排除，失电区域送电成功，运营秩序逐步恢复正常。经地铁供电专业人员初步分析，失电原因是红山站一供电隔离开关突发故障，具体原因待当天运营结束后进一步查找。

故障发生后，南京地铁及时做好现场的乘客服务工作，通过南京地铁微博及全线车站、列车广播及时告知设备故障，提醒乘客换乘。尽管故障导致行车间隔有所延长，但运营没有中断，且是周六休息日的缘故，未对乘客出行造成较大影响。另根据少数乘客需要，在现场为乘客办理退票、进行 IC 卡更新和发放致歉信。对于失电故障给市民造成的出行影响，南京地铁运营公司深表歉意。

预案实例

接触网（轨）附近有异物的应急预案

一、适用范围

本预案适用于地铁接触网（轨）有异物时的应急处理，规定了在接触网（含馈线、承力索等）、支柱、接触轨上挂有气球、胶袋、编织袋等异物，或附近有上述异物侵入限界时的处理原则和程序。

二、处理原则

（1）发现接触网（轨）附近有异物，在保证安全的前提下，按照规定的程序处理，同时各岗位根据现场情况灵活、迅速地清除异物，减少对行车的影响和造成的损失。

（2）电客车在区间运行过程中，发现接触轨附近有异物，原则上以司机处理为主。例如，高架线路上有小型漂浮物（如塑料薄膜、纸张等非金属物品），经现场确认不影响行车安全的，列车可限速通过，待列车通过后再根据现场情况处理。

（3）发现接触网（轨）附近有异物后，立即报告OCC、车站，报告语言应简明、扼要、规范。原则上以车站处理为主、专业人员处理优先，即由车站组织进行现场处理，供电专业人员到达现场后负责处理异物。在事故处理主任的指挥下，机电专业人员协助车站处理异物。

（4）专业人员接报接触网（轨）有异物后，做好抢修抢险的准备，如现场人员无法处理，迅速组织开展抢修抢险工作。供电专业人员接报后，必须马上赶赴现场处理。

（5）在高架或地面线路处理异物时，如遇有雷电，立即停止处理并做好防护措施，待雷电过后再处理。

（6）如接触网（轨）附近有异物，应使用绝缘工具将其拨到尽可能远离接触网（轨）的地方，然后再处理。

（7）如发生列车越过或部分越过接触网（轨）上的异物的情况，则OCC应通知DCC，在列车回库后，对受电弓（集电靴）进行检查。

（8）相关岗位人员应进行必要的接触网（轨）作业安全事项、绝缘工具使用时的安全注意事项等培训。

三、应急处理

（一）车站区域接触网（轨）附近有异物的应急处理程序

1. 车站的处理

（1）如车站发现接触网（轨）附近有异物，行车值班员立即将异物的准确位置报告值班站长和行调。

（2）值班站长马上赶赴现场，担任事故处理主任并通知车站相关专业人员到现场协助处理。

（3）事故处理主任根据以下情况进行处理。

① 若列车在站台停车，且异物不影响列车运行的，待本列车出清站台后再处理。

② 若列车在站台停车，且异物影响列车运行的（如在前方进路上或列车顶上等），通知司机停车待令，处理异物；若在列车顶上无法处理的，通知司机限速 5 km/h 动车（必要时降单弓），之后进行处理。

③ 若列车尚未进站的，立即按压紧急停车按钮或采取其他措施，阻止列车进入站台。

（4）事故处理主任到达现场后，若发现异物与接触网（轨）没有缠在一起，按以下程序处理。

① 报告 OCC 异物的状况。

② 确认已按压紧急停车按钮或采取其他措施，阻止后续列车进入站台。

③ 穿戴防护用品（绝缘靴、绝缘手套、荧光衣等）后，使用专用绝缘工具将其拨到尽可能远离接触网（轨）处，然后再取走。

④ 若专业人员在现场，在事故处理主任的指挥下，由专业人员负责将异物取走。

⑤ 在取走异物、确认线路出清、恢复紧急停车按钮后，报告行调，恢复运营。

（5）事故处理主任到达现场后，若发现异物与接触网（轨）缠在一起，按以下程序处理。

① 如果使用专用绝缘工具能够将异物拨离接触网（轨）的，按上述步骤（4）处理。

② 如果使用专用绝缘工具不能将异物拨离接触网（轨）的，按以下程序处理。

a. 报告 OCC，申请接触网（轨）停电（不挂地线）。

b. 在停电并穿戴防护用品（绝缘靴、绝缘手套、荧光衣等）后，使用专用绝缘工具将其取走。

c. 若专业人员在现场的，在事故处理主任的指挥下，由专业人员将异物取走。

d. 在取走异物、确认线路出清、恢复紧急停车按钮后，报告 OCC，恢复运营。

③ 如果采取上述措施后还不能取走异物，报告 OCC，申请停电挂地线处理。OCC 通知车站和相关专业人员，做好抢修抢险的准备。

2. 司机的处理

列车进站时，若司机发现前方进路上接触网（轨）有异物，要马上采取措施减速停车。

（1）若列车停在异物前，报告行调和车站，听从行调或事故处理主任的指挥。

（2）若列车部分越过异物（判断前端受电弓或集电靴已越过异物），且网压显示正常，限速 5 km/h 对标停车并注意听有无异响。停车后，听从事故处理主任和行调的指挥。

（3）若列车已越过异物，网压显示不正常或有其他异常情况，停车后听从事故处理主任和行调的指挥。

3. 控制中心的处理

（1）行调接报后，马上扣停后续列车，通知值班站长赶赴现场并担任事故处理主任。

（2）行调将接触网（轨）有异物的情况通知车站或后续列车司机，监控好列车运行。

（3）需停电处理时，行调通知电调停电。

（4）电调做好相关区域停、送电工作，指挥和协助现场处理，提供技术支持。

（5）通知就近专业人员赶赴现场，了解事发车站相关信息，加强与相关专业人员的沟通。

（6）专业人员到达现场后负责处理异物，并听从事故处理主任的指挥。

（7）环调做好相关区域的环控系统监控、调度工作。

（二）区间接触网附近有异物时的应急处理程序

1. 司机的处理

（1）若发现区间接触网附近有异物，则立即停车，并报告行调。

（2）若列车停在异物前，司机确认异物的状况（位置、初步影响），并报告行调。

（3）若列车部分越过异物（判断前端受电弓已越过异物），且网压显示正常，降下后端的受电弓，限速 5 km/h 通过，并密切监控列车状态（尤其是网压变化情况）。

（4）若列车已越过异物，网压显示不正常或有其他异常情况，马上停车，并听从事故处理主任或行调的指挥。

（5）若异物与接触网有足够的安全距离（700 mm 以上），司机可以先行处理。

2. 控制中心的处理

（1）行调接到接触网附近有异物的报告后，马上扣停后续列车。

（2）若列车能在异物前停车，行调根据司机对异物状况的确认信息按以下程序处理。

① 若异物与接触网缠在一起，则通知司机待令，并指示值班站长担任事故处理主任，组织站务、供电或机电人员前往事发地处理。

② 若异物与接触网没有缠在一起，且异物明显为非金属材料，则指示司机限速 5 km/h 通过。

③ 若异物与接触网没有缠在一起，异物明显为金属材料且侵入了限界内，通知司机待令，并指示值班站长担任事故处理主任，组织站务、供电或机电人员前往事发地处理。

④ 若异物与接触网有足够的安全距离（700 mm 以上），可通知司机先行处理。

⑤ 若列车能够降弓通过，组织列车以前端或后端的受电弓限速 5 km/h 通过。

（3）若列车部分越过异物（判断前端受电弓已越过异物），且网压显示正常，行调通知司机，降下后端的受电弓，限速 5 km/h 通过，并密切监控列车状态。OCC 组织相关专业人员到现场进行确认和处理。

（4）若列车已越过异物，网压显示不正常或有其他异常情况，行调通知司机降弓、停车待令，通知车站和专业人员做好抢修抢险准备。

（5）行调将该区间接触网有异物的情况通知车站或后续列车司机，监控好列车运行。

（6）需停电处理时，行调通知电调停电。电调按现场要求做好相关区域停、送电工作。

（7）通知就近专业人员赶赴现场，了解事发车站相关信息，加强与相关专业人员的沟通。

（8）环调做好相关区域的环控系统监控、调度工作。

3. 车站的处理

（1）车站接到行调的通知后，采取防护措施（穿荧光衣等）并迅速组织供电、机电人员赶往事故现场。

（2）值班站长马上赶赴现场、担任事故处理主任，并通知车站供电或机电人员到现场处理。

（3）事故处理主任到达现场后，确认现场状况，并按以下程序处理。

① 若发现异物与接触网没有缠在一起，按以下程序处理。

a. 报告行调异物的状况。

b. 使用专用绝缘工具将其拨到尽可能远离接触网处，然后再取走。

c. 若供电或机电专业人员在现场，在事故处理主任的指挥下，由专业人员将异物取走。

d. 取走异物，确认线路出清后，报告行调，恢复运营。

② 若发现异物与接触网缠在一起，按以下程序处理。

a. 报告行调，申请接触网停电（不挂地线）。

b. 停电后，使用专用绝缘工具将其取走。

c. 若供电或机电专业人员在现场，则在事故处理主任的指挥下，由专业人员将异物取走。

d. 在取走异物、确认线路出清后，报告行调，恢复运营。

③ 如果采取上述措施后仍不能取走异物，报告行调，申请停电挂地线处理。

④ 若需要进行抢险抢修，则协助相关部门进行抢险抢修工作。

（4）专业人员到达现场后，由专业人员负责处理异物，并听从事故处理主任的指挥。

（三）区间接触轨附近有异物的应急处理程序

1. 司机的处理

（1）若司机发现区间接触轨附近有异物，应立即停车，并报告行调。

（2）若列车能在异物前停车，则由司机确认异物的状况，并报告行调。

① 如果异物与接触轨没有缠在一起，则按下列程序处理。

a. 穿戴防护用品（绝缘靴、绝缘手套等）后，使用绝缘工具将其拨到尽可能远离接触轨处，然后再取走。

b. 在确认线路出清后，报告行调，并按行调指示动车。

② 如果异物与接触轨缠在一起，则按下列程序处理。

a. 如果使用专用绝缘工具可以将异物拨离接触轨，按上述步骤①处理。

b. 如果使用专用绝缘工具不能将异物拨离接触轨，按下列程序处理。

（3）报告行调，申请接触轨停电（不挂地线）。

（4）停电后，穿戴防护用品（绝缘靴、绝缘手套等）后，使用专用绝缘工具将其取走。

（5）在确认线路出清后，报告行调，按行调的指示动车。

（6）若采取上述措施仍不能将异物取走，则报告行调，并听从行调或事故处理主任的指挥。

（7）若列车部分越过异物（判断前端集电靴已越过异物），且网压显示正常，则降下后端的集电靴，限速 5 km/h 通过，并密切监控列车状态（尤其是网压变化情况）。

（8）若列车已越过异物，网压显示不正常或有其他异常情况，则停车确认现场情况并报告行调，听从行调或事故处理主任的指挥。

2. 控制中心的处理

（1）行调接到接触轨附近有异物的报告后，马上扣停后续列车。

（2）若列车能在异物前停车，行调通知司机自行处理，并提醒司机做好防护措施。

（3）如果异物缠住接触轨需停电处理时，行调通知电调停电。

（4）若列车不能在异物前停车（判断前端集电靴已越过异物），且网压显示正常，则行调通知司机降下后端的集电靴，限速 5 km/h 通过，并密切监控列车状态，通知后续列车司机在该异物前停车处理。

（5）若列车不能在异物前停车（已越过异物），网压显示不正常或有其他异常情况，行调通知司机降靴、停车待令，并通知车站和专业人员做好抢修抢险准备。

（6）电调按现场要求做好相关区域的停、送电工作。

（7）通知就近专业人员赶赴现场，主动了解事发车站的相关信息，加强与相关专业人员的沟通。

（8）环调做好相关区域的环控系统监控、调度工作。

3. 车站的处理

（1）协助行调做好扣停后续列车工作。

（2）接行调通知，采取防护措施（穿绝缘靴、荧光衣，戴绝缘手套等）并迅速组织人员赶往事故现场。

（3）值班站长马上赶赴现场、担任事故处理主任，并通知车站供电或机电人员到现场处理。

（4）事故处理主任到达现场后，确认现场状况，按以下程序处理。

①若发现异物与接触轨没有缠在一起，按与接触网相似的情况处理。

②若发现异物与接触轨缠在一起，按与接触网相似的情况处理。

③若采取上述措施后仍不能取走异物，报告行调，申请停电挂地线处理。

④若需要进行抢险抢修，则协助相关部门抢险抢修工作。

（5）专业人员到达现场后，由专业人员负责处理异物，并听从事故处理主任的指挥。

四、工具配备

（1）每站至少应配备 2 双绝缘手套、2 双绝缘靴和 1 个订制的专用绝缘工具，绝缘手套、绝缘靴存放在车站固定地点，专用绝缘工具存放在站台监控亭。

（2）L 型电客车上配置 2 双绝缘手套、2 双绝缘靴和 2 个订制的专用绝缘工具。

（3）所属运营中心负责将上述材料配备到位，并定期检测。

习题及思考题

一、填空题

（1）城市轨道交通供电系统一般包括＿＿＿＿＿、＿＿＿＿＿、＿＿＿＿＿、＿＿＿＿＿4 个部分。

（2）牵引供电系统是城轨供电系统的核心，包括_____、_____、_____、_____、回流线等。

（3）接触网设备故障一般表现为_____、_____、_____、_____等。

（4）城市轨道交通电力设备故障包括_____、_____、_____等。

（5）城市轨道交通牵引供电分区停电的原因包括_____、_____、_____等。

（6）根据故障发生地点的不同，城轨供电系统故障可分为_____、_____、_____、_____等。

（7）城市轨道交通供电系统的供电模式有3种，包括_____、_____和_____。

二、判断题

（1）牵引供电系统的主要作用是降压、分配和传输电能。（ ）

（2）城市轨道交通供电系统属于一级供电负荷，一旦发生故障或中断，都会不同程度地影响城轨列车的正常运行，以及环控和照明系统等的运行，直接引起城轨交通的混乱，造成不良的社会影响。（ ）

（3）停电事故发生时，要尽快恢复运营，缓解地面交通压力，降低因城轨停运而造成的一系列不良影响。（ ）

（4）遇车站照明全部熄灭时，在站列车应立即打开车门疏散乘客。（ ）

（5）主变电所一般沿城轨线路靠近车站的位置建设，便于电缆线路的引入，专为城市牵引供电系统和照明动力供电系统供电。（ ）

（6）当车站照明全部熄灭时，应立即停止售票，锁好票款。关好窗口，售票室加锁，确保票款安全。有少量照明时，控制售票，分批进站。（ ）

（7）分散供电模式对城市电网要求较高，相互影响较大，不便于集中管理和实施综合控制技术（行车调度、环控调度、电力调度等一体化管理）。（ ）

三、简答题

（1）简述城市轨道交通供电系统弓网类故障的应急处理程序。

（2）如果城市轨道交通中两座主变电所同时发生故障，相关人员应如何进行应急处理？

（3）简述在牵引变电所发生故障时应当遵循的原则。

（4）在城市轨道交通中某一牵引变电所发生故障且无法排除时，应如何快速、有效地进行应急处理？

（5）简述在城市轨道交通供电系统接触网类发生故障时，各工作人员相应的应急处理方法。

（6）城市轨道交通供电系统故障的成因、危害及类型有哪些？

项目十　信号设备故障应急处理

知识目标

（1）学习信号、道岔系统出现不同故障时，学会根据故障现象判断故障原因。
（2）学习信号设备故障应急处理的程序和设备操作方法。
（3）按各种信号设备故障应急处理的原则、应急处置的基本组织方法进行模拟演练。

能力目标

（1）能够理解信号设备故障应急处理的原则并能运用到实际工作中。
（2）能够按信号设备故障时各岗位职责、信息汇报流程和方法、应急处理程序进行分岗位角色演练。

思政目标

（1）厚植爱国精神与刻苦、勤奋、创新的精神，鼓励学生创造人生价值。
（2）培养学生的工科人文情怀和精益求精的工匠精神和团结协作精神。
（3）培养学生的稳定意识、大局意识、协作意识、责任意识、规划意识、底线意识。
（4）结合行业特色激励学生提高专业素养。

任务一　轨道电路故障应急处理

任务引入

2018 年 10 月 16 日早上，香港四条地铁线出现信号故障导致列车延误，持续时间超过 6 h，上百万人的通勤受到影响，是香港地铁开通以来最严重的故障。

香港铁路有限公司（简称港铁）车务总监向媒体表示，当日早上约 5 时半准备开始提供列车服务时，中央控制中心发现不能将列车车速的指令传送至荃湾线、港岛线和观塘线的列车上，因此为安全起见，只能改为人工操控，提供慢速服务，减少频次。

10时许，将军澳线也出现信号系统故障。由于四条线路的信号问题，港铁班次服务受阻，间隔时间由平时的 2~3 min 增加至 12~15 min，列车最长延误约 40 min。而地铁故障正好赶上通勤早高峰，香港交通一度陷入混乱。

在 11 时 45 分左右，四条线路完成紧急维修，提供非繁忙时间的服务。

信号系统在城市轨道交通系统担任重要的角色，担负着指挥、控制列车运行，提供设备状态信息、列车位置信息、列车运行过程管理的重任，是保障城市轨道交通系统安全与高效运行的重要手段和技术保证，也是保证列车运行安全、实现行车指挥和列车运行现代化、提高运输效率的关键系统设备。是保证实现安全行车和提高线路通行能力的关键系统。

下面让我们来具体学习一下轨道交通信号系统故障的应急处理方法，以便完善应急处理措施，减少损失。

一、城市轨道交通信号系统概述

由于城市轨道交通具有高密度、短间隔、短站距和快速等特点，因而对信号系统有着安全性高、通过能力大、抗干扰能力强、可靠性高、自动化程度高等要求。

（一）信号系统的组成

城市轨道交通信号系统通常由列车运行自动控制系统（ATC）和车辆段信号控制系统两大部分组成，如图 10-1 所示，用于列车进路控制、列车间隔控制、调度指挥、信息管理、设备工况监测及维护管理，由此构成一个高效综合自动化系统。

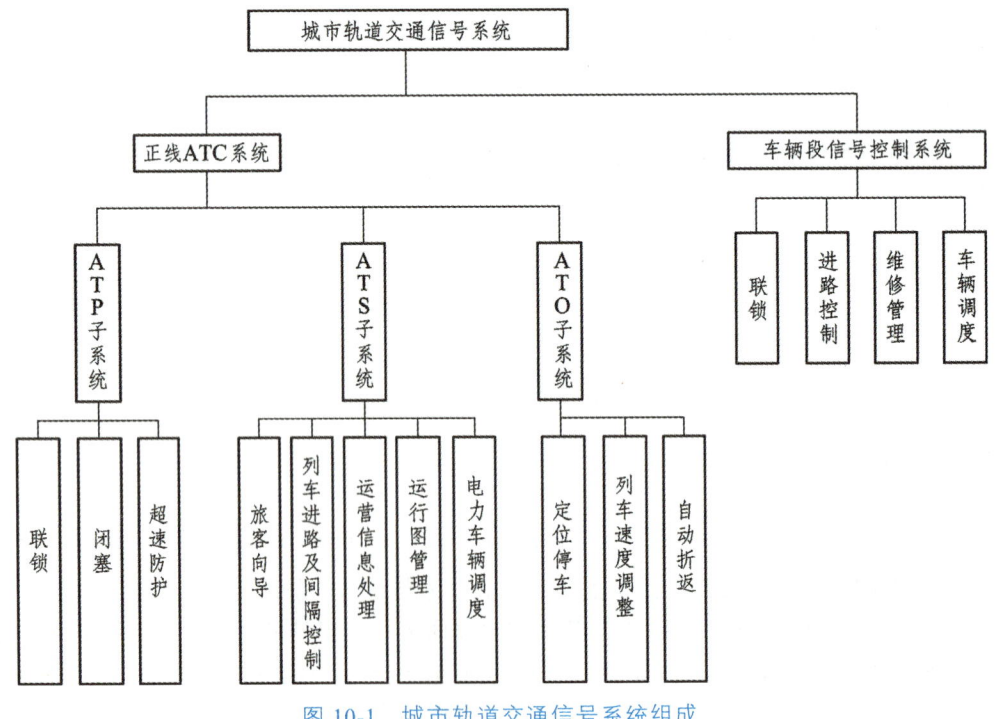

图 10-1　城市轨道交通信号系统组成

（二）信号系统的作用

（1）保证列车运行安全。城市轨道交通信号系统是指挥列车安全运行的关键设备，只有满足在列车运行前方的轨道区段没有列车占用（列车进路空闲）、道岔位置正确、没有敌对或相抵触的信号等条件时，才允许向列车发出允许列车前行的信号。

（2）提高线路通行能力。在城市轨道交通系统中，信号设备对于提高线路的通行能力起着极其重要的作用。

（三）信号机

信号是保证行车安全、指示列车及调车作业的命令，必须遵照执行。色灯信号机是用不同的颜色灯光来显示不同的信号信息。

1. 基本色

红色：表示禁止列车越过该信号机，信号处于关闭状态。信号熄灭或显示不明时，也应视为停车信号。

黄色：允许列车不超过规定速度越过此信号机，信号处于有限开放状态。

绿色：允许列车按规定速度通过该信号机，信号处于正常开放状态。

2. 辅助色

月白色：调车信号，表示允许列车越过该信号机调车；再加上一个红色信号，可作为引导信号，表示允许列车不超过规定速度越过此信号机。

蓝色：调车信号，表示禁止列车越过该信号机调车。如正线信号机显示为蓝色，则表示该条线路的信号系统处于列车自动控制模式运行。

（四）转辙机

转辙机是重要的信号基础设备，是道岔控制的执行机构，用于实现对道岔的转换和锁闭，是直接关系行车安全的设备，对保证行车安全、提高运输效率起到了重要的作用，转辙机如图10-2所示。

图 10-2 转辙机

（五）轨道电路

轨道电路作为城市轨道交通信号系统的基础设备，是以铁路线路上的两根钢轨作为导体，两端以轨道绝缘分开，并用导体连接信号源（发送设备）和接收设备，如图10-3所示。

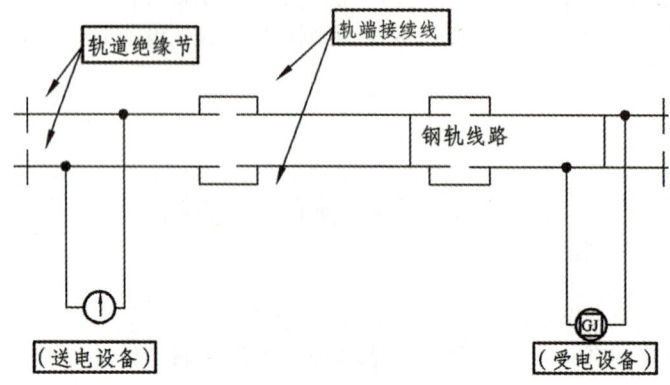

图 10-3　轨道电路原理图

1. 轨道电路的组成

轨道电路是由钢轨、轨道绝缘、轨端接续线、引接线、送电设备和受电设备等主要元件组成的。

2. 轨道电路的工作原理

（1）当轨道电路设备完好，又无列车占用时，轨道电流从电源正极经钢轨、轨道继电器线圈回到负极构成回路，继电器处于吸起状态，表示该轨道区段内无车占用。此状态被称为轨道电路的调整状态。

（2）当轨道区段内有列车占用时，因车辆的轮对电阻臂轨道继电器线圈的电阻小得多，所以轨道电路被轮对分路，此时流经继电器线圈的电流很小，不足以使衔铁保持吸起，继电器失磁落下，表示该区段有车占用。此状态被称为轨道电路的分路状态。

（3）当轨道区段内发生断轨或断线等故障时，流经继电器线圈的电流中断，使继电器失磁落下。此状态被称为轨道电路的断轨状态。

3. 轨道电路的作用

（1）监督列车的占用：反映线路的空闲状况，为开放信号、建立进路或构成闭塞提供依据。

（2）传递行车信息：如移频自动闭塞利用轨道电路传递不同的频率信息来反映列车的位置、通过信号机的显示或对列车运行目标速度的决定，从而控制列车运行。

二、轨道电路常见故障的判断及处理

轨道电路故障是指在设备故障或异常情况下，轨道电路的非正常显示情况，或由于轨道电路非正常情况造成列车紧急制动，从而影响正常行车。轨道电路故障的两种情况如下。

1. 有车占用无红光带

当有车占用时，出现控制台无红光带显示的故障是非常危险的，这类故障发生后，应首先通知车站值班员停用设备，然后进行处理。室外设备发生这类故障较多，可先检查控制台光带显示灯是否有故障，以及检查轨道继电器是否落下或接点卡阻或粘连等。

（1）在道岔区段轨道电路，设有轨端绝缘但没有设在受电端的双动道岔渡线或侧线上，因轨端接续线或岔后跳线断开、脱落，而造成死区段。

（2）轨面电压调整过高或送电端可调电阻调整的阻值过小，造成轨道电路不能正常分路。

（3）一送多受轨道区段，因各受电端距离较远，轨面电压调整不平衡，有个别受电端轨面电压过高而造成分路不良。

（4）因钢轨轨面生锈，车辆自重较轻或轮对电阻过大等，使车辆轮对分路不良。

（5）室外发生混线，有其他电源混入，或牵引电流干扰等使轨道继电器误动。

2. 无车占用亮红光带

发生这种故障时，应先在控制台观察故障现象，做出初步判断。如果几个轨道电路区段同时出现红光带，应重点在分线盒检查轨道电源熔断器熔丝和送电电缆芯线。若相邻两个轨道区段同时出现红光带，一般是相邻两轨道电路轨道绝缘双破损；只有一个轨道区段亮红光带，应首先在分线盘处测试送电电缆端子有无电压，若有电压，确认为室外故障时，再去室外处理。

判断轨道电路是开路故障还是短路故障是分析故障的关键。轨道电路开路故障：轨道电路开路后继电器落下，控制台点亮红光带，开路故障应查钢轨接续线、道岔跳线、箱盒与轨面的引导线（是否断线）。轨道电路短路故障：应查绝缘，绝缘破损，其他异物短路，如铁丝等金属搭褡或跳线、引导线混线造成。

三、轨道电路故障应急处理

（一）确认故障并下放 LOW 控制权

1. 司　机

（1）当列车在区间自动停止运行后，向行车调度员报告：列车车次号、未收到速度码、列车停车位置、列车状态正常、没有显示故障情况。

（2）执行行车调度员的指示，用 RM 模式小心进入故障的轨道区段运行，注意周围情况，谨慎驾驶。

2. 行车调度员

接到列车司机的"故障"报告，同时从调度中心显示屏 MMI 上确定：

（1）确定该列车所停位置的前方区段还有另外红光带的"占用（或发生故障）"状态。

（2）检查在该"占用（或发生故障）"的轨道电路区段确实没有任何列车占用。

（3）确定该区段红光带是故障状态。

报告调度长,并经其同意采取以下步骤:

① 通知车辆检修调度员严密监视故障事态的进展,下放控制权给该故障区段的 LOW 工作站,并继续监督。

② 指示列车司机必须用 RM 模式,慢速小心进入故障区段以便遇到危险情况时能随时停车。

③ 指示所有列车司机和行车值班员用广播向乘客及时通报运营调整信息。

3. 调度长

接获设备故障状态,同意行车调度员采取措施进行处理。

4. 行车值班员

(1)接受下放给该故障区段 LOW 工作站的控制权。

(2)向车站乘客通报运营调整信息。

(二)谨慎驾驶通过故障区段

1. 司 机

(1)当列车已驶出故障区段,司机未发现任何异常情况后,报告行车调度员,列车过该轨道区段未发现任何异常情况。

(2)再经前方两个轨道区段,列车收到速度码,自动(或手动)转换为 SM/ATO 模式,恢复正常运行。

2. 行车调度员

(1)接到列车已通过故障区段、未发现轨道有重大异常情况的报告后,指示所有后续列车用 RM 模式通过该故障区段。

(2)若进路较长,且距离故障地点较远,司机可用 ATO 或 SM 模式驾驶到靠近故障地点,再用 RM 模式运行。

(3)在收到速度码后,按正常模式运行。

(三)故障抢修

1. 行车调度员

(1)在确定故障性质后,立即通知维修调度员派维修人员进行抢修。

(2)指示有关行车值班员配合维修人员进行抢修。

2. 维修人员

接车辆检修调度员通知后在有关车站办理维修登记手续,到相应设备室检查判断故障。

(1)如果是室内故障,则要快速进行查找并排除。如需短时间影响运行,必须经行车值班员报行车调度员同意后才能抢修。

(2)如果是室外故障,请设备维修调度员安排进入轨道抢修的时间及办理进入区间工作的手续。

（四）设备修复并收回 LOW 控制权

1. 维修人员

排除轨道电路设备故障后，并经行车值班员试验确认设备正常后，报告设备维修调度员，然后在有关车站办理维修登记手续和办理维修销点手续。

2. 行车调度员

收到设备维修调度员通报，调度中心 MMI 上红光带已变为粉红光带，确认已排除轨道电路的故障。

（1）通知该站行车值班员，在 LOW 工作站进行"轨区逻空"（或"岔区逻空"）操作。
（2）报告调度长设备故障已排除。

3. 行车值班员

在 LOW 工作站进行"轨区逻空"（或"岔区逻空"）操作后，报告行车调度员。

4. 调度长

收到行车调度员已排除故障的汇报并予以确认。

5. 行车调度员后续工作

通知行车值班员，收回该 LOW 工作站控制权。

6. 行车值班员后续工作

按程序办理，交回该 LOW 工作站控制权。

（五）恢复正常运行

1. 行车调度员

行车调度员在收回 LOW 工作站控制权后执行规定的工作程序，这些程序包括：
（1）排列有关进路。
（2）指示第一列后继列车司机用 SM 模式通过该区段。
（3）要求第一列后继列车司机及时反馈列车在原故障区段的运行情况。

2. 第一列后继列车司机

第一列后继列车司机执行行车调度员指示，用 SM 模式驾驶通过该区段后，报告行车调度员："情况正常。"

3. 行车调度员后续工作

行车调度员收到第一列后继列车司机的报告后报告调度长系统已恢复正常。通知所有列车司机和行车值班员：
（1）故障已经排除，系统恢复正常操作。
（2）向乘客广播运营恢复正常信息。

4. 司 机

所有列车司机向列车乘客通报运营恢复正常的信息。

5. 行车值班员

所有行车值班员向本站乘客通报运营恢复正常的信息。

轨道电路故障应急处理程序如图 10-4 所示。

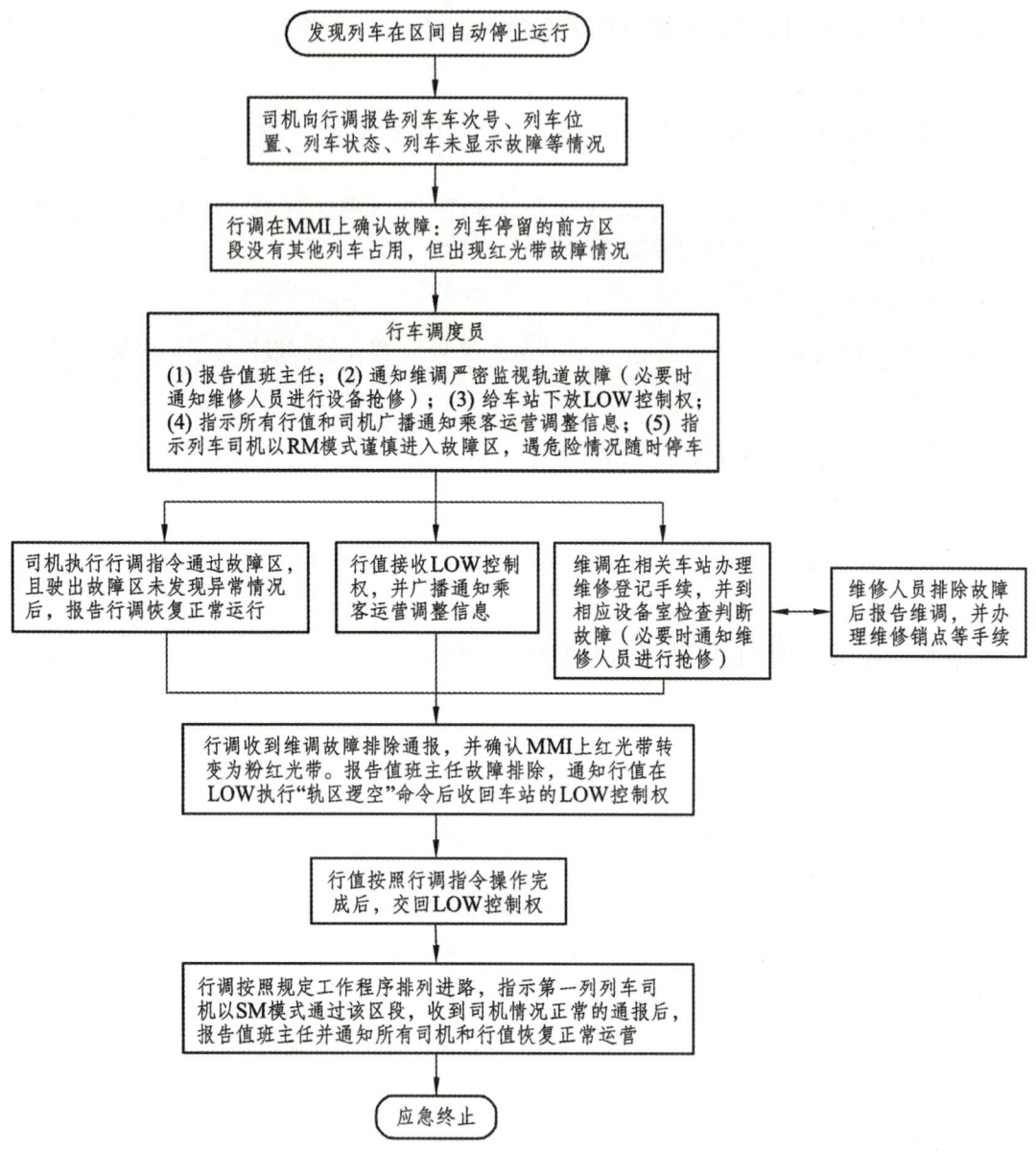

图 10-4　轨道电路故障应急处理程序

四、实战演练

2017 年 6 月 14 日，新加坡地铁东西线的波纳维斯达地铁站发生轨道电路故障，导致从政府大厦和杜佛站之间的通勤时间增加 25 min。很多人士猜测此次故障是由刚竣工的东西线轨枕更换工程引起的，随后 SMRT 地铁公司澄清：此次地铁轨道电路故障并不是由此造成的。

【任务描述】

根据以上案例，请编写相应的应急处理方案，并采用角色扮演法分组进行模拟演练。或者也可以选定某地铁发生的轨道电路故障，编写相应的应急处理方案，并采用角色扮演法分组进行模拟演练。

【任务目标】

（1）使学生掌握城市轨道交通轨道电路故障的应急处理方法。
（2）培养和提高学生对城市轨道交通轨道电路故障的应急处理能力。

【任务实施】

（1）各小组按涉及的岗位设置 OCC 值班主任、行车调度员、电客车司机、行车值班员、值班站长、站务员、电力调度员、维修调度员、维修人员。
（2）根据本任务所学内容，编写轨道电路故障的应急处理方案。
（3）每组学员按照所编写的应急方案反复进行演练，逐步完善演练效果。
（4）每组学员依据最终确定的演练方案进行汇报演练。
（5）组间互评和教师点评，指出演练中存在的问题，并加以讨论。要求：信息汇报流程合理、演练步骤符合实际、各岗位处置得当、用语标准、操作设备规范。

【任务自测】

自行上网查询城轨轨道电路故障的案例，选取其中一个，完成以下任务：
（1）根据此类事故，编写相应的应急处理方案。
（2）分析案例中的应急处理方案，通过对比进一步优化自己编写的应急处理方案。

任务二　道岔故障应急处理

任务引入

2017 年 6 月 28 日 8 时，哈尔滨地铁指挥中心监控系统发出警报，显示地铁 1 号线哈南站道岔信号系统突发故障。故障发生后，从哈东站驶往哈南站的列车无法进站，造成列车到站时间延误。地铁运营部门第一时间启动应急预案积极抢修，地铁集团各站通过广播告知乘客故障情况并进行疏导，并临时加开两趟地铁车辆，早高峰上线列车数量达到 15 列。同时组织多趟地铁车辆折返运营，保证运输效率。

由于信号系统发生故障，地铁运行系统不能自动切换道岔，所以哈南站的 3 名工作人员进入地铁隧道进行手动摇道岔，以便让地铁列车进入哈南站。粗略统计，故障期间，在手动摇道岔方式下，先后共有十几列列车进入哈南站。

9时43分,故障得以排除,地铁1号线全线恢复正常运营。

通过本案例可知,正线道岔发生故障时,列车难以绕开故障点,从而被迫降级到人工模式限速通过,其通过能力会受到影响,并且这将持续影响全线列车。同时,设备抢修不能中断正线行车,尤其是折返站道岔发生故障时,其应急处理难度大,影响范围广。地铁运营人员必须总结各类道岔故障情况下的应急处理原则与方法,以便在道岔发生故障时能有效地进行处理,边运营边抢修,提高故障处理效率。

一、道岔基本概念

道岔是机车车辆由一条线路转到另一条线路的轨道连接设备,是铁路轨道的一个重要组成部分,在车站大量铺设。如图10-5所示。

城市轨道交通道岔是列车在折返、变更进路时必须使用的关键行车设备,是轨道的薄弱环节。道岔一旦发生故障,将会对地铁的正常运营造成很大的影响,降低运行效率和质量。

道岔按功能和用途的不同分为有单开道岔、对称道岔、三开道岔、交叉渡线、复式交分道岔5种标准类型。其中单开道岔是最常用的类型,如图10-5(a)所示。

(a)单开道岔

(b)渡线道岔

图10-5 道岔

单开道岔由转辙器、连接部分、辙叉及护轨三个单元组成。如图10-6所示。

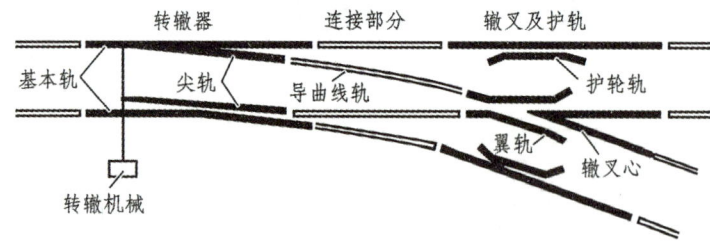

图10-6 单开道岔的组成

小知识

1. 城市轨道交通线路按其运营中的功能定位不同分为正线、辅助线和车场线正线

正线是贯穿所有车站、区间,供列车日常运行的线路。城市轨道交通正线是全封闭线路,采用上、下行双线单向行车,一般实施右侧行车的惯例,以便与城市地面交通的行车规则相吻合(除了英国、日本等部分国家外,绝大部分国家的城市道路交通均实行右侧行车规则)。

2. 辅助线

环形折返线是沿环形单线区段运行的作业，取消了折返过程，变为区间运行，有利于列车运行速度的发挥，是一种对提高运营效率有利的折返方法，如图 10-7 所示。缺点为：占地面积较大，在地下修建难度大，投资较高，无法停放检修车辆。一般适用于线路较短、延伸可能小和端点站在地面上的情况。

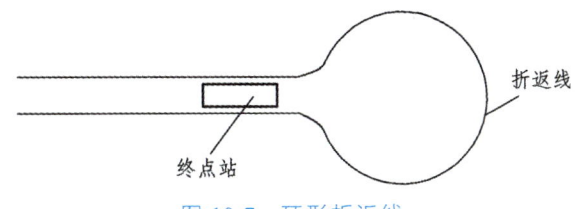

图 10-7　环形折返线

尽端折返线有单线折返、双线折返与多线折返等不同的布置形式。利用尽端线折返的特点，可以弥补环线折返的不足，使端点站既可有效组织折返（如双折返线可明显降低折返时间），又可备有停车线供故障停车、检修、夜间停车等作业使用。同时，尽端折返线对于线路延伸也十分方便，比较适用于地下结构的端点站、线路较长或有延伸可能、土地不宜多占用的情况。

3. 联络线

联络线是轨道交通线路之间为方便调动列车等作业而设置的连接线路。联络线连接的轨道交通线往往不在一个平面上，因此有较大的坡道与较小的曲线半径，列车的运行速度不高。地下建设施工难度大，投资较高。

4. 渡　线

渡线是在上下行正线之间（或其他平行线路之间）设置的连接线，通过一组联动道岔达到列车转线的目的。图 10-8（a）(b)(c) 分别为站前、站后折返用渡线及区段站渡线。

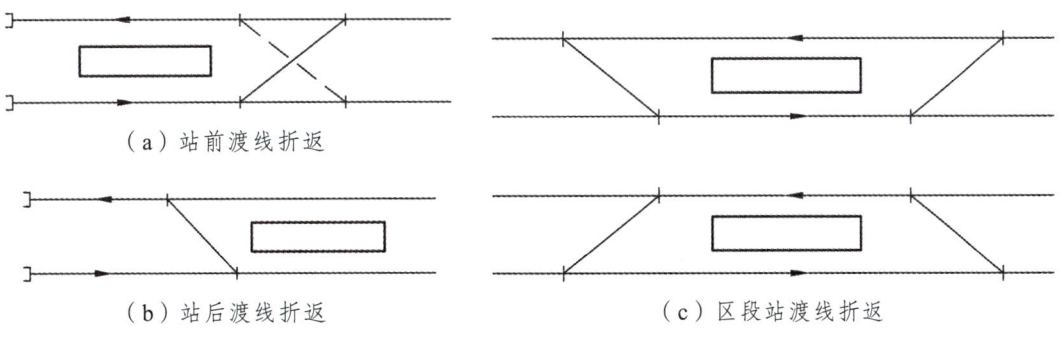

图 10-8　渡线折返线

5. 停车线

停车线一般设置在端点站，专门用于夜间停止运营后的列车停放，也可进行少量检修作业。如图 10-9 所示。车辆基地设有众多的专用停车线，对于需要进行检修作业的停车线，其设有地沟。

图 10-9　停车线

6. 车场线

在车辆基地内部，用于停运后列车入库、检修、试车、调车等作业的线路统称为车场线，包括检修线、存车线、试车线、洗车线等。

7. 车辆段出入线

出入库线是车辆段与正线之间的连接线，专供列车进出车辆段。一般分为入库线和出库线。

常见的两条线路立体交叉的车站线路布置如图 10-10 所示。

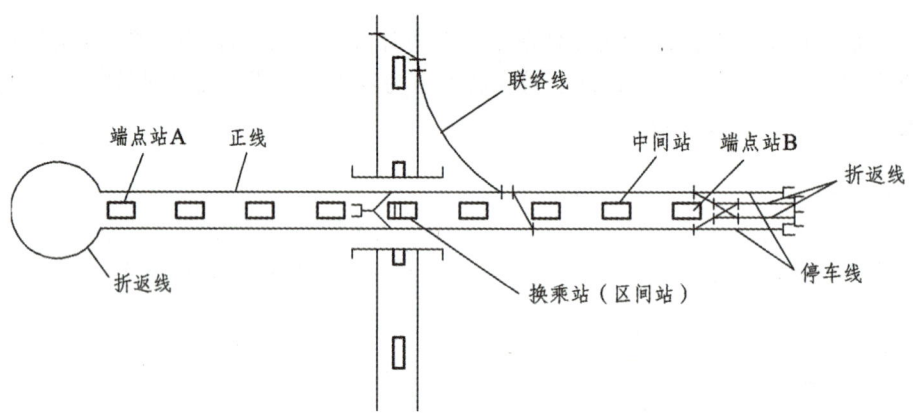

图 10-10　两条线路立体交叉的车站线路布置

二、道岔故障应急处理原则

在确认道岔故障后，行车指挥人员应立即命令维修人员进行抢修，最大限度地减少道岔故障对城轨运营的影响。

（1）"安全第一"放在首位，确保人员及设备的安全，防止次生事故的发生。当道岔故障危及他人生命安全时，应立即启动相应的应急处理程序，实施救人与事故处理同步进行。

（2）根据"先通后复"的原则，以行车组织工作为主，同时需满足设备抢修需要。根据现场抢修负责人的建议组织行车，抢修人员利用行车间隔进行抢修，以实现边运营边抢修，将设备故障对运营的影响降到最低。

（3）对于折返时非必经的道岔故障，当线路具备变更进路时，可暂不处理道岔故障，而优先选择其他折返进路进行折返，将故障对运营秩序造成的影响降到最低。

（4）在站后折返且列车必经道岔故障时，按照调车方式进行列车折返作业。

（5）当能在信号工作站上排列进路时，由车站人员按照调车计划排列进路，司机凭地面信号和车站指令动车；当不能在信号工作站上排列进路，但可在其上操作"转换道岔"命令时，在道岔转换位置确定后执行"单独锁定"，在工作站确定好所有的位置后，司机凭道岔开通"好了"信号和车站指令动车。

（6）当只能人工准备进路时，车站按照调车计划，人工办理进路并钩锁道岔，办理人员确认进路上的所有道岔位置正确后，司机凭道岔开通"好了"信号和车站指令动车。

（7）必要时可组织小交路运营或启动应急公交接驳。

三、道岔故障类型及应急处理程序

道岔故障应急处理一般分为站线道岔应急处理和折返道岔应急处理。

（一）站线道岔应急处理

站线道岔发生故障时，行车调度员一般要求车站开通故障道岔定位并加锁，以保证列车的正常运行。当列车进出站突发道岔故障时，行车调度员命令司机停车待令，并下放 LOW 控制权给车站。随即行车值班员派站务人员到现场手摇转换故障道岔。进路准备完毕后，行车调度员指示司机以 RM 模式谨慎驾驶通过故障道岔。

小知识

人工转换道岔的作业程序

（1）作业人员进入轨行区必须请示行车调度员并得到行车调度员许可。

（2）车控室值班人员向准备进路人员布置任务。

（3）值班员和站务员 2 人穿荧光衣、戴手套，并携带有关备品：信号灯、红闪灯、手摇把、道岔钥匙、钩锁器、扳手、对讲机、无线调度电台和手电筒等。

（4）下线路前得到行车调度员允许，人工准备进路必须从距列车最远的道岔开始，由远及近，依次排列。

人工摇动道岔时须严格执行如下"六步曲"：

一看：看道岔开通位置是否正确，是否需要改变位置。

二开：切断电源，打开盖孔板及钩锁器的锁，拆下钩锁器。

三摇：摇动道岔，将其转向所需的位置，在听到"咔嚓"的落槽声或确认尖轨与基本轨密贴后停止。

四确认：手指尖轨，"尖轨密贴开通 X 位"并和另一人共同确认。

五加锁：确认道岔位置开通正确后，用钩锁器锁定道岔尖轨，盖上盖孔板并上锁。

六汇报：向车控室汇报道岔开通位置正确，人员出清。人工办理流程如图 10-11 所示。

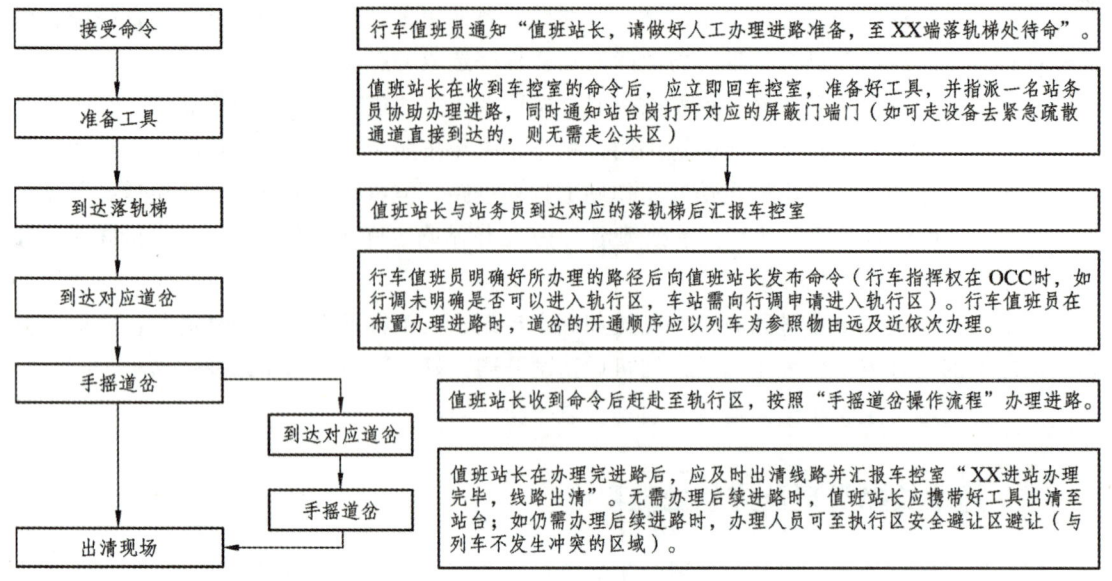

图 10-11 人工办理流程图

(二)折返道岔应急处理

折返必经道岔包括必须转动道岔和不需转动道岔。必须转动的道岔出现故障时,为减少沟通环节,应优先采用调车方式折返。调车方式是指在非正常情况列车需要转线时,由行车调度员发布有关命令采用站级控制,车站负责准备列车进路,司机凭车站的道岔开通"好了"信号(或信号机显示)及指令进行动车的一种行车组织方式。不是必须转动的道岔出现故障时,应尽量避免手摇道岔,直接钩锁道岔位置。各线可结合信号设备特点和线路具体情况选择调车方式。

1. 折返必经道岔故障的应急处理

(1)不允许列车通过故障道岔的抢修作业。因道岔无法人工转动、尖轨无法密贴等机械原因造成的道岔故障发生后,行车调度员封锁相关故障区域,允许维修人员进入线路抢修,同时组织故障区域外的列车小交路运行或单线双向运行等,来最大限度地维持运营。

(2)允许列车通过故障道岔的抢修作业。因信号联锁故障等原因造成的道岔故障发生后,车站人员在人工准备进路期间,在不造成道岔转动、不影响人工准备进路、不危及行车安全的前提下,允许维修人员下线路抢修,同时行车调度员视情况组织列车小交路运行,调整运营方案。

2. 折返非必经道岔故障的应急处理

(1)道岔故障不需要抢修时,由行车调度员在信号系统上排路,选用其他折返股道进行折返,待运营结束后再进行故障抢修工作。

(2)道岔故障需抢修时,由行车调度员指挥行车,车站进行现场防护。当两个道岔同时发生故障时,按折返必经道岔故障处理的方式进行处理。

（三）道岔出现故障时常用的行车调整方式

1. 及时扣车

采用及时扣车防止多辆列车进入同一区间，防止列车在区间长时间停车引发乘客恐慌。

2. 增加列车停站时间

立即组织全线列车多停和非故障端终点站晚发，可拉大行车周期，延缓列车到达故障区域。多停和晚发的时间依据实际情况而定。

3. 组织部分列车小交路折返

提前向司机和车站发布小交路折返的命令，与相关车站确认线路空闲，提前准备好折返的进路，使用站前折返时，提前通知车站派屏蔽门操作员到站台，协助列车司机开/关屏蔽门。

4. 减少上线列车数量，与列车小交路结合使用

根据故障处理期间的行车周期和行车间隔，计算所需上线列车数，及时组织多余列车退出服务，减少调整运行秩序和控制列车的压力。组织列车在非故障端终点站清客后进入存车线或折返线退出服务，或空车进入中间站存车线、辅助线及出入车场线等，或尾随载客列车空车运行。列车退出服务停放时，应选择在故障恢复时能够快速投入运营的地点，优先选择正线辅助线，车场线路次之。

演练实例

2016年4月26日22时30分，大连地铁各线陆续开始结束运营，各出入口陆续关闭，准备封站，但在地面下数十米的各地铁站和地铁运营区间内，却还在进行紧张的检修和调试工作，信号系统道岔故障演练在会展中心站启动。

"控制中心，我是会展中心站，富国街至会展中心区间W1503道岔出现突发故障，涉及整条线路的运营。"会展中心站行车值班员最先从ATS监控系统中发现了道岔故障，并第一时间拨通了大连地铁控制中心的电话。而此前，通信分公司的专业技术人员已经模拟制造了W1503道岔失去表示无法搬动的故障。

在接到控制中心的指令后，地铁1号线立即启动道岔故障应急预案。车站站务人员通知站长，随即在站内的显要位置摆设指示牌，并通过站内广播和手持扩音设备，提醒乘客运营出现了突发情况："乘客您好，本次列车稍有延误，请您谅解！"伴随着广播中的循环提示，信号维修人员在接到中心维修调度指令后，快步跑向故障的W1503道岔位置。而此时，参加演练的大连地铁0101号列车，正停在距离道岔200 m远的位置，等候调度指令，通过W1503道岔进入会展中心上行站台。通过现场检查设备故障情况，确认故障无法立即恢复后，为了在第一时间恢复运营，信号维修人员迅速打开转辙机箱盒，手摇道岔至定位，加装钩锁器并确认道岔位置，并向调度报告道岔已手摇至规定位置后，行车值班员手持信号手电筒，调至白光，高举过头，告知司机道岔开通，人工引导0101号列车进站。

0101 号列车在会展中心停稳后，信号维修人员又再次手摇道岔至反位，并加装钩锁器，随后行值将信号手电筒调至绿光，右手顺时针旋转，给出发车手信号。0101 号列车顺利驶出会展中心站，并入上行轨道正常运行。几分钟后，控制中心通知设备故障恢复，维修人员恢复设备，检查完好并向中心汇报后，演练顺利结束。从发现故障到保障车辆恢复运营，仅耗时 7 min。

四、实战演练

【任务描述】

根据以上案例，请编写相应的应急处理方案，并采用角色扮演法分组进行模拟演练。或者也可以选定某一地铁发生道岔的故障，编写相应的应急处理方案，并采用角色扮演法分组进行模拟演练。

【任务目标】

（1）掌握城市轨道交通道岔故障的应急处理方法。
（2）培养和提高学生对城市轨道交通道岔故障的应急处理能力。

【任务实施】

（1）各小组按涉及的岗位设置 OCC 行车调度员、电客车司机、行车值班员、值班站长、站务员、维修调度员、维修人员。
（2）根据本任务所学内容，编写道岔故障的应急处理方案。
（3）每组学员按照角色分工，演练应急处置过程，逐步完善演练效果。
（4）每组学员依据最终确定的演练方案，进行汇报演练。
（5）组间互评和教师点评，指出演练中存在的问题，并加以讨论。要求：信息汇报流程合理、演练步骤符合实际、各岗位处置得当、用语标准、操作设备规范。

【任务自测】

自行上网查询城轨道岔故障的案例，选取其中一个案例，完成以下任务：
（1）根据此类事故，编写相应的应急处理方案。
（2）分析案例中的应急处理方案，通过对比进一步优化自己编写的应急处理方案。

城市轨道交通道岔故障的应急演练

2014 年 5 月 13 日上班高峰时段，南京地铁 1 号线及其南延线发生延误，连续多站临时停车。随后南京地铁官方解释："因安德门站道岔发生故障，运营人员采用人工进路，故发车间隔时间有所延长，道岔故障需经专业处理后才可恢复正常。"事故发生后，地铁方面并没有及时通过广播、显示屏或微博等方式告知乘客。对此，不少乘客表达了不满。

据了解，1号线这种道岔故障引起的列车延误现象在同年4月份就曾出现过。4月24日5时53分，迈皋桥站突发道岔短闪故障，当时地铁方面公布的处理情况是："地铁调度中心立即启动道岔故障应急预案，改自动进路为人工进路，造成发车间隔略有延长。经技术处理，故障很快排除，运营秩序恢复正常。"

任务三　ATS系统故障应急处理

任务引入

2012年5月30日8时左右，正在运行的西安地铁2号线列车突然停车，部分乘客临时滞留车内，车内广播通知乘客"系故障临时停车，请乘客耐心等待"。车辆停靠就近车站，乘客有序分流。随后，西安地铁通过官方微博发布多条信息，向乘客解释信号故障处理的调查情况，因地铁延误近40 min，改乘其他交通工具的乘客，可持车票或长安通卡七日内到地铁各车站办理退票手续。乘客中有因此耽误上班的，可向车站工作人员索取致歉信，作为其向工作单位提供的迟到考勤申辩证明。

对造成西安地铁列车晚点的故障原因进行初步分析，是信号系统电源运行不稳定突发故障引起的ATS短时失电，从而导致的信号灰显，这属于典型的设备系统故障引发的非正常行车事件。

故障发生后，运营分公司立即启动应急预案，调度按照行车规则，为保证安全，迅速命令全线各站和各车司机采用降级模式的电话闭塞方式组织行车（保证每个安全行车区间内只有一列运行的车辆），在转入降级的过程中，因为全线各站上、下行都需要对道岔进行人工钩锁，所以造成了时间延误，导致列车晚点。虽然ATS系统故障偶发，但仍可能会对地铁全线列车的运行产生影响，及时进行有效的应急处理是非常关键的。通过本任务的学习，让学生了解ATS系统发生故障时如何进行应急处理。

一、基本概念

城市轨道交通信号系统是保证列车运行安全，实现行车指挥和列车运行现代化，提高运输效率的关键系统设备。其核心是列车自动控制系统（Automatic Train Control，ATC），ATC系统包括3个子系统，分别为列车自动监控系统（ATS）、列车自动防护系统（ATP）、列车自动运行系统（ATO）。

各子系统之间相互渗透，整个系统相互监控、连环制约，实现地面控制与车上控制相结合、现地控制与中央控制相结合，构成一个以安全设备为基础，集行车指挥、运行调整以及列车驾驶自动化等功能于一体的自动控制系统，如图10-1所示。由于信号系统各子系统之间的这种紧密联系的特性，任何一个子系统故障，都会给整个信号系统功能的实现造成影响。

ATS 系统由控制中心设备、车站设备、车辆段设备、列车识别系统以及列车发车计时器等组成。ATS 系统负责准确地排列列车进路。它向区域控制器和联锁设备发送每列车的进路请求。这些进路请求必须与列车接受的任务一致。如果排列的进路不正确，系统会检测到道岔设置和本列车任务不符，从而阻止列车通过道岔。

ATS 系统在 ATP 系统的支持下完成对列车运行的自动监控，主要实现以下功能：列车监视与追踪、自动排列进路、运行自动调整、时刻表管理等。

（一）列车监视与追踪功能

ATS 系统对在线列车进行监督和追踪。列车监视是用计算机来再现列车的运行，列车运行由轨道空闲和占用的信号来驱动，列车由车次号来识别。ATS 为 MMI、旅客信息显示系统和模拟线路表示盘提供列车的位置和车次号。

（二）时刻表和运行图管理功能

根据联锁表、计划运行图及列车位置，自动生成输出进路控制命令，传送至车站联锁设备，设置列车进路、控制列车停站时分。不需要行车调度员在纸上铺画列车运行图。

（三）自动排列进路功能

根据列车的目的地，排列列车要去某地前方的进路，其实质就是 ATS 根据时刻表数据，将下达指令传输给 SICAS 联锁设备，要求 SICAS 排列列车前方的进路。

（四）列车运行自动调整功能

由于受许多随机因素的干扰，列车运行难免偏离基本运行图，尤其是在列车运行密度高的城市。一辆列车晚点往往会波及许多其他列车。当出现车辆故障或其他情况时，列车运行紊乱程度更加严重，这就需要从整体上大范围地调整已紊乱的运行秩序，尽快恢复运行，人工调整是很难尽善尽美的。

（五）旅客信息显示功能

告知等待的乘客下一列车的目的地和到达时间。

（六）监测与报警功能

ATS 能及时记录被监测对象的状态，拥有预警、诊断和故障的定位能力。能够监测信号设备和其他设备结合的相关状态。具有在线监测与报警的能力。在相应的工作站上，报告所有故障报警的状况并予以视觉提示，直到恢复正常状态为止。

ATS 系统的设备布置包括位于控制中心的中央 ATS 设备和位于各个联锁站的 ATS 分机。

二、ATS 故障应急处理方法

当控制中心 ATS 发生故障时，行车调度员与行车值班员确认 LOW 是否正常。若确认控制中心 ATS 系统故障，则下放 LOW 控制权，并要求行车值班员监视列车运行的状况。

行车值班员确认 LOW 自动运行模式是否激活，如果激活，列车运行基本不受影响；如果未激活，行车值班员需在 LOW 上直接手动操作排列列车进路，并控制列车停站的时间。

（一）ATS 系统故障时的行车组织

1. 行　调

监视调度中心 MMI，发现各种非正常现象后，对故障进行进一步确认。尝试以手动模式在 MMI 上排路，检查是否可以得到正确反应。询问车站 LOW 显示，是否与 MMI 一致。向相关列车司机查问列车所在位置，以查证 MMI 上的列车信息。

2. 司　机

列车司机在行调要求下，汇报列车所在位置并查看列车前方的进路情况。

3. 各有关站行值

接收 LOW 控制权，按行调的要求监视各列车的运行状况并向调度中心汇报。

4. 行调后续工作

向调度长汇报 ATS 系统发生的故障。要求设备维修调度员迅速派人检查和排除故障，通知有关受影响区域的相关车站值班站长并下放 LOW 控制权，通知所有相关列车司机，指示各有关车站值班站长监视各管辖范围内的列车运行情况。

5. 检修人员

设备维修调度员派遣维修人员开展故障的检查与抢修。

（二）启动车站级自动控制模式

1. 行　值

受影响车站的行值启动车站级自动控制模式（RTU），如果后备模式启动，立即报告行调，并加强列车监控，不需要介入操作。

2. 行　调

（1）行调听取行值 RTU 是否激活汇报。
（2）询问各受影响区域列车司机的列车号码是否正常，并指导司机设置正确的车次号。

3. 司　机

按行车调度员的要求检查列车号码，发现有不正确的车号，在行调的指导下予以更正。

（三）车站手动排列列车进路

1. 行　值

（1）如果没有激活 RTU，行值要在 LOW 上进行直接手动操作排列列车进路，并根据行调要求调节停站时间，控制和管理站台停车点的释放。

（2）监视车站 LOW 管辖范围内的列车运行情况。

（3）向行调报列车停开时间。

2. 行　调

（1）行调监督正线列车的运行状态，要求司机报告运行状态。

（2）根据列车晚点情况，通知行值调节停站时间，必要时组织越站运行。

（3）根据列车晚点情况，通知司机手动区间赶点。

（4）根据车站报告的列车停开时间，绘制实时运行图。

3. 司　机

根据行车调度员的要求采用 SM 模式谨慎驾驶列车。

（四）故障排除后收回 LOW 控制权

1. 检修人员

通过设备维修调度员通知调度长和行调"故障已排除"，并进行维修销点。

2. 行　值

有关车站向行调交回 LOW 控制权。

3. 行　调

（1）收回有关车站的 LOW 控制权，并在 MMI 上进行如下检查：确定 ATS 已能及时更新列车位置信息、可以手动在 MMI 上排列进路、与列车司机核对车次号是正确，在检查无异常后确认 ATS 故障排除。

（2）确认故障排除后报告调度长，并通知车站值班员故障已排除，并通知相关人员恢复正常的运营。

（3）有关司机应行调要求核对车次号码。

ATS 故障应急处理程序如图 10-12 所示。

三、实战演练

【任务描述】

根据以上案例，请编写相应的应急处理方案，并采用角色扮演法分组进行模拟演练。或者也可以选定某一地铁 ATS 系统设备故障，编写相应的应急处理方案，并采用角色扮演法分组进行模拟演练。

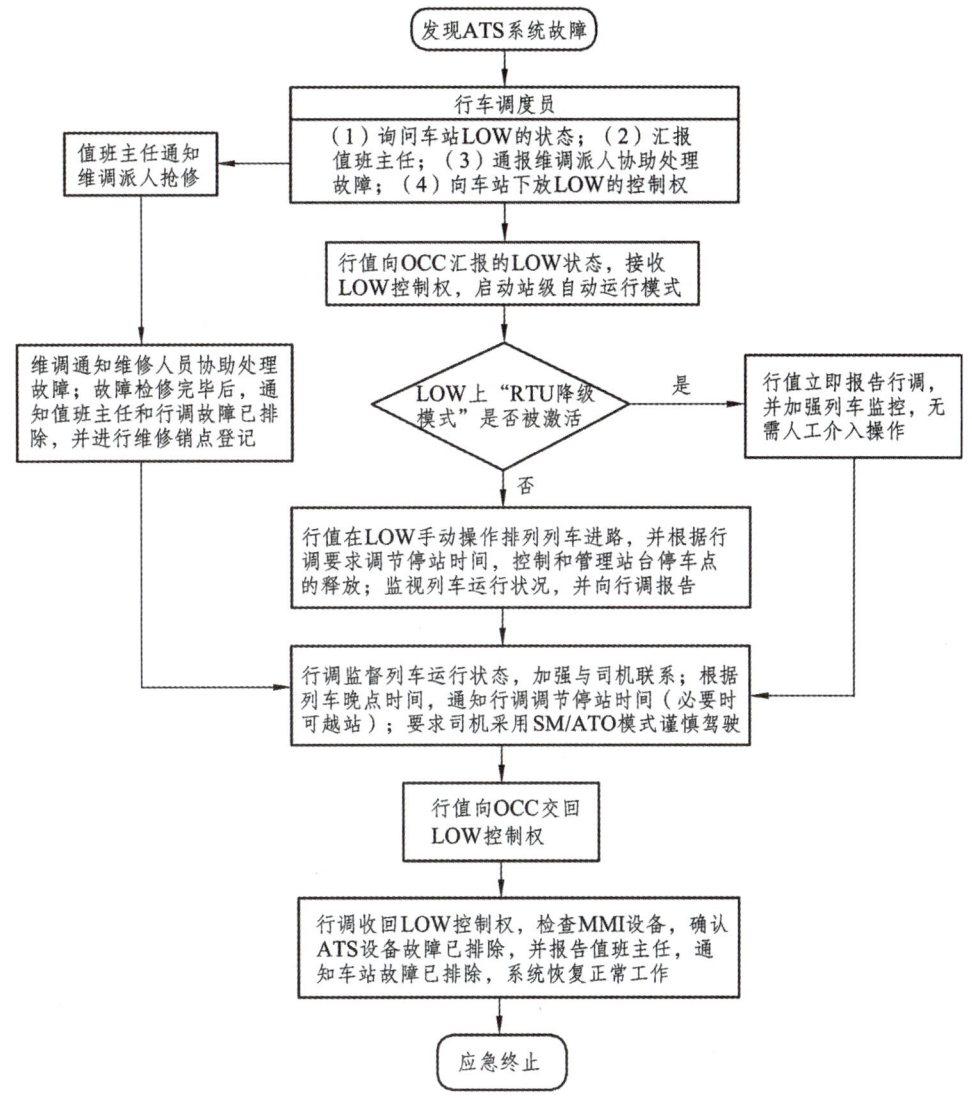

图 10-12 ATS 故障应急处理程序

【任务实施】

(1) 学员可按 6 人为一组的形式进行分组，分别担任行车值班员、司机、行车调度员、值班主任、维修调度员和维修人员。

(2) 根据本任务所学内容，编写发生 ATS 故障的应急处理方案。

(3) 每组人员按照所编写的应急方案反复进行演练，逐步完善演练效果。

(4) 每组人员依据最终确定的演练方案，进行汇报演练。

(5) 教师对各小组的汇报演练进行评估，指出演练中存在的问题，并加以讨论。其中，评估标准主要包括编写思路是否清晰，内容是否完整，是否具有可操作性，汇报话语是否流畅，是否表达清晰、准确和得体。

【任务自测】

自行上网查询城轨 ATS 故障的案例，选取其中一个，完成以下任务：
（1）根据此类事故，编写相应的应急处理方案。
（2）分析案例中的应急处理方案，通过对比进一步优化自己编写的应急处理方案。

城市轨道交通 ATS 系统故障

2011 年 8 月 28 日 12 时 17 分，深圳地铁一号线因设备故障，导致往罗宝双向行驶的列车在途中频频临时停车，晚点导致站台上滞留的乘客越来越多。晚点最长时间达 15 min。

深圳地铁集团新闻发言人对故障导致的列车晚点深表歉意，并解释称事故系罗宝线 ATS 服务器突发故障所致。事发后，深圳地铁集团立即启动应急预案，全线列车采用联锁追踪模式组织行车的方式持续运营。经过及时处置，该服务器于 12 时 43 分恢复正常，全线列车运行恢复正常。

任务四　ATP 系统故障应急处理

任务引入

2016 年 10 月 26 日 7 时 40 分，南京地铁 1 号线迈皋桥联锁区（迈皋桥至南京站区段）内列车突然出现故障紧急制动，由于当时是出行早高峰，沿线站点人满为患，与之换乘的 2 号线、3 号线在南京站、新街口站等重点车站也出现了客流拥挤，排队前进的状况。地铁公司立即调整 1 号线部分列车，改为大交路运行，信号故障同步迅速处置。

随后，南京地铁官微发出故障声明，称目前 1 号线上下行列车通过南京站至新模范马路站区段时需减速慢行，导致后续列车出现临时停车的情况。7 时 52 分，故障排除。此次故障为 ATP（列车自动防护）系统偶发故障，受影响区段内列车以"故障导向安全"原则紧急制动、终止自动驾驶功能，以确保运行安全。

本案例中车载 ATP 故障影响了大量乘客的正常出行，运营人员必须进行有效的应急处理，以便缓解乘客滞留时给车站带来的压力。

一、ATP 系统基本概念

由于城市轨道交通的列车间隔时间短，目前在大城市修建的地铁与轻轨，其间隔时间一般为 2 min（甚至 90 s），在如此短的列车间隔条件下，作为确保行车安全的信号系统，已不能以地面信号显示作为控制行车速度的主要依据，而必须有一个可连续不断地实现速度显示、监督和防护且可靠性高的系统。

列车自动防护（Automatic Train Protection，ATP）系统对列车驾驶进行防护，对与安全有关的设备或系统实行监控，具备列车间隔保护、超速防护等功能。因此 ATP 系统在城市轨道交通中承担着确保行车安全的重要职责，是 ATC 系统中最关键的一环，也是城市轨道交通信号系统保障列车安全运行的核心，具体功能如下。

（1）防止列车超速运行。

防止列车在曲线段、坡道处、道岔等限速区段以超过线路限制的速度运行，防止列车超过列车允许的最高速度运行。

（2）接收和处理来自地面的信息。

列车运行在轨道上时，地面轨道电路或其他设备将列车允许运行的最大速度值和线路位置等信息发送出去，安装在列车车体上的列车自动防护系统设备会实时接收这些信息，并对这些信息进行实时的分析和处理，以便及时对列车的运行状态和运行速度进行控制。

（3）防止列车相撞。

列车自动防护系统可以防止本列车撞上前面的列车，防止列车进入未开通或发生故障的进路，防止列车冲出尽头线和进入封锁区段等，为这些平行作业的实施提供了安全保障，它有效提高了城市轨道交通线路的利用效率，增强了城市轨道交通的运营能力。

（4）车辆安全停靠站台。

城市轨道交通列车停靠站台时，需要列车完全停稳不动，确保乘客安全上下车。列车进站停靠时，自动防护系统会检测列车的速度和所处的位置，保证列车在站台区域内安全停靠，如图10-13所示。

图10-13　车辆安全停靠站台

（5）列车车门控制。

城市轨道交通中，列车左右两侧都有车门，列车停靠站台后，自动防护系统会控制列车开启靠近站台一侧的车门，保证乘客安全上下车。

（6）空转、打滑防护。

列车在线路上行驶时，车轮在钢轨上滚动运行，因某种原因列车车轮会发生空转或滑动运行，这种情况一方面会对车辆的车轮造成损伤，另一方面会危及列车行车安全。列车自动防护系统会实时检测列车空转和打滑情况，并及时采取措施，控制列车运营状态。

（7）防止列车发生溜车。

列车如果在线路的坡道处停车或在站台处停车，列车自动防护系统会给列车施加一定的制动力，保证列车不会发生溜车现象，防止事故发生。列车自动防护系统除了拥有以上的重要功能外，根据城市轨道交通信号系统的配置情况和复杂程度，还可以有一些其他功能，如控制列车的运行方向，提供驾驶员操作接口界面等。

二、车载 ATP 系统故障应急处理

（一）ATP 设备故障

调度中心 MMI 显示轨道电路旁出现灰色圆点，列车进路可以正常排列，但列车在故障区收不到速度码或产生紧急制动，MMI 上有报警"ATP 与 SICAS 连接中断"等。轨旁 ATP 故障和联锁系统故障的重要区别在于通向故障区的进路是可以排列的。

（1）当 ATP 地面设备发生故障时，则 ATO 车载设备接收不到限速命令，无法按自动闭塞法行车，以 RM 方式运行。

（2）当 ATP 车载设备发生故障时，因故障列车无法接收 ATP 限速命令，此时主要需解决列车的驾驶模式问题，切除 ATP，以 URM 方式运行。

（二）车载 ATP 设备故障作业程序

1. 确认故障

（1）司机。

列车产生紧急制动，司机看到 ATP 系统故障报警后，向行调报告列车停车位置、列车发生紧急制动、有关 ATP 故障的报警信息。

（2）行调。

① 接到司机汇报后，在调度中心的 MMI 上，确定该列车区间停车位置。

② 指示该列车司机重新启动车载列车自动控制系统，并要求列车司机报告故障是否依然存在。

③ 若故障不再出现，要求列车司机先用 RM 方式驾车并在车载 ATC 系统允许时，转用 ATP/ATO 模式运行。

（3）司机。

① 重新启动车载 ATC 设备后，系统仍不能通过自检，则确定车载 ATP/ATO 系统故障。随后立即向行调报告重启失败。

② 向故障车内的乘客通报运营调整信息，安抚乘客。

（4）行调后续工作。

接到故障司机重启失败后，报告调度长，通知所有车站行值和列车司机利用广播，向乘客通报列车延误信息。安排正线列车间隔，准备用 URM 模式运行故障列车。

（5）调度长。

通知维调 ATP 车载故障，命令协助司机查找和组织力量准备处理故障。

（6）设备维修调度员。

协助司机确定故障列车的性质和可能的快速处理方法。

2. 组织故障车用 URM 模式运行

（1）行调。

关注全线列车运行密度和全线 ATC 系统设备正常运行。对于停车在区间，不能再用 SM 运行的故障列车司机，命令用 RM 模式运行到下一站台。在下一车站站台等候车站监督员上车，按调度员命令动车，用 URM 模式运行至终点后退出运营。

（2）司机。

执行调度员先用 RM 模式动车，发现异常立即停车。

（3）调度长。

协助行调确认用 URM 模式运行的列车前方至少有两个区间的安全空间。

（4）行值。

指派站务人员作业故障列车"监督员"上车。

（5）站务员。

以故障列车"监督员"身份上车，监督司机按行调命令动车和以允许的车速行驶。

3. 故障车运行到终点站后退出运营

（1）行调。

① 指示故障列车司机用"URM"模式运行至终点。

② 在运行中确认故障列车前方有 2 个区间的空闲后，才能命令故障列车动车。

③ 安排该列车到达终点后，不再接载乘客。

（2）司机。

① 在行调的指示和监督员的监督下，用 URM 模式运行至终点站。

② 根据行调安排，将故障列车从终点站开往存车线或返回车辆基地。

（3）站务员。

列车运行至终点站后完成监督员任务，向行调报告。

（4）行调后续工作。

在调度长同意下，安排列车从车站开往存车线或返回车辆基地。

车载 ATP 系统故障应急处理程序如图 10-14 所示。

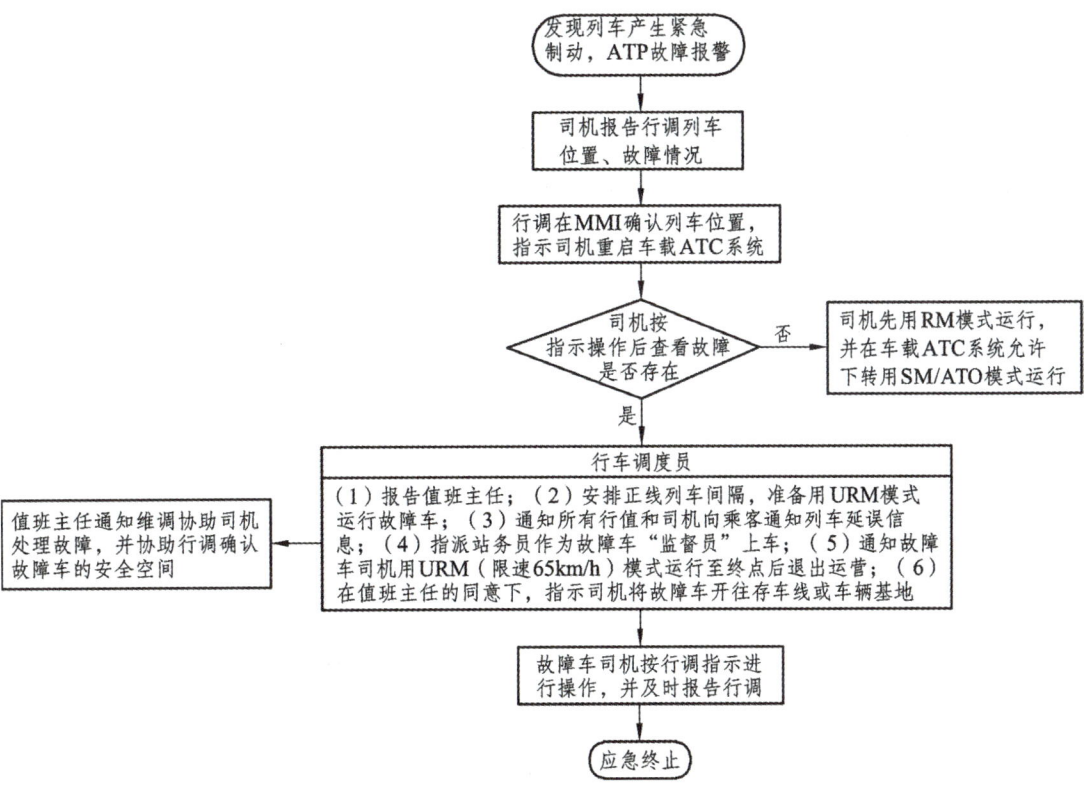

图 10-14　车载 ATP 系统故障应急处理程序

三、轨旁 ATP 系统故障作业程序

（一）确认故障

1. 司　机

列车非正常停车或紧急制动时，向行调报告车次号、列车停车位置、列车状态正常、无车辆和车载信号故障报警。

2. 行　调

接到司机汇报或从调度中心的 MMI 上，发现联锁区的全部或多段轨道区段号码闪烁，确定轨旁 ATP 设备故障，报告调度长。通告所有车站行值和列车司机利用广播及时向列车和乘客通报运营延误信息；确定列车停车的位置并严密监视和检查 ATP 故障区。

（二）指示司机在故障区谨慎驾驶

1. 行　调

（1）在故障区内，立即扣停后续列车，防止同一区间内两列车追尾事件发生，平衡列车间隔。

（2）加强列车间隔监控并指示在故障区内的所有司机必须在得到行车调度员的指令后，才可以用 RM 模式动车。

（3）指示驾列车离开故障区的列车司机，要确定列车已经驶离有关的事故区后，并在车载 ATC 系统的允许下才能恢复 SM/ATO 模式运行。

2. 司　机

（1）向列车内的乘客通报调整信息，安抚乘客。

（2）故障区内的列车司机把车扣停在站台，等待行调的进一步指示后，才能以 RM 模式离站。

（3）驶离故障区后，及时通报行调，并在车载 ATC 允许时恢复 SM/ATO 模式运行。

3. 维　调

查找轨旁 ATP 系统故障，准备备件，及时排除故障。

（三）故障排除恢复正常运行

1. 维　调

向调度长汇报故障排除。

2. 调度长

获维调报告后，确定故障已排除，指示行调通知所有列车司机。

3. 行　调

通知司机故障排除，并要求各列车进行自检，看能否正常转换为 SM 模式，试验后及时向行调报告。

4. 司　机

各列车分别报告在用 RM 模式驾驶列车的过程中，列车能够自动转为 SM 模式。向乘客通报故障已排除，恢复正常运行。

5. 行　值

向乘客通报故障排除信息，恢复正常运行。

轨旁 ATP 系统故障应急处理程序如图 10-15 所示。

四、实战演练

【任务描述】

根据以上两个案例，请编写相应的应急处理方案，并采用角色扮演法分组进行模拟演练。或者也可以选定某一车载 ATP 系统故障，编写相应的应急处理方案，并采用角色扮演法分组进行模拟演练。

【任务目标】

（1）使学生掌握城市轨道交通信号系统系统故障的应急处理方法。

（2）培养和提高学生对城市轨道交通信号系统故障的应急处理能力。

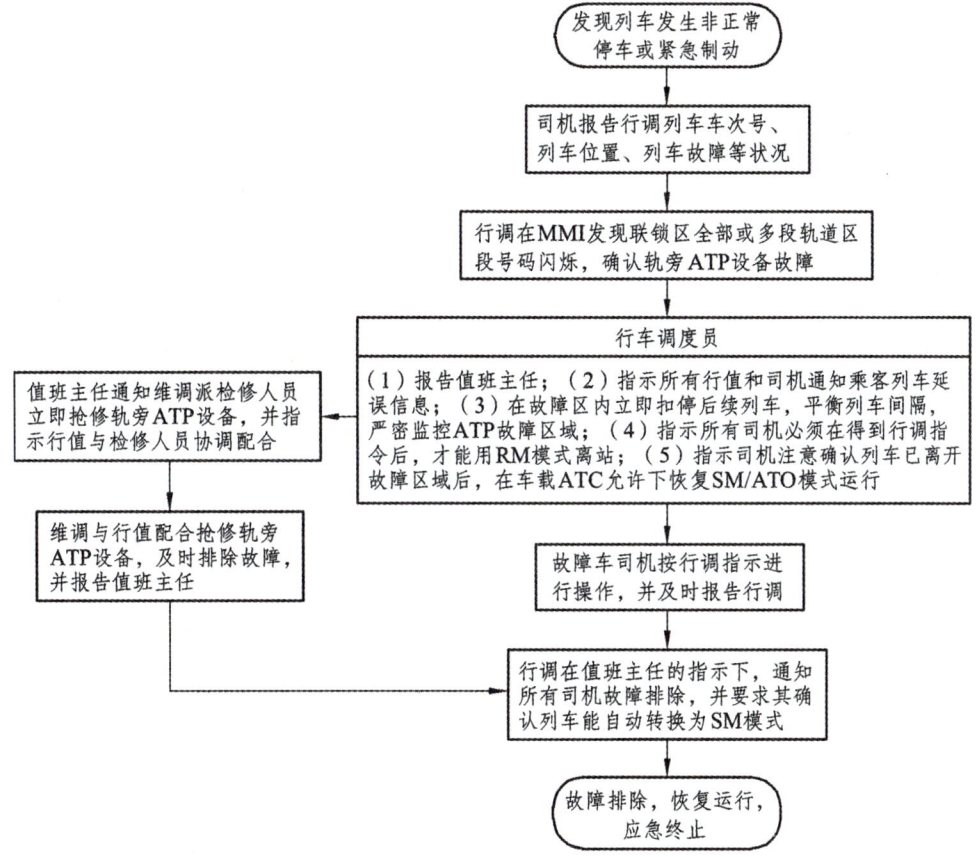

图 10-15　轨旁 ATP 系统故障应急处理程序

【任务实施】

（1）学生可按 7 人为一组的形式进行分组，分别担任司机、行车值班员、站务员、维修调度员、维修人员、行车调度员和值班主任。

（2）根据本任务所学内容，编写信号系统故障的应急处理方案。

（3）每组人员按照所编写的应急方案反复进行演练，逐步完善演练效果。

（4）每组人员依据最终确定的演练方案，进行汇报演练。

（5）教师对各小组的汇报演练进行评估，指出演练中存在的问题，并加以讨论。其中，评估标准主要包括编写思路是否清晰，内容是否完整，是否具有可操作性，汇报话语是否流畅，是否表达清晰、准确和得体。

【任务自测】

自行上网查询城轨信号系统故障的案例，选取其中一个，完成以下任务：

（1）根据此类事故，编写相应的应急处理方案。

（2）分析案例中的应急处理方案，通过对比进一步优化自己编写的应急处理方案。

① 2016 年 6 月 21 日早高峰，南京地铁 1 号线在天隆寺区段突发信号故障，故障共造成 6 辆列车晚点。地铁部门表示，此次信号连锁系统故障，在南京地铁营运中首次出现。由于故障时间出现在早高峰，受故障影响，包括该区段内的天隆寺、软件大道、花神庙、南京南等站点，只能启动人工进路，致使行车间隔被延长，区间列车、后续列车因此受到了影响。

② 2020 年 8 月 14 日 13 时 28 分，广州地铁 2 号线因信号设备故障致列车延误，经技术人员紧急抢修，14 时 8 分，2 号线列车行车间隔恢复正常。广州地铁称，需要办理退票的乘客，可在 7 日内到线网任一车站办理相关票务手续。

预案实例

信号系统故障应急预案

（一）目　的

为提高应对信号系统故障的应急处理能力，明确各相关单位的职责及处置程序，尽可能地减少损失和影响，特制订本应急预案。

（二）适用范围

本预案适用于某市轨道交通正线及车辆段发生信号系统故障时的应急处理，包括工务通号中心的《转辙机故障现场处置方案》和《联锁设备故障现场处置方案》，客运营销中心的《信号系统故障现场处置方案》，技术调度部的《联锁区联锁设备故障现场处置方案》《道岔故障现场处置方案》和《ATS 系统故障现场处置方案》等。

（三）信号系统故障分类

1. 正线信号故障

（1）正线联锁设备故障。

联锁主机等联锁核心设备故障导致联锁区的全部或大部分行车信号设备无法使用，造成

MMI、信号系统大屏灰显或显示异常、联锁区内的全部或部分进路无法排列、相邻联锁区向故障联锁区进路无法排列、列车在故障联锁区产生紧急制动等情况，各车站可在 OCC 的指令下视情况采用电话闭塞法组织行车。

（2）正线 ATS 系统故障。

ATS 系统的核心部件（通信服务器、前端处理器等）发生严重故障，导致 ATS 设备无法正常使用，出现 MMI、信号系统大屏灰显等现象，可在站控下组织行车。

（3）正线道岔故障。

道岔转不到位、无显示等故障导致行车或折返进路无法排列，严重影响列车运营。如果具备行车条件，通过采取人工对道岔加锁等措施，使列车在该故障道岔区段按 OCC 的指令采用 RM 或 URM 模式降级运行，如果不具备行车条件，则调整列车运营，组织人员进行抢修。

2. 车辆段信号故障

（1）车辆段联锁故障。

车辆段核心联锁部件（如联锁主机、操表机等）发生故障，使控制台显示屏出现黑屏或显示异常等，需人工到现场办理进路，相关列车司机严格按照信号楼调度的指令行车。

（2）车辆段道岔故障。

车辆段道岔发生挤岔、无显示、转不到位等故障，导致排列进路的信号关闭或通过该道岔的进路无法排列。如具备运行条件，可在现场人工对道岔加锁后引导列车开行，如不具备运行条件或故障处于出入段线且影响正线运营，则立即组织实施抢修。

（3）车辆段其他信号故障。

轨道电路、信号机等发生故障，导致列车进路无法排列，或列车无法按指示信号运行，则应立即组织实施抢修。

（四）指挥体系与职责

1. 指挥体系

（1）指挥机构。

应急指挥部及现场处置指挥部的设置参照《某市轨道交通有限公司运营突发事件总体应急预案》，正线联锁发生故障时成立现场指挥部，其他信号故障则由工务通号中心指定现场抢修负责人与 OCC 保持沟通、协调，负责现场抢修处置工作。

工务通号中心为现场处置关键部门。

（2）指挥权。

① OCC 承担先期应急指挥工作，待预案正式启动后，将指挥权移交应急指挥部。

② 信号系统若在正线发生故障，则先期由 OCC 行调负责指挥；若在车场发生故障，则先期由场调负责指挥。

2. 职责分工

（1）工务通号中心负责人。

① 正线联锁设备故障。

a. 接到报告后，立即赶赴事发现场。

b. 负责对信号系统故障设备的抢修工作，保持与现场负责人的联系、沟通、协调。
c. 配合现场负责人协调各专业抢险小组做好现场抢险救援工作。
d. 负责本专业抢修人员进出封锁区及对工器具的管理。
e. 根据现场情况，配合开展抢修工作。
② 其他信号设备故障。
a. 接到报告后，立即赶赴事发现场。
b. 负责对信号系统故障设备的抢修工作，保持与OCC的联系、沟通、协调。
c. 负责本专业抢修人员进出封锁区及对工器具的管理。
d. 信号设备抢修结束后，及时报OCC，恢复正线运营。
（2）客运营销中心负责人。
① 根据OCC的指令做好行车客运组织。
② 做好抢修救援的配合工作。
（3）供电机电中心负责人。
配合信号专业人员做好必要的相关接口功能验证。
（4）其他部门（中心）。
其他部门（中心）的职责参照《某市轨道交通有限公司运营突发事件总体应急预案》。

（五）信息报告内容及流程

1. 信息报告内容
（1）故障发生时间、地点（车站、上下行线）、故障设备、故障基本现象。
（2）故障的起因。
（3）现场情况、影响程度、已采取的行动和请求支援事项。

2. 信息报告流程
（1）按照《某市轨道交通有限公司运营突发事件总体应急预案》的信息报告流程进行报告。
（2）车站、司机、现场工班人员及时将现场情况及影响程度向信号楼调度/OCC行调进行报告，信号楼调度接报后立即报场调，场调报OCC及车场调度长。
（3）OCC接报后，值班调度长按照应急信息通报的有关规定和流程，向分公司领导及有关部门（中心）通报，并根据现场处置情况及时做好信息的续报工作。
（4）抢修结束后，OCC做好相关恢复工作，并向相关车站及车场发布恢复信息。

（六）先期处置

1. 正线信号故障
（1）正线联锁设备故障。
① 若车站发现LOW灰显等异常情况或在司机发现列车产生非正常紧急制动后，立即将故障情况报OCC。
② 行调在接报或发现故障后，立即确认相应联锁站的LOW显示是否正常。如果联锁站

的 LOW 及相应的 MMI 都灰显或显示异常，且本联锁区内的进路及相邻联锁区向本联锁区的进路均无法排列，则判断为联锁设备故障。

③ 行调在确认联锁设备故障后，立即通知故障区域内的站台列车停车待令。对于被迫停在区间的列车，如果列车至前方车站的区段为无岔区段，则立即组织区间列车运行至前方车站待令；如果列车至前方车站的区段为有岔区段，则在行调指示车站人员至现场将相应道岔钩锁至正确位置并加锁后，行调组织列车至前方车站待命。

④ 行调通过电话闭塞法组织行车，并及时上报，OCC 按照应急领导小组指令启动本预案，并向有关部门（中心）发布抢修救援指令。

⑤ 列车司机严格按行调的指令做好行车工作，并根据需要利用广播系统对乘客进行安抚。

⑥ 各车站严格按行调的指令，做好行车客运组织工作。

⑦ 有关部门（中心）接到抢修令后立即组织人员携带抢修设备以最快的速度赶赴现场，做好随时投入抢修的准备。

（2）正线 ATS 子系统故障。

① 行调发现 MMI、信号系统大屏灰显或长时间无变化等故障后，立即确认相应联锁站 LOW 是否正常显示，如果 LOW 显示正常，则判断为 ATS 子系统故障，并将故障信息报告维调。

② 维调接到故障报告后，立即组织相关人员判断故障点、故障原因、持续时间等，及时报告值班调度长，配合其做好故障的信息流转工作，及时按规定发布抢修令，组织相关部门进行抢修。

③ 行调与故障区域列车司机确认当前位置，指示其人工输入当前目的地码和车次号。如换向运行，则输入新的目的地码和车次号。

④ 行调通知设备集中站强行站控，并在 LOW 上确认相关车站级 ATS 设备被激活，要求相关车站人员汇报列车到发点。

⑤ 行调收到 ATS 设备被激活的报告后，通知相关车站加强对列车运行的监控。车站发现运营停车点未及时取消时人工取消，两端站列车折返进路未及时排列时人工排列。

⑥ 行调收到车站级 ATS 设备未被激活或故障的报告后，通知相关车站加强对列车运行的监控，关闭信号机"自排"功能，并设置为"追踪"，人工取消运营停车点，两端站人工排列折返进路。

⑦ 行调收到司机关于发现停车点取消，但电客车目标速度码仍为零的报告时，及时通知司机转换为 RM 模式驾驶电客车出站。

⑧ 行调按车站报点人工铺画列车运行图，并通过 LOW 设备做好运营监视，加强与相关车站的联系，必要时做好运营调整工作。

⑨ 维调组织故障抢修，将相关情况及时通报值班调度长、行调等，并协助值班调度长做好信息的发布工作。

⑩ 列车司机按照行调的指令做好行车工作，并通过广播安抚乘客。

⑪ 各车站按照 OCC 的指令，做好行车客运的组织工作。

⑫ 工务通号中心负责人在接到通知后，立即组织人员携带抢修设备以最快的速度赶赴现场，并与 OCC 保持联系、沟通与协调，做好随时投入抢修的准备。

（3）正线道岔故障。

① 车站发现道岔故障后立即报告行调。

② 行调接到报告或通过 ATS 工作站发现道岔故障后，立即对相关列车进行扣车。将控制权下放至相关设备集中站，要求车站对故障道岔进行测试，并及时将故障信息通报维调。

③ 维调在接到故障信息后，立即通知工务通号中心生产调度。

④ 工务通号中心生产调度接到故障通知后，立即就近安排信号值班人员赶赴故障现场，协助车站进行故障的先期处置。

⑤ 在保证车站安全的前提下，在 LOW 上对故障道岔进行左、右位往返 2 次操动测试。如果道岔操动失败，道岔故障短时间内也无法恢复，则判断为道岔故障，并立即报告行调。

⑥ 中间站道岔故障。

a. 行调确认道岔故障后，做好列车初步的运营调整。向车站发布指令，要求车站派人员携带相应行车设备至现场。

b. 车站人员在人工准备进路、将道岔钩锁至正确位置并加锁后，报行调。

c. 行调原则上维持列车继续运行，做好运营调整，通知相关列车司机做好故障道岔区段的降级运行，通知道岔故障车站做好接发列车的准备。

d. 如果车站人员现场确认道岔不具备行车条件，则报告行调。

e. 行调接报后，调整运营方案，并及时汇报。

f. OCC 按照应急领导小组的指令启动本预案，向工务通号中心发布抢修救援指令。

g. 工务通号中心负责人接到通知后，立即组织人员携带抢修设备以最快的速度赶赴现场，并与 OCC 保持联系、沟通、协调，做好随时投入抢修的准备。

h. 如果中间折返站道岔发生故障，车站人员在 OCC 的指令下携带行车设备到现场，确认是否具备运行条件。如果具备行车条件，则在将故障道岔定位加钩锁器并加锁后汇报 OCC 行调，OCC 原则上对相关折返列车采用就近延后折返。

⑦ 终端折返站道岔故障。

a. 行调确认道岔故障后，如果故障道岔的一个位置有表示，原则上尽量改变折返进路，利用该道岔有表示的位置接发列车。

b. 如果站后折返道岔左、右位均失去表示，则 OCC 调整运营方案，原则上采取站前折返的方式维持列车正常运营。

c. 如果站前折返道岔左、右位均失去表示，则 OCC 向车站发布指令，要求车站派人员携带相应行车设备至现场确认站前折返道岔是否具备行车条件。

d. 如果车站人员现场确认站前道岔具备行车条件，将道岔钩锁至正确位置并加锁后，报行调，行调利用站后折返维持列车运营。如果车站人员现场确认道岔不具备运行条件，则将现场情况报告行调。

e. 行调接报后调整运营方案，并及时汇报。

f. OCC 按照应急领导小组指令启动本预案，向工务通号中心发布抢修救援指令。

g. 工务通号中心负责人在接到通知后，立即组织人员携带抢修设备以最快的速度赶到现场，并与 OCC 保持联系、沟通、协调，做好随时投入抢修的准备。

⑧ 司机按行调的指令行车，在故障区段采用降级方式运行。

⑨ 车站按行调的指令做好行车客运组织工作。

2. 车辆段信号故障

（1）车辆段联锁故障。

① 车场内的列车司机发现信号显示异常等故障后，立即停车并报信号楼调度。

② 信号楼调度在接报或通过显示终端发现控制台显示屏黑屏、显示异常、联锁主备机全死机的报警信息后，立即停止所有作业，通知相关列车司机严禁动车或进入相关区段，并报场调。

③ 场调接报后，及时将故障信息通报维调。

④ 维调在接到故障信息后，立即通知工务通号中心生产调度。

⑤ 工务通号中心生产调度接到通知后，立即就近安排信号值班人员赶赴故障现场，协助场调进行故障的先期处置。

⑥ 场调在确认联锁故障后，立即汇报并做好人工进路的准备。

⑦ OCC按照应急领导小组指令启动本预案，向工务通号中心发布抢修指令。

⑧ 列车司机严禁动车，等待信号楼调度的指令，并将故障情况报信号楼调度。

⑨ 工务通号中心负责人在接到通知后，立即组织人员携带抢修设备以最快的速度赶到现场，并与场调保持联系、沟通、协调，做好随时投入抢修的准备。

（2）车辆段道岔故障。

① 列车司机发现信号显示异常后立即停车。

② 信号楼调度在接报或通过显示终端发现道岔故障后，立即通知相关列车停车，并报场调。信号楼调度在保证安全的情况下，对故障道岔进行定、反位往返2次的操作测试，若测试无效，则做好人工进路的准备。

③ 场调接报后，立即对车场作业进行调整并及时汇报。

④ OCC按照应急领导小组的指令启动本预案，并向工务通号中心发布抢修指令。

⑤ 工务通号中心负责人在接到通知后，立即组织人员携带抢修设备以最快的速度赶到现场，并与场调保持联系、沟通、协调，做好随时投入抢修的准备。

⑥ 司机严格按照信号楼调度的指令行车。

（3）车辆段其他信号故障。

车辆段其他信号故障包括轨道电路、信号机等发生的影响出入段线和正线运营的故障等。

① 列车司机发现信号机显示异常后，立即停车并将故障情况报信号楼调度。

② 信号楼调度在接报或通过显示终端发现故障后，立即通知相关区段的列车停车，并报场调。

③ 场调接报后立即对车场作业进行调整，并按信息报告流程进行汇报。

④ OCC按照应急领导小组的指令启动本预案，向有关部门（中心）发布抢修救援指令。

⑤ 工务通号中心负责人在接到通知后，立即组织人员携带抢修设备以最快的速度赶赴现场，并与场调保持联系、沟通、协调，做好随时投入抢修的准备。

⑥ 车场司机严格按照信号楼调度的指令行车。

（七）应急处置

1. 应急响应

（1）工务通号中心接报后，按本预案的要求迅速开展抢险工作。

（2）故障发生后，列车司机严格按照 OCC 行调或信号楼调度指令行车，并随时与其保持通信联络。

（3）各车站严格按照行调的指令，配合抢修作业。

（4）如果在故障抢修过程中需其他部门（中心）配合，则其部门中心负责人在接报后，迅速组织相关人员赶赴现场，做好配合准备工作。

2. 现场处置

（1）信号专业抢修队伍到达故障地点后，信号抢修负责人与 OCC 保持联系、沟通与协调。

（2）信号专业抢修队伍负责人了解现场情况后，制定初步抢修方案，并报现场负责人审批通过。

（3）现场负责人确认可以展开抢修时发布指令，抢修队伍根据抢修方案开始抢修。

（4）故障信号设备抢修完成后，其他接口部门配合其完成必要的接口功能测试。

3. 应急终止

（1）正线联锁设备故障。

① 抢修救援工作结束，确认相关功能正常后，必须快速清场恢复原状。

② 涉及专业接口的情况，各专业人员必须配合完成接口功能测试，符合标准后方可撤离。

③ 涉及其他专业的，各专业人员在抢修结束后向现场负责人汇报后续列车限制条件，现场负责人确认具备行车条件后，向指挥中心报告，并将指挥权移交 OCC，OCC 行调严格按照现场条件组织行车。

（2）正线 ATS 子系统故障。

① 抢修救援工作结束，及时确认相关功能正常后，必须快速清场，恢复原状。

② 涉及专业接口的情况，各专业人员必须配合完成接口功能测试，符合标准后方可撤离。

③ 抢修结束后，信号专业现场抢修负责人向维调汇报后续行车限制条件。

④ 维调接到故障处理完毕的报告，与控制中心其他专业调度确认 ATS 系统设备已恢复正常且具备使用条件后，报告值班调度长。

⑤ 值班调度长在确认相关情况后宣布 ATS 故障应急处置方案终止，恢复正常运营。

⑥ 行调通知各司机及车站人员修复故障，恢复正常运营，并向相关车站收回控制权，指示其按实际情况采取措施尽快恢复列车正常运营秩序。如相关专业人员对列车运行有特殊要求，经核实后，按相关要求执行，并发出书面调度命令。

（3）其他信号设备故障。

① 抢修救援工作结束，及时确认相关功能正常后，必须快速清场，恢复原状。

② 涉及专业接口的情况，各专业人员必须配合完成接口功能测试，符合标准后方可撤离。

③ 抢修结束后，信号专业现场抢修负责人向 OCC 汇报后续行车限制条件，OCC 行调/场调严格按照现场条件组织行车。

习题及思考题

一、填空题

（1）城市轨道交通信号系统通常由_____和_____两大部分组成。

（2）道岔按功能和用途分类有_____、_____、_____、_____、_____5 种类型。其中_____是最常用的类型。

（3）单开道岔由_____、_____、_____三个单元组成。

（4）ATC 系统包括 3 个子系统，分别为_____、_____、_____。

（5）ATS 系统由_____、_____、_____、_____以及_____等组成。

二、判断题

（1）轨道电路区段显示"红色"表示逻辑占用，即指令只到达了联锁逻辑层，是计算机联锁逻辑计算故障所致，操作员可通过"轨区逻空"命令将故障清除。（   ）

（2）道岔故障危及他人生命安全时，应立即启动相应的处理程序，实施"先救人，救人与事故处理同步进行"。（   ）

（3）ATP 根据时刻表数据自动铺画出列车实际运行图（列车区间运行时分、停站时分及通过时分的集合通过线条表示出来），不需要行调在纸上铺画列车运行图。（   ）

（4）行车值班员确认 LOW 自动运行模式是否激活，如果激活，行车值班员须在 MMI 上直接手动操作排列列车进路，并控制列车停站时间。（   ）

（5）当轨旁 ATS 系统发生故障时，行车调度员在确认故障位置后，通知维修调度员及时组织抢修，同时命令司机以 URM 模式谨慎驾驶通过故障点。（   ）

三、简答题

（1）简述道岔故障应急处理原则。

（2）在城市轨道交通运营过程中，ATS 系统突发故障，应如何进行应急处理？

（3）在城市轨道交通运营过程中，轨旁 ATP 突发故障，应如何进行应急处理？

（4）城市轨道交通信号的基本颜色有哪些？各代表什么意思？

项目十一 恶劣天气与自然灾害的应急处理

知识目标

（1）了解城市轨道交通恶劣天气和自然灾害的概念及判断方法。

（2）掌握城市轨道交通在暴雨、浓雾、暴雪、大风、沙尘和台风天气时的应急处理程序。

（3）掌握城市轨道交通在恶劣天气情况下各岗位的职责分工和信息汇报内容和流程。

能力目标

（1）锻炼学生面临各类恶劣天气时的应急处理能力。

（2）学会车站在各类恶劣天气情况下的处理方法和流程。

（3）能够胜任不同岗位在遭遇各类恶劣天气时的应急处理办法。

思政目标

通过校内课程教学、应急演练项目多元评价学生，注意将爱岗敬业、吃苦耐劳、遵纪守法、钻研奉献、团结合作等代表工匠精神的要素全程进行渗透，与技术要素有机融合。通过将相关国家战略、行业动态、企业发展、优秀毕业生成长案例等融入专业教学内容，进行企业化管理，将严格的纪律要求、实训教室及设备的清洁整理、项目任务是否及时完成并上交、不同实习岗位的执行情况等纳入成绩考核，帮助学生逐步认识、了解、熟悉专业、未来工作的企业、从事的职业，激发出学生对专业的热爱、对职业的向往、对未来自我成长的期待，在有限的时间内最大化地促进学生养成"工匠精神"。

任务一 暴雨天气应急处理

任务引入

2021年5月14日至16日，武汉持续三天出现暴雨、冰雹、龙卷风等强对流极端天气。武汉地铁做到提前预警，提早备足防汛物资，第一时间启动恶劣天气应急预案，万余名员工严阵以待，确保运营的平稳有序，保障市民乘客的顺畅出行。

从 5 月 13 日接到极端天气预警起，武汉地铁万余名运营人员进入"临战"状态：利用运营结束后的"天窗点"时间，对信号、道岔、车辆、供电等关键行车设施设备进行全面检修排查，及时消除安全隐患，确保防范到位。运营期间，各专业技术人员全过程驻守重点设备，保障设备正常运行。大风暴雨时段，高架线路司机加强瞭望，采取人工驾驶、限速运行等临时措施，保障列车正常行驶。线网 240 座车站配备防汛沙袋 30 000 袋、防滑地垫 43 000 个、推水器 3 000 个、竹扫把 2 200 把，地下站点每个出入口备有定制防淹挡板，根据雨情及时投入使用。管理人员包干车站 24 h 值守，以补充车站紧急情况下的人力。

暴雨时段，小东门、建安街、宝通寺、青年路等站点，出入口外地面出现短时积水现象，车站工作人员按照分工，有的接力式搬运沙袋，铺垫出一个个水中"爱心通道"；有的在水中手拉手帮扶乘客，筑就起一条条雨中"最美通行路"。风里雨里，全体地铁工作人员用热心和暖心，保障着市民乘客安全出行、舒心出行。

自然灾害是地铁运营需要经常面对的问题，大风、雨雪等恶劣天气发生时，一方面会给线路、道岔等设备及地面行车带来不利影响，另一方面会引起车站客流的增加。因此，车站工作人员应按照恶劣天气应急处理办法及时采取疏导、限流等措施，消除各种隐患，确保乘客的乘车安全。通过本任务的学习，使学生了解具体的应急措施。

一、恶劣天气和自然灾害的基本知识

恶劣天气是指突发气象灾害预警信息所描述的天气，包括暴雨、浓雾、暴雪、大风等。中国气象局规定的气象灾害预警信号（以下简称"预警信号"）有 16 种，涵盖台风、暴雨、暴雪、寒潮、大风、沙尘暴、高温、干旱、雷电、冰雹、霜冻、大雾、霾、道路结冰、雷雨大风和森林火灾等气象灾害。除干旱和森林火灾以外，其他 14 种气象灾害对城市轨道交通运营安全都有较大影响。

自然灾害是指对自然生态环境、人居环境、人类及其生命财产造成破坏和危害的自然现象，如地震、台风、暴雨、大雾、暴风雪等。

对城市轨道交通的正常运营造成不良影响的自然灾害主要包括暴雨、暴雪、大雾、地震等。暴雨会使道床排水不畅造成水淹钢轨，还可能引发路基下沉、护坡倒塌等；暴雪可能会使道岔转不到位，造成列车无法折返；大雾会影响司机瞭望，无法按正常速度行驶；地震可能带来列车脱轨、基础设施损毁等严重后果。因此，如何克服自然灾害对城轨正常运行的影响，是城市轨道交通运营人员必须面对的问题。

二、恶劣天气时的应急原则

（1）以人为本，安全第一。
（2）统一指挥，逐级负责。
（3）快速反应，协同应对。
（4）以防为主，常备不懈。

三、暴雨天气应急处理

（一）暴雨预警信号

暴雨预警信号分四级，分别以蓝色、黄色、橙色、红色表示，如图 11-1 所示。红色暴雨预警信号一般为最高级。

（1）蓝色预警：12 h 内降雨量将达 50 mm 以上，或者已达 50 mm 以上且降雨可能持续。

（2）黄色预警：6 h 内降雨量将达 50 mm 以上，或者已达 50 mm 以上且降雨可能持续。

（3）橙色预警：3 h 内降雨量将达 50 mm 以上，或者已达 50 mm 以上且降雨可能持续。

（4）红色预警：3 h 内降雨量将达 100 mm 以上，或者已达到 100 mm 以上且降雨可能持续。

发布暴雨预警信号有助于提高人们的预警，减少人们生命财产损失等。

图 11-1　暴雨预警类型

（二）暴雨天气应急处理方法

1. 值班站长的职责

（1）接行车值班员通报后，立即赶到受灾出入口进行处置，劝导乘客出入站注意安全，并引导乘客尽量从其他出入口进出站。

（2）安排站务员、站厅保安、保洁人员运送沙袋到受灾出入口砌挡水墙，进行抢险，并通知行车值班员向行车调度员请求关闭受灾出入口。

（3）接到上级同意关闭受灾出入口的指令后，安排客运值班员在站厅通道处设置隔离栏杆，张贴告示。

（4）发现雨水有漫过挡水墙的趋势，立即要求厅巡和站厅保安继续运沙袋到楼梯下方砌挡水墙，打开车站排水沟盖板，并要求邻站运送支援沙袋。

（5）安排人员检查各设备房是否有水浸现象。

（6）发现隧道淹水时，及时接获控制中心的通知有关列车班次受影响而延误的信息，并启用车站广播通知车站旅客。

（7）车站出入口恢复正常后，通知工作人员立即将沙袋撤除，让保洁清理通道和楼梯的卫生，通知行车值班员报行车调度员，恢复车站的正常服务。

2. 客运值班员的职责

（1）接值班站长指令，在站厅通道处设置隔离栏杆，张贴告示，并做好乘客服务解释工作，引导乘客尽量从其他出入口进出站。

（2）协助厅巡运送沙袋，堆砌挡水墙。

（3）在抢险人员指挥下，安排全站人员投入抢险。

3. 行车值班员的职责

（1）接厅巡报告后立即报告值班站长、机电驻站人员和OCC，通过CCTV监控出入口情况，将情况报告行车调度员。

（2）向行车调度员请求关闭受灾出入口，做好乘客广播服务工作，在PIS上显示相关信息，汇报站长和站务室领导。

（3）监控水泵情况。

（4）接到值班站长可以恢复运营的通知后，报告行车调度员已恢复正常。

4. 站务人员的职责

（1）发现车站地面积水持续上涨，有积水进入车站的趋势，立即报行车值班员。

（2）确认扶梯无人后停止自动扶梯运行，切断电扶梯电源。

（3）在站厅通道和出入口处设置隔离栏杆，张贴关闭出入口告示，并做好乘客服务解释工作，引导乘客从其他出入口进出。

（4）观察水位情况，做好雨水导流工作。

（5）协助厅巡运送沙袋，堆砌挡水墙，并在抢险人员的指挥下抢险。

（6）水灾抢险结束后撤除隔离栏杆及告示，恢复车站正常服务。

5. 行车调度员的职责

（1）通过CCTV观察车站情况，保持与车站行车值班员间的联系，并向OCC汇报。

（2）当隧道淹水时，通知所有列车司机有关受影响的沿线车站和区间。通知站务中心值班站长事故状况。注意监察如水淹到钢轨底部时，该轨道区段在MMI或LOW上显示红光带。通知事故段司机在水淹到钢轨中部时限速25 km/h，淹到钢轨顶部时限速15 km/h。安排增加维修人员进入隧道查看。

（3）指示在事故区间的列车司机须停留、以向前限速驾驶模式继续前进，或倒退回之前的站台以疏散列车旅客；指示列车司机在抵站后，将驾驶模式设定回自动驾驶；调度在正线的受此事故影响运行的列车。

（4）随时了解水情变化，必要时，通知电力调度员将接触网（轨）停电。

（5）当司机报告水已淹过轨面，列车无法通过时，立即扣停后续列车，确认后续进路空闲（或按维修调度员要求速度执行，并注意地面线路运行安全及区间积水情况，发现险情立即报告），指示司机执行"退回车站"的安排。

（6）水灾结束后，执行值班主任"恢复列车营运服务"的指示，将事故记录在行车调度员日志中。

6. 环控调度员的职责

（1）密切监督BAS、FAS和气体灭火系统的运行状态。

（2）监控环控系统相关设备运行。若发现故障，应及时报修，并指挥设备故障处理、维修施工。

7. 电力调度员的职责

（1）加强对调度范围内供电设备实行操作管理。

（2）电力调度人员应加强与行车调度员的联系，密切配合、正确指挥供电设备的运行。

（3）当接到行车调度员的停电通知时，迅速、正确地将相应的接触网（轨）停电。

8. 列车司机的职责

（1）密切关注隧道内的水位情况，及时向控制中心报告淹水情况，包括淹水的区段位置、水位的情况、增进或减退的趋势。请示列车是否能继续前进驶过此区段，如列车不能驶过此区段，启用车载广播通知列车旅客事故状况。继续间断性地用车载广播系统通知旅客有关的事故处理进展情况。

（2）列车司机须根据控制中心调度员的指示行车，例如列车须停留、以向前限速驾驶模式继续前进，或倒退回之前的站台以疏散列车旅客；如以向前限速驾驶模式驶过事故区段，在抵达下个车站后，与行车调度员确定将驾驶模式设定回自动驾驶。

（3）如果水位已到钢轨顶部，注意限速 15 km/h 运行；当水已淹过轨面，列车无法通过时，司机须在行车调度员的指示下后退回车站。

9. 机电检修人员的职责

（1）及时对水灾地点采取断水堵水措施，开启全部排水泵排水。

（2）随时向值班站长和行车调度员报告水情。

（3）按照抢险预案要求，进行紧急处理。

10. 应急终止

接到 OCC 应急终止命令后，司机恢复正常驾驶，值班站长组织车站人员清理现场，撤除防护，做好乘客服务工作，应急终止。

一般来说，遇上台风、暴雨等极端天气，地铁出入口最有可能被积水涌入。为了防止出入口进水，地铁有"三道防线"：

（1）防水板、沙袋（见图 11-2）；

（2）台阶下设集水槽；

（3）地漏、地铁防淹门。

图 11-2　防洪沙袋

四、实战演练

【任务描述】

根据以上案例,请编写相应的应急处理方案,并采用角色扮演法分组进行模拟演练。或者也可以选定地铁遭遇暴雨事故,编写相应的应急处理方案,并采用角色扮演法分组进行模拟演练。

【任务目标】

(1)使学生掌握城市轨道交通暴雨天气的应急处理方法。
(2)培养和提高学生对城市轨道交通暴雨天气的应急处理能力。

【任务实施】

(1)学生可按7人为一组的形式进行分组,分别担任司机、行车值班员、值班站长、客运值班员、站务人员、行车调度员和值班主任。
(2)根据本任务所学内容,编写地铁暴雨天气的应急处理方案。
(3)每组学生按照所编写的应急方案反复进行演练,逐步完善演练效果。
(4)每组学生依据最终确定的演练方案,进行汇报演练。
(5)教师对各小组的汇报演练进行评估,指出演练中存在的问题,并加以讨论。其中,评估标准主要包括编写思路是否清晰,内容是否完整,是否具有可操作性,汇报话语是否流畅,是否表达清晰、准确和得体。

【任务自测】

自行上网查询地铁暴雨天气的案例,选取其中一个,完成以下任务:
(1)根据此类事故,编写相应的应急处理方案。
(2)分析案例中的应急处理方案,通过对比进一步优化自己编写的应急处理方案。

城市轨道交通暴雨天气的应急演练

2020年5月22日凌晨,广州中北部地区普遍出现了暴雨到大暴雨,局地出现特大暴雨。多地出现水浸现象。据广州地铁消息,受暴雨影响,官湖车辆段的地面积水严重,雨水倒灌进隧道导致无法出车,13号线因此暂停运营。地铁方面正在加紧排水抢修。针对13号线出现的情况已启动接驳公交车,有需要的乘客可选择乘坐接驳公交车。

任务二 暴雪天气应急处理

任务引入

2015年11月23日晚,一场暴雪突袭郑州,积雪深度为12.7 cm,市民纷纷刷朋友圈大呼过瘾,可喜悦过后,出行就成了问题。

25 日，受暴雪影响，郑州市区道路上的车明显少了许多，很多郑州市民开启了"公交+地铁+步行"的出行模式。因为不受交通环境影响，地铁成了多数人的选择，排队乘坐的场面堪比"春运"。

郑州市轨道公司相关负责人称，由于天气原因，24 日早上 7 时至 9 时的早高峰时段，郑州地铁 1 号线进站客流为 5.34 万人次，较 23 日同时段客流增加 1.15 万人次，同比上涨 27%。

城市轨道交通常遭遇暴雪天气并深受其影响，运营人员必须要熟练应对，通过本任务的学习，使学生了解城轨在暴雪天气下的应急处理方法。

一、基本概念

暴雪是指在 24 h 内降雪量达 10 mm 以上的雪，是自然天气现象的一种降雪过程。暴雪预警信号分为四种：蓝色、黄色、橙色和红色，如图 6-3 所示。

图 11-3　暴雪预警类型

红色预警：过去 24 h、两个及两个以上省（区、市）大部分地区出现 25 mm 以上降雪，预计未来 24 h 上述地区仍将出现 10 mm 以上降雪。

橙色预警：过去 24 h、两个及两个以上省（区、市）大部分地区出现 10 mm 以上降雪，预计未来 24 h 上述地区仍将出现 5 mm 以上降雪，或者预计未来 24 h、两个及两个以上省（区、市）大部分地区将出现 15 mm 以上降雪。

黄色预警：过去 24 h、两个及两个以上省（区、市）大部分地区出现 5 mm 以上降雪，预计未来 24 h 上述地区仍将出现 5 mm 以上降雪，或者预计未来 24 h、两个及两个以上省（区、市）大部分地区将出现 10 mm 以上降雪。

蓝色预警：预计未来 24 h、两个及两个以上省（区、市）大部分地区将出现 5 mm 以上降雪，且有成片超过 10 mm 的降雪。

二、暴雪天气应急处理方法

城市轨道交通运营线路出现大范围降雪时，钢轨冰冻会影响车辆的牵引制动，使尖轨与基本轨无法紧密贴合；接触轨结冰后无法与受流器接触从而造成机车无电，还会酿成乘客因此摔伤等后果。

（一）司机

司机发现暴雪来临，立即汇报信号楼或 OCC，并按 OCC 命令启动相关应急预案。加强瞭望，及时向 OCC 汇报暴雪影响情况。司机应根据现场情况降低车速，影响行车安全时，立即停车，向信号楼或 OCC 汇报情况，做好乘客的安抚工作。

（二）车站人员

值班站长应通知所有工作人员，通报恶劣天气的相关情况，启动暴雪应急预案。

（1）站务人员在出入口、楼梯口铺设防滑垫和提示牌，同时客运值班员组织人力及时清扫出入口积雪。

（2）值班站长通知保洁人员注意出入口、楼梯口等区域的卫生状况。

（3）站务人员在客流量较大的出入口疏导乘客进、出站。

（4）行车值班员通过 CCTV 系统密切关注进、出站的客流变化，并随时向值班站长汇报。通过广播系统向进站乘客宣传安全、防滑的事项。

（5）值班站长要随时掌握运营现场和天气情况，并随时做好延长运营时间的准备工作。

（6）地面线路有道岔的车站应做好道岔的清扫及融雪工作，如图 11-4 所示。列车司机在运行中遇大雪、霜冻等恶劣天气时应及时向行车调度员报告并采取相应措施。在运行中要严格控制列车速度，制动时要适当延长制动距离，制动力尽量要小，以防止滑行，视其速度快或慢并根据情况追加或缓解，确保对标停车。

图 11-4　工作人员清理道岔积雪

（三）应急终止

1. 值班站长

接到 OCC 应急处理终止命令且完成除雪、除冰工作后，通知各岗位终止本方案，撤除防护设施设备，清理现场。

2. 客运值班员

撤除防滑警示牌等设施设备。

3. 站务员

协助值班站长撤除防护设施设备。

4. 电客车司机

接到信号楼或 OCC 应急处理终止命令，按信号楼或 OCC 命令恢复正常驾驶。

实战演练

城市轨道交通暴雪天气的应急演练

美国当地时间 2015 年 1 月 27 日上午，因东北部地区遭遇暴风雪天气的袭击，纽约地铁全部暂停运营，这是纽约地铁 110 年以来首次因暴风雪而停运。然而此次停运事件引起部分市民的不满。1 月 28 日上午，纽约市长召开新闻发布会，指出 27 日的暴风雪或将是纽约近两百年来所经历的最严重的一次暴风雪。

在官方公路禁行令解除后，纽约 MTA 官网 10 时左右发布消息称，从中午开始，地铁和公交车运营将恢复。而在此之前，公交部门部分工作人员要完成线路的勘察工作，确保路面交通安全。部分员工要清扫地铁站台和台阶上的冰雪。

【任务描述】

根据以上案例，请编写相应的应急处理方案，并采用角色扮演法分组进行模拟演练。或者也可以选定某一地铁暴雪天气事故，编写相应的应急处理方案，并采用角色扮演法分组进行模拟演练。

【任务目标】

（1）使学生掌握城市轨道交通暴雪天气的应急处理方法。

（2）培养和提高学生对城市轨道交通暴雪天气的应急处理能力。

【任务实施】

（1）学员可按 7 人为一组的形式进行分组，分别担任司机、行车值班员、值班站长、客运值班员、站务人员、行车调度员和值班主任。

（2）根据本任务所学内容，编写地铁暴雪天气的应急处理方案。

（3）每组学员按照所编写的应急方案反复进行演练，逐步完善演练效果。

（4）每组学员依据最终确定的演练方案，进行汇报演练。

（5）教师对各小组的汇报演练进行评估，指出演练中存在的问题并加以讨论。其中，评估标准主要包括编写思路是否清晰，内容是否完整，是否具有可操作性，汇报话语是否流畅，是否表达清晰、准确和得体。

【任务自测】

自行上网查询地铁暴雪天气的案例，选取其中一个，完成以下任务：

（1）根据此类事故，编写相应的应急处理方案。

（2）分析案例中的应急处理方案，通过对比进一步优化自己编写的应急处理方案。

任务三 大雾和台风天气应急处理

任务引入

2018年8月16日,台风"温比亚"正逼近上海,上海地铁高度重视,根据上海市防汛办指示,12时起,上海地铁全路网加强防御台风"温比亚"工作的力度,确保运营安全有序。

具体包括五方面的内容:(1)领导24小时带班值守,同步提升运营保驾等级。(2)进一步加强巡视和防御工作,尤其在路网易积水的重点车站,运营结束后必须在出入口外安装防汛板等防护措施,全路网各线各站应严格执行防汛责任制和相关措施,防止发生雨水倒灌等情况。(3)进一步加强运营组织安全管控,加强列车运行期间线路瞭望,确保行车安全。(4)进一步加强设施设备检查和保障,防止因设备故障而引发影响乘客出行的运营事件。(5)进一步落实坠物侵限隐患的巡视与防范工作。

台风天气严重影响了城轨的正常运行,相关人员必须迅速采取有效措施予以应对,确保人员安全、降低损失。

一、基本概念

大雾是指由于近地层空气中悬浮的无数小水滴或小冰晶造成水平能见度不足500 m的一种天气现象。大雾预警信号分三级,分别以黄色、橙色、红色表示。

黄色预警:12 h内可能出现能见度小于500 m的雾,或者已经出现能见度小于500 m、大于等于200 m的雾并将持续。

橙色预警:6 h内可能出现能见度小于200 m的雾,或者已经出现能见度小于200 m、大于等于50 m的雾并将持续。

红色预警:2 h内可能出现能见度小于50 m的雾,或者已经出现能见度小于50 m的雾并将持续。

台风是发生在热带或副热带洋面上的低压涡旋,是一种强大而深厚的热带天气系统,台风预警信号分四级,分别以蓝色、黄色、橙色、红色表示,如图11-5所示。

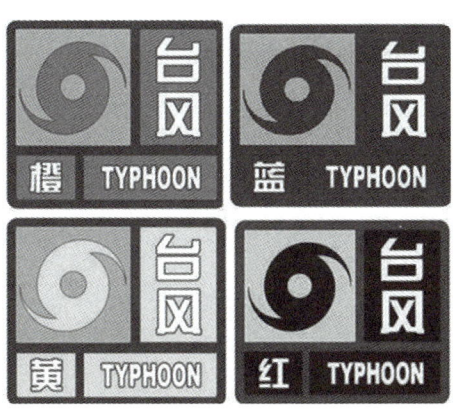

图11-5 台风预警类型

红色预警：6 h 内可能或者已经受热带气旋影响，沿海或者陆地平均风力达 12 级以上，或者阵风达 14 级以上并可能持续。

橙色预警：12 h 内可能或者已经受热带气旋影响，沿海或者陆地平均风力达 10 级以上，或者阵风达 12 级以上并可能持续。

黄色预警：24 h 内可能或者已经受热带气旋影响，沿海或者陆地平均风力达 8 级以上，或者阵风达 10 级以上并可能持续。

蓝色预警：24 h 内可能或者已经受热带气旋影响，沿海或者陆地平均风力达 6 级以上，或者阵风达 8 级以上并可能持续。

二、大雾天气应急处理方法

（一）车站的应急处理措施

（1）发现或接报大雾险情后，确认现场情况，及时向 OCC 汇报，并做好乘客服务工作，封锁现场。

（2）协助抢险人员进行处理。

（二）控制中心的应急处理措施

（1）随时了解雾情和列车的运行状况。

（2）通知各部门启动大雾应急预案。

（3）必要时向车站、司机发布相关的运营服务信息，如列车驾驶模式的变更、列车速度的限制等。

（4）根据情况派出抢险队。

（5）通知相关受影响的车站做好乘客服务工作。

（6）必要时关闭不具备运营条件的车站，组织具备运行条件的区段维持运行。

（三）车辆基地的应急处理措施

（1）发现或接到险情报告，立即通知相关人员或分部抢险队赶赴现场进行处理。必要时，协助配合抢险工作。

（2）及时向行车调度员汇报车辆基地的情况。

（3）组织具备车辆运行条件的区段行车，保证正线运行用车。

三、台风天气应急处理方法

（一）现场接报险情

1. 电客车司机

（1）加强瞭望，发现台风来临，及时报 OCC。

（2）接 OCC 启动相应专项应急处理预案命令。

2. 行车值班员

（1）发现台风来临，立即报 OCC 和值班站长。

（2）接 OCC 启动相应专项应急处理预案命令，报值班站长。

（二）前期应急处理

1. 值班站长

启动应急处理预案，组织员工抗击台风。

2. 行车值班员

做好应急处理的广播疏导工作，根据值班站长命令通知驻站民警。

3. 客运值班员

准备相应的应急处理备品（如扩音器等）。

4. 电客车司机

根据现场情况降低速度，执行 OCC 命令。

（三）现场应急处理

1. 值班站长

① 加强车站巡视，做好乘客引导工作。当风力超过 7 级时，检查悬挂物，以免脱落物扎伤乘客及员工，指派专人对站台上的可移动物品进行加固，督促保洁人员清理车站，露天段车站做好停运、客流疏散的准备。如有其他异常情况立即上报控制中心。

② 根据 OCC 关站命令，通知各岗位关站，疏导乘客避风。

2. 行车值班员

做好与 OCC、车站各岗位、救援部门之间的信息传递。根据 OCC 命令关闭管辖的地面、站台的广告灯箱电源。

3. 客运值班员

① 组织乘客做好避风预防工作。

② 执行关站程序。

4. 站务员

① 提醒乘客不要靠近站台屏蔽门以及不要在站台悬挂物（如 PIS 等）附近候车，并做好乘客引导工作。

② 执行关站程序。

5. 电客车司机

① 发现车体轻微摇晃时，报告 OCC，按 OCC 命令停车或降速执行。

② 如造成车辆、供电、行车等设备损坏，影响正常行车时，报告 OCC，停车待令，做好乘客安抚工作。

（四）应急终止

1. 值班站长

接到 OCC 应急处理终止命令后，通知各岗位终止应急处理预案，清理现场。

2. 客运值班员

清理现场，撤除防护设施设备。

3. 站务员

清理现场，撤除防护设施设备。

4. 电客车司机

接到 OCC 应急处理终止命令后恢复正常驾驶。

实战演练

【任务描述】

根据以上案例，请编写相应的应急处理方案，并采用角色扮演法分组进行模拟演练；或者也可以选定某一城轨大雾天气事故，编写相应的应急处理方案，并采用角色扮演法分组进行模拟演练。

【任务目标】

（1）使学生掌握城市轨道交通大雾天气的应急处理方法。

（2）培养和提高学生对城市轨道交通大雾天气的应急处理能力。

【任务实施】

（1）学员可按 6 人为一组的形式进行分组，分别担任司机、行车值班员、行车调度员、值班站长、站务人员和值班主任。

（2）根据本任务所学内容，编写地铁大雾天气的应急处理方案。

（3）每组学员按照所编写的应急方案反复进行演练，逐步完善演练效果。

（4）每组学员依据最终确定的演练方案，进行汇报演练。

（5）教师对各小组的汇报演练进行评估，指出演练中存在的问题，并加以讨论。其中，评估标准主要包括编写思路是否清晰，内容是否完整，是否具有可操作性，汇报话语是否流畅，是否表达清晰、准确和得体。

【任务自测】

自行上网查询地铁大雾天气的案例，选取其中一个，完成以下任务：

（1）根据此类事故，编写相应的应急处理方案。

（2）分析案例中的应急处理方案，通过对比进一步优化自己编写的应急处理方案。

城市轨道交通大雾天气的应急演练

2017年1月4日早高峰，北京因大雾天气导致本市绝大部分高速路封路，许多开车市民转乘公共交通，地铁客流量有所增加。因为大雾的缘故，地面房山线路采取降速运行，大量乘客因此聚集。不少乘客反映，在房山线大概等了1 h，上班因此迟到，地铁方面及时为乘客发放了延误说明。

为应对大雾天气，车站向行车调度员申请加开临时车辆的需求，行车调度员上下行共加开了10趟列车以缓解大客流。其中，针对长阳站滞留乘客较多的现象加开放空临客一列，减少了限流的时间，加快了乘客进站乘车的速度。空车是一项有力的应急处理措施，相当于这辆车是从篱笆房站始发的，很快便将滞留的千余人送走。

任务四 地震应急处理

任务引入

2014年5月21日8时21分，我国台湾地区花莲县发生了规模5.9级地震，地震深度18 km，全台多地有感。

受地震影响，台北捷运（地铁）各路线列车一度全部暂停，等到地震摇晃停止后，列车才恢复慢速巡轨。根据台湾地区铁路部门的作业程序，只要碰到4级以上地震，所在地区的列车就会停驶，地震停止后，再以30 km/h的速度慢行。

通过本任务的学习，使学生了解城轨地震灾害的应急处理方法。

一、基本概念

地震是指大地的震动，包括天然地震（构造地震、火山地震）、诱发地震（如陨石坠落、水库蓄水、深井注水等引发的地震）和人工地震（地下核爆炸、炸药爆破等人为引起的地震），一般人们所说的地震是指构造地震。

地震会给城轨的正常运营造成很大的影响，运营人员应熟练掌握相应的应急处理方法，使损失降到最低。

二、地震应急处理方法

地震灾害发生后，应遵循"高度集中、统一指挥，先救人、后救物，先抢救通信、供电等要害部位，后抢救一般设施"等原则。

（一）车站人员

（1）地震发生后，值班站长立即向行调汇报是否影响行车；是否有人员、设备、线路、车辆受损；是否需要召唤紧急服务（公安、急救、消防），并在紧急避险后积极开展疏导乘客、救护伤员及组织乘客自救的工作。

（2）一旦确定发生四级以上强度的地震，值班站长必须安排车站员工：

① 亮起所有隧道灯。

② 检查所有系统是否运作正常特别是检查供电、通信、信号及环境控制系统运作状况。

③ 在确保自身安全的前提下，巡视车站建筑、设施，巡视出入口及站外情况，发现有任何异常情况，立即通知值班站长。

（3）值班站长接到车站巡视结果后，立即向行调、故障报警中心报告设备、结构损毁的情况。

（4）如果站台有列车停车，按照行调指示立即对列车进行清客作业。

（5）停止所有作业，察看是否有工作人员或乘客受伤。若发现有人员受伤，要立即展开救助工作。

（6）如发现建筑物损毁或阻塞，应立即疏散、封锁危险区域，安排人员驻守，制止他人接近。

（7）如地震强度较大，建筑物、设备设施损毁严重，应立即执行车站紧急疏散程序。

（二）OCC

应根据当时的震感强度和各站上报的震情，做出准确判断，报告有关领导决策，并发布局部或全线停运命令，安排疏散乘客、救援抢险、抢修设备等事宜。由于通信、供电等原因导致OCC无法指挥时，各值班站长担任指挥，并做好自救工作。震情消失后，运营人员根据需要和设备损坏情况，在确保安全的情况下，尽快开通路线，恢复局部线路运营。

（三）列车司机

应立即采取紧急措施制动车辆，减少车辆自身动能和地震能量的叠加。若发现列车受损、接触网断线及照明中断，应使用应急照明查明周围情况，采取有效的措施与OCC或临站值班站长联系，报告情况，以求得救援和行动的指令。在救援到达之前，列车司机应立即采取一切可行的措施安抚乘客，组织乘客脱离险境。

三、实战演练

【任务描述】

根据以上案例，请编写相应的应急处理方案，并采用角色扮演法分组进行模拟演练。或者也可以选定某一地铁遭遇的地震灾害，编写相应的应急处理方案，并采用角色扮演法分组进行模拟演练。

【任务目标】

（1）使学生掌握城市轨道交通地震灾害的应急处理方法。

（2）培养和提高学生对城市轨道交通地震灾害的应急处理能力。

【任务实施】

（1）学生可按 7 人为一组的形式进行分组，分别担任司机、行车值班员、值班站长、行车调度员、电力调度员、环控调度员和值班主任。

（2）根据本任务所学内容，编写地铁地震灾害的应急处理方案。

（3）每组学生按照所编写的应急方案反复进行演练，逐步完善演练效果。

（4）每组学生依据最终确定的演练方案，进行汇报演练。

（5）教师对各小组的汇报演练进行评估，指出演练中存在的问题，并加以讨论。其中，评估标准主要包括编写思路是否清晰，内容是否完整，是否具有可操作性，汇报话语是否流畅，是否表达清晰、准确和得体。

【任务自测】

自行上网查询地铁地震灾害的案例，选取其中一个，完成以下任务：

（1）根据此类事故，编写相应的应急处理方案。

（2）分析案例中的应急处理方案，通过对比进一步优化自己编写的应急处理方案。

城市轨道交通地震灾害的应急演练

中国地震台网测定：2019 年 4 月 18 日 13 时 01 分，我国台湾地区的花莲县附近发生 6.7 级地震，震源深度 24 km。

地震发生后，台湾各地明显摇晃。台北地铁全线暂停行驶，大批乘客被请下车，地铁站内不断广播：正在检查机电系统，请乘客不要慌张。报道称，停运大约持续了 2 h。另外，台湾高铁也暂停行驶，以便检修。

此前，2018 年 2 月 6 日，花莲县深夜发生规模 6.0 级地震，地震造成 17 人死亡，超过 280 人受伤。

预案实例

某运营公司恶劣天气应急预案

（一）目的

为加强恶劣天气情况下的运营组织工作，规范应对程序，提高应急处理水平，减少恶劣天气对城轨运营的影响，特制定了本预案。

（二）适用范围

本预案适用于某市轨道交通运营公司在地铁遭遇台风、大风、雷电、暴雨、暴雪、高温、冰雹、结冰、霜冻、大雾等恶劣天气时的预防与处理工作。

（三）指挥体系与职责

1. 指挥体系

（1）应急领导小组设置在 OCC，由 OCC 承担先期应急指挥工作，并根据应急响应级别启动应急预案。

（2）在恶劣天气对运营安全已经造成影响后，应急领导小组根据现场报告的情况，按照《运营公司突发事件应急预案》的程序和要求，启动相关应急预案。

2. 职责分工

（1）OCC。

① 接到某市气象部门的恶劣天气预警后，立即向各部门发布相关信息。通过气象台、监测设备等了解恶劣天气变化的最新动态，并及时发布和更新。

② 组织各岗位做好恶劣天气来临时的应急处置准备工作，密切关注恶劣天气对各设备系统的影响情况。

③ 做好应急信息收发及通报工作。

④ 当恶劣天气对运营安全已造成影响时，按要求启动本预案相应级别的应急响应。

⑤ 根据事件的影响程度及现场情况，组织列车降级运行，调整供电、环控机电等设备系统运行方式，降低事件的影响程度，维持最大限度的运营。

（2）其他各部门。

① 接到预警信息后，各部门应立即组织各岗位落实好预先制定的防御措施。

② 现场各岗位密切关注天气变化的最新动态，发现恶劣天气来临时，及时上报。

③ 恶劣天气来临后，现场各岗位根据恶劣天气下的相关标准和要求进行作业，并实时向OCC上报恶劣天气对现场的影响情况。

④ 做好恶劣天气可能对运营安全造成影响后的专业抢修、救援准备工作。

⑤ 其他职责参照《运营公司突发事件应急预案》执行。

（四）信息报告内容及流程

1. 信息报告内容

（1）OCC发布恶劣天气预警信息内容。

① 恶劣天气的种类、预警级别。

② 恶劣天气可能发生的时间、影响范围、影响程度等。

（2）车站、司机等现场人员上报恶劣天气来临时的信息内容。

① 呈报人的单位、姓名、职位及联系电话。

② 恶劣天气来临的时间、恶劣程度等。

③ 影响范围（线路、车站、上下行线、里程标等）。

④ 现场已采取的相关应急措施。

（3）恶劣天气对运营安全造成影响后的信息通报内容。

① 呈报人的单位、姓名、职位及联系电话。

② 事件发生的时间、地点（线路、车站、上下行线、里程标等）。

③ 事件的起因、现象、影响范围及程度等。

④ 现场先期处置情况。

2. 信息报告流程

① 接到某市气象部门的恶劣天气预警信息后，OCC及时向各部门发布预警信息。

②当车站、车辆段、司机等现场人员发现恶劣天气来临时，应立即向OCC报告。

③在恶劣天气对运营安全造成影响后，车站、车辆段、司机等现场人员立即向OCC报告，OCC根据现场报告的情况立即向相关部门负责人及运营公司分管领导报告。

④具体汇报流程按照《运营公司突发事件应急预案》规定执行。

（五）应急处置

1. 先期处置

（1）OCC。

①向各部门发布恶劣天气预警信息，通过气象台、监测设备等密切关注恶劣天气变化的最新动态，并及时发布。

②各调度员应提高警惕，加强对现场设施设备、人员情况的掌握，按要求做好恶劣天气的相关防御措施。

③督促车站、车辆段、司机和现场工班等落实好防御措施。

④将恶劣天气预警信息及先期处置情况，报告运营公司领导。

（2）其他各岗位。

①司机在列车运行过程中应加强瞭望，发现恶劣天气可能危及行车安全或设施设备受损害等情况，及时报告OCC。

②各专业检修人员加强对现场设施设备、关键部位的巡检，视情况采取加固、防雷、防洪、防滑、防冻、防高温等防护措施，具体应对方案由各部门根据现场情况制定。

③地下站作业人员，视情况停止相关作业，或采取防御措施，确保人身安全。

④根据OCC发布的恶劣天气的最新动态，必要时加强防御措施。

⑤现场各岗位密切关注天气变化，发现恶劣天气来临时，及时上报（包括恶劣天气来临的时间、恶劣程度及现象、影响范围等）。

2. 应急响应

（1）当恶劣天气邻近或已经来临时，OCC通知相关部门启动本预案。

（2）接到应急预案启动的通知后，现场各岗位立即执行恶劣天气下的相关作业标准和要求。

（3）应急领导小组视情况启动公交保障方案，并对该方案的实施进行监督、协调，及时有效地疏散拥堵线路上车站内的乘客。

（4）相关部门做好恶劣天气可能对运营安全造成影响后的专业抢修、救援准备工作，随时待命。

3. 应急作业要求

（1）台风、大风情况下。

①OCC。

a. 通过气象台、监测设备等实时关注天气变化，并及时将最新动态向各部门发布。

b. 根据风力级数，组织地面、高架线路限速或停运。

c. 通知受影响的相关车站做好乘客宣传、服务工作，组织具备运行条件的地下线路维持运营。

d. 认真监控现场设备的运行情况，必要时组织受影响的设备停止运行。

e. 随时做好台风、大风对运营安全造成影响后的抢修、救援准备工作。

② 司机。

a. 当风力达到一定级数时，根据现场情况及行调命令，采用人工驾驶模式，限速行驶。

b. 因台风、大风造成地面车站的屏蔽门、车门无法同时打开时，司机应先打开屏蔽门，待风压平衡后，再打开车门。

c. 应避免列车进行急促加速或减速，使列车尽量平稳地运行。在车辆运行中，若发现列车有摇摆等异常现象，降低运行速度，并及时报告行调。

d. 若需就地停车避风的，司机做好列车防溜措施，降下受电弓，并做好乘客广播服务工作。

e. 加强瞭望，发现线路上有异物等危及行车安全的情况时，应紧急停车，并及时报告行调。

③ 车站。

a. 加强车站设施设备的监控，做好乘客宣传组织工作。

b. 接到 OCC 的调度命令后（如关站），立刻执行车站紧急程序，落实安全措施，做好宣传、疏散、服务工作。

c. 发现险情，紧急处理，及时上报。

④ 车辆段。

a. 加强对所辖设施设备的监控，及时调整受影响的列车进行出入场作业、调车作业和施工作业。

b. 发现或接报紧急事件后，立即报告 OCC 及车辆部生产调度室主任。

⑤ 现场工班。

a. 若因特殊情况需进行高空作业的，须做好避风措施，保证人身安全。

b. 必要时组织人员登乘，在车站设置观察点，密切观察现场线路、供电、机电等设施设备的运行情况，发现问题要及时报告。

c. 做好抢修抢险准备，随时待命。

（2）暴雨情况下。

① OCC。

a. 密切监控地下段隧道洞口及隧道内的水位和列车运营状况。

b. 密切监控暴雨对接触网，特别是对地面、高架线路接触网的影响。

c. 通知受影响的相关车站做好乘客的宣传、服务工作。

d. 必要时下达关闭不具备安全运营条件的车站命令。

e. 做好暴雨对运营安全造成影响后的抢修、救援准备工作。

② 司机。

a. 若能见度低，影响瞭望时，应开启列车头灯，采用人工驾驶模式，并根据能见度控制列车运行速度。

b. 若运行中发现列车出现"空转滑行"等异常现象，降低运行速度，并报告行调。

c. 加强瞭望，发现线路上有水淹、下沉等危及行车安全的情况，应紧急停车，并及时报告行调。

· 当 $h \geq 180$ mm 时（h 为积水面距轨面高度，负值表示积水漫过轨面，h 值的测量，以积水最深处为准，下同），允许列车以正常速度通过积水段。

· 当 50 mm $\leq h <$ 180 mm 时，允许列车按 25 km/h 的速度通过积水段。

· 当 $h <$ 50 mm 时，原则上列车不准通过积水段，必须通过时限速 15 km/h。

· 当积水造成计轴区段短路时，司机应尽量以惰行方式通过积水区段。

③ 车站。

a. 密切监视车站出入口积水情况、隧道区间的水位状况、隧道区间集水井抽水泵的运行状况，并及时向行调报告。

b. 做好乘客组织及服务工作，当出入口有大量雨水流入时，采取沙包围堵措施，并做好乘客防滑和疏导工作。

c. 发现险情，紧急处理，并及时上报。

④ 车辆段。

a. 密切关注车辆段的积水状况，并及时上报。

b. 合理调整受影响的列车出入场作业、调车作业、施工作业，保证正线运营用车。

c. 发现或接报紧急事件后，立即报告 OCC 及车辆部调度室主任。

⑤ 工建车间、机电车间。

a. 加强现场巡视，保证现场排水渠道畅通。

b. 密切监视车站出入口、隧道洞口及隧道区间的集水井抽水泵运行状况，如集水井抽水泵排水量无法满足需求时，及时采取处理措施。

c. 加强线路检查，如发现线路路基下沉、边坡坍塌、挡土墙倒塌等情况，应及时上报。

d. 做好抢修抢险准备，随时待命。

（3）雷电情况下。

① 除发生紧急情况外，各部门应立即停止地面路段的高空作业及高架路段的户外作业，并停止在地面有电气相连的设备上作业，确保人身安全。

② OCC 密切监控接触网、列车、变电所、机电设备等关键设施设备的运行状况。

③ 车站做好乘客宣传、服务工作。

④ 供电、机电、车辆部门安排人员到车站值守或登乘，加强变电所、机电设备、车辆、接触网等的巡检，发现问题应紧急处理并及时上报。

⑤ 各部门做好雷电对运营安全造成影响后的抢修、救援准备工作。

（4）大雾情况下。

① OCC。

a. 实时了解地面、隧道入口段的大雾情况，密切监控列车的运行状态及供电、机电等电气设备的运行状态。

b. 通知车站和司机，根据现场情况开启地下站厅、站台、区间及隧道入口段的照明，司机开启列车头灯并加强瞭望，根据能见度控制列车速度，采用人工驾驶模式，限速行驶。

② 司机。

a. 根据能见度控制列车的运行速度。当能见度低、影响瞭望时，应开启列车头灯，采用人工驾驶模式驾驶。

b. 若列车运行时出现"空转滑行"等异常现象，应降速并报告行调。

c. 加强瞭望，发现危及行车安全的情况，应紧急停车并及时报告行调。

③ 车站。

a. 根据现场能见度和照明情况等，开启地面站厅、站台、区间照明，如根据 OCC 的命令开启隧道入口段的照明等。

b. 做好乘客宣传组织工作，如在大雾导致湿滑的地方放置警示牌。

c. 加强车站的巡视，关注大雾天气对乘客的影响。

④ 车辆段。

a. 调车作业人员携带必要的照明设备，并穿好荧光背心。

b. 根据现场能见度和照明情况，开启车辆段的照明。

⑤ 现场工班。

a. 现场作业时，携带必要的照明设备，并穿好荧光背心。

b. 加强对现场设施设备的巡检，及时上报大雾的最新情况。

（5）高温情况下。

① 各部门做好防暑降温和防火灾工作。当温度达 39 ℃以上时，除特殊原因外应停止户外作业或缩短户外作业时间。

② OCC 密切监视冷却、通风、气体灭火系统以及接触网等设施设备的运行状况。

③ 现场工班安排人员到车站值守或登乘，加强对钢轨、车辆、接触网、机电设备等的巡检。当环境温度达到 39 ℃时，应立即采取有效措施，防止地面出现线路胀轨跑道、接触网碰弓打弓的安全隐患。

④ 车站做好乘客组织和服务工作。

⑤ 各岗位发现现场出现设备运行异常、人员中暑等情况，采取应急措施并及时报告，必要时请求支援。

（6）暴雪、冰雹、结冰、霜冻情况下。

① OCC。

a. 注意了解地面区段的积雪、冰雹、结冰情况，密切监控列车及供电、机电等设备的运行状态。

b. 做好融雪、扫雪、除冰等应急处理的准备工作。

c. 根据应急领导小组的要求，必要时采取拉大行车间隔、将列车停留在正线等措施，防止地面线路、接触网等设备冻结导致列车无法运行或车辆段无法出车。

② 司机。

a. 加强瞭望，根据实际情况控制车速。

b. 注意监视列车运行状态，发现有"空转滑行"等异常现象，应降速并向行调报告。

c. 发现有危及行车安全的情况，应紧急停车并及时报告行调。

③ 车站。

a. 留意积雪、冰雹对乘客的影响，做好乘客宣传组织工作，在出入口、通道、楼梯、站台等结冰或湿滑的地方，要及时清理或放置警示牌。

b. 加强巡视，密切监视设施设备的运行情况，发现有异常情况，及时报告行调。

c. 做好扫雪、除冰等准备工作，必要时组织驻站人员参与处理。

④ 车辆段及现场工班。

a. 加强对线路、设施设备的巡检，发现问题及时上报。

b. 现场作业人员注意保暖和人身安全，除特殊情况外停止高架作业。

c. 做好线路融雪、扫雪、除冰等应急准备工作。

（四）应急终止

（1）接到恶劣天气预警解除的信息后，由现场负责人确认恶劣天气现象已明显减弱、对运营安全已不会造成影响时，向应急领导小组报告。

（2）OCC接到现场负责人可以终止应急的报告后，向全线发布应急终止命令。

（3）OCC组织受影响区域恢复正常运营。

习题及思考题

一、填空题

（1）地震灾害发生后，应遵循_____、_____、_____、_____、_____等原则。

（2）在暴雪来临时，行车值班员应做好与_____、_____、_____之间的信息传递工作。

（3）_____是指对自然生态环境、人居环境、人类及其生命财产造成破坏和危害的自然现象。

（4）_____是指每小时的降雨量达 16 mm 以上，或连续 12 h 降雨量达 30 mm 以上或连续 24 h 降雨量达 50 mm 以上的降水。

（5）暴雪预警信号分为：_____、_____、_____、_____。

（6）对城市轨道交通的正常运营造成不良影响的自然害主要包括_____、_____、_____、_____等。

二、解答题

（1）简述城市轨道交通暴雨天气的应急处理方法。

（2）当地铁遭遇大雾天气时，相关运营人员需要采取哪些应急处理措施？

（3）简述在城市轨道交通车站发生地震时，各工作人员相应的应急处理方法。

（4）当出现暴雪天气时，城轨运营人员应如何进行应急处理？

（5）当出现暴雨天气时，城轨运营人员应如何进行应急处理？

（6）简述城市轨道交通在出现恶劣天气时的应急原则。

附 录

附录 A　城市轨道交通常用专业术语（中英文对照）表

序号	英文缩写	英文全称	中文
1	AFC	Automatic Fare Collection	自动售检票系统
2	AGM	Automatic Gate Machine	自动检票机
3	AR	Automatic Reversal	自动折返模式
4	ATC	Automatic Train Control	列车自动控制
5	ATO	Automatic Train Operation	列车自动驾驶
6	ATP	Automatic Train Protection	列车自动防护
7	BAS	Building Automation System	环境控制自动化系统
8	BOM	Booking Office Machine	半自动售票机
9	CBTC	Communications-Based Train Control	基于通信的列车控制系统
10	CCTV	Closed Circuit Television	闭路电视监视
11	CLOW	Center Locking Workstation	中央联锁工作站
12	FAS	Fire Alarm System	火警报警系统
13	IBP	Integrated Backup Panel	综合后备盘
14	LOW	Local Operator Workstation	局域操作员工作站
15	LRT	Light Rail Transit	轻轨交通
16	LRV	Light Rail Vehicle	轻轨车辆
17	MCC	Maintenance Control Center	维修控制中心
18	MMI	Man-Machine Interface	人机界面
19	NFC	Near Field Communication	近距离无线通信技术

续表

序号	英文缩写	英文全称	中文
20	OCC	Operating Control Center	控制中心
21	PSL	PSD（Platform Screen Door）System Local controller	屏蔽门就地控制盘
22	PM	People Mover	专线型、中运量自动导向交通
23	PRT	Personal Rapid Transit	网络型、小运量自动导向交通
24	RM	Restrited Manual-operation	限制人工驾驶模式
25	RTU	Remote Terminal Unit	远程终端单元
26	SCADA	Supervisory Control And Data Acquisition	数据采集与监视控制系统
27	SICAS	Siemens Computer Aided Signalling	西门子计算机辅助信号联锁系统
28	SM	Supervised Manual mode	监督人工驾驶模式
29	TVM	Ticket Vending Machine	自动售票机
30	TCU	Ticket Checking Machine	自助查询机
31	TCM	Transmission Control Unit	自动变速箱控制单元
32	UPS	Uninterruptible Power Supply	不间断电源
33	URT	Urban Rail Transit	城市轨道交通
34	URM	Unrestrited Manual	非限制人工驾驶模式
35	VVVF	Variable Voltage Variable Frequency	变压变频

注：城市轨道交通常用专业术语按字母的先后顺序排列

附录B 某市轨道交通禁止限制携带物品目录

一、禁止携带物品

（一）枪支、子弹（含主要零部件）

（1）军用枪、公务用枪：手枪、步枪、冲锋枪、机枪、防暴枪等以及各类配用子弹；
（2）民用枪：气枪、猎枪、运动枪、麻醉注射枪等以及各类配用子弹；
（3）道具枪、发令枪、钢珠枪、催泪枪、电击枪等以及各类配用子弹；
（4）上述物品的样品、仿制品。

（二）爆炸物品

（1）弹药：炮弹、炸弹、照明弹、燃烧弹、烟幕弹、信号弹、催泪弹、毒气弹、手雷、地雷、手榴弹等；
（2）爆破器材：炸药、雷管、导火索、导爆索、震源弹、爆破剂等；
（3）烟火制品：礼花弹、烟花（含冷光烟花）、鞭炮、摔炮、拉炮、砸炮等各类烟花爆竹，发令纸、黑火药、烟火药、引火线以及"钢丝棉烟花"等具有烟花效果的制品等；
（4）射钉弹、发令弹等含火药的制品；
（5）上述物品的仿制品。

（三）管制器具

（1）管制刀具：匕首、三棱刮刀、带有自锁装置的弹簧刀（跳刀）；刀尖角度小于60°，刀身长度超过150 mm的各类单刃、双刃和多刃刀具；刀尖角度大于60°，刀身长度超过220 mm的各类单刃、双刃和多刃刀具，以及符合上述条件的陶瓷类刀具等；
（2）其他器具：警棍、催泪器、电击器、防卫器、弩、弩箭等。

（四）易燃易爆物品

（1）压缩气体和液化气体：氢气、甲烷、乙烷、环氧乙烷、二甲醚、丁烷、天然气、乙烯、氯乙烯、丙烯、乙炔（溶于介质的）、一氧化碳、液化石油气、氟利昂、氧气（供病人吸氧的袋装医用氧气除外）、水煤气、煤气（瓦斯）等及其专用容器；
（2）易燃液体：汽油（包括甲醇汽油、乙醇汽油）、煤油、柴油、苯、乙醇（酒精）、酒精体积百分含量大于70%或标识不清晰的酒类饮品、1,2-环氧丙烷、二硫化碳、甲醇、丙酮、乙醚、油漆、稀料、松香油及含易燃溶剂的制品等；
（3）易燃固体：红磷、闪光粉、固体酒精、赛璐珞、发泡剂H、偶氮二异庚腈等；
（4）自燃物品：黄磷、白磷、硝化纤维（含胶片）、油纸及其制品等；
（5）遇湿易燃物品：金属钾、钠、锂、碳化钙（电石）、镁铝粉等；

（6）氧化剂和有机过氧化物：高锰酸钾、氯酸钾、过氧化钠、过氧化钾、过氧化铅、过醋酸、双氧水、氯酸钠、硝酸铵等。

（五）毒害品

氰化物、砒霜、硒粉、苯酚、氯、氨、异氰酸甲酯、硫酸二甲酯等高毒化学品以及灭鼠药、杀虫剂、除草剂等剧毒农药。

（六）腐蚀性物品

盐酸、硫酸、硝酸、氢氧化钠、氢氧化钾、有液蓄电池（含氢氧化钾固体、注有酸液或碱液的）、汞（水银）等。

（七）放射性物品

指含有放射性核素，并且其活度和比活度均高于国家规定豁免值的物品，详见《放射性物品分类和名录（试行）》。

（八）感染性物质

包括可感染人类的高致病性病原微生物菌（毒）种和感染性样本，详见《人间传染的病原微生物名录》中危害程度分类为第一类、第二类的病原微生物。

（九）其他危害列车运行安全的物品

（1）可能干扰列车信号的强磁化物；
（2）硫化氢及有强烈刺激性气味或者有恶臭等异味的物品；
（3）容易引起旅客恐慌情绪的物品；
（4）不能判明性质但可能具有危险性的物品。

（十）法律、行政法规、规章规定的其他禁止携带的物品

另外，还有法律、行政法规、规章规定的其他禁止携带的物品。

二、限制携带物品

（一）民用生活、生产工具

（1）菜刀、水果刀、餐刀、剪刀、工艺刀、工具刀等刀具，菜刀单品刀刃部分在 20 cm 以下，其他单品刀刃部分在 10 cm 以下，并且在包装完好或采取其他必要防护措施情况下，单品限量携带 1 把，累计限量携带不得超过 3 把；

（2）斧头、锤子、钢（铁）锉、锥子（尖锐物）、铁棍等锐器、钝器，长度在 25 cm 以下，并且在包装完好或采取其他必要防护措施情况下，单品限量携带 1 把，累计限量携带不得超过 3 把。

（二）含有易燃、易爆物质的生活用品

（1）包装密封完好、标识清晰且酒精体积百分含量大于或等于24%、小于或等于70%的酒类饮品累计不超过3 000 mL；

（2）香水、花露水、喷雾、凝胶等含易燃成分的非自喷压力容器日用品，单体容器容积不超过100 mL，每种限带1件；

（3）指甲油、去光剂累计不超过50 mL；

（4）冷烫精、染发剂、摩丝、发胶、杀虫剂、空气清新剂等自喷压力容器，单体容器容积不超过150 mL，每种限带1件，累计不超过600 mL；

（5）安全火柴不超过2小盒，普通打火机不超过2个；

（6）标志清晰的充电宝、锂电池数量不超过5块，单块额定能量不超过100 Wh（如未直接标注额定能量Wh，则可以按照Wh=V×mAh/1 000计算），含有锂电池的电动轮椅除外；

（7）法律、行政法规、规章规定的其他限制携带的物品。

附录 C　某市轨道交通乘坐规则

第一条　乘客应当依序分散候车、先下后上、文明乘车。列车停稳后，应当留意列车与站台间的空隙；当列车关门的提示警铃鸣响或者警示灯闪烁时，停止上下车。乘车时不得手扶或者倚靠车门、屏蔽门和安全门。列车到达终点站，乘客应当全部下车。

第二条　轨道交通实行一人一票制。乘客应当持有效车票乘车，并遵守以下规定：

（一）一名成年购票乘客可以免费带领一名身高 1.2 m 以下（含 1.2 m）的儿童乘车；超过一名的，按照超过人数购票。

（二）持单程票乘车，应当在购票车站上车，限乘单程一次，当日进站有效，出站时车票由出站闸机收回；持储值类车票乘车，其车费由出站闸机自动扣除，车票余值以车票记录为准。

（三）年满 70 周岁的老人、残疾军人、因公致残的人民警察、盲人和其他一级二级残疾人凭有效证件可办理免费卡，凭卡免费乘车；三级四级残疾人凭残疾人证办理优惠卡半价乘车；残疾人携带随身必备的辅助器具应予免费；学生按照国家和本市的有关规定享受票价优惠。

（四）自进入进站闸机起至出站时止，每次乘车时限为 180 min；超过 180 min 的，应按线网最高票价另交车费。但因轨道交通运营单位原因导致的超时除外。

（五）进入进站闸机后遗失车票、人为损坏车票、使用过期、伪造、涂改车票或者利用其他欺骗手段乘车的，视为无票或持无效车票乘车，由轨道交通运营单位按照线网最高票价收取票款。

（六）使用的车票不足以支付所到达车站的实际车费时，应当补交超程车费。

第三条　乘客随身携带物品应当符合以下规定：

（一）物品重量不得超过 20 kg，长、宽、高之和不得超过 2 m。超过上述规定的，不得携带进站、乘车。

（二）禁止携带易燃、易爆（含气球）、有毒、放射性、腐蚀性等危险品以及枪械弹药、管制刀具等公安机关发布的"禁止携带物品目录"上规定的所有物品和有刺激性气味、无包装易碎、尖锐的物品进站、乘车。

第四条　乘客应当配合轨道交通运营单位对其携带物品进行的安全检查，并配合公安机关和轨道交通运营单位对可疑物品的开包检查工作。

对拒绝接受安全检查或者携带危害轨道交通安全的危险品的乘客，轨道交通运营单位有权阻止其进站或责令其出站；对强行进站或者扰乱安全检查现场秩序的，由公安机关依法处理。

第五条　乘客乘坐轨道交通工具，除应当遵守《重庆市轨道交通条例》中关于禁止扰乱运营秩序、危害运营安全的行为规定外，还禁止下列行为：

（一）在车站、车厢内躺卧、踩踏座席、乱扔垃圾；

（二）在车站、车厢内聚众演讲、高声喧哗；

（三）在车厢内悬吊扶手把手、扶手杆或者在车厢连接处逗留；

（四）在车站出入口或付费区内逗留，阻塞行人通道；

（五）在车站或车厢内相互推挤，追逐打闹、滋事斗殴；

（六）在车站或车厢内使用滑板、溜冰鞋、轮滑鞋等物品；

（七）在列车驾驶室外敲击玻璃，使用闪光灯拍照等干扰驾乘人员的行为；

（八）损坏或擅自移动轨道交通设施设备。

（九）赤脚、赤膊、烈性传染病患者或健康状况危及他人安全者进站、乘车。

（十）无人监护的学龄前儿童、精神病患者、醉酒者乘坐列车或电扶梯。

提倡乘客不在车站付费区及列车车厢内饮食。

第六条 乘客使用电扶梯时，应当面向扶梯运行方向，紧握扶手带，依序右立左行。禁止在扶梯上推拉、嬉戏打闹、反方向行走、跑动、身体倚靠或探出扶手栏杆等危险行为，禁止携带大型物件或尖锐物品搭乘电扶梯。

附录 D 乘梯须知

（1）乘梯时请您面向扶梯运行方向，时刻紧握扶手带，缓行时请礼貌靠右站稳，紧急时请有序靠左通行。

（2）禁止 1.2 m 以下的儿童、行动不便的老人、精神病人、酒后失控者及危重病人在无人陪同的情况下搭乘扶梯。

（3）禁止携带超宽（超 0.35 m）、超高（超 0.8 m）、超长（超 2 m）、超重（超 20 kg）的物品搭乘扶梯。

（4）禁止携带易燃、易爆、易腐蚀等有害物品搭乘扶梯。

（5）禁止携带大型物件或使用折叠车等工具拖拉物品搭乘扶梯。

（6）禁止在扶梯上推拉、嬉戏打闹、赤脚、反方向行走、跑动、坐在梯级踏板上、身体倚靠扶手及侧板、身体探出扶手栏杆、趴在扶手带上、在扶梯外侧板上行走、在进出口手抓扶手玩等危险行为。

附录 E 城市轨道交通运营管理规定

第一章 总则

第一条 为规范城市轨道交通运营管理，保障运营安全，提高服务质量，促进城市轨道交通行业健康发展，根据国家有关法律、行政法规和国务院有关文件要求，制定本规定。

第二条 地铁、轻轨等城市轨道交通的运营及相关管理活动，适用本规定。

第三条 城市轨道交通运营管理应当遵循以人民为中心、安全可靠、便捷高效、经济舒适的原则。

第四条 交通运输部负责指导全国城市轨道交通运营管理工作。

省、自治区交通运输主管部门负责指导本行政区域内的城市轨道交通运营管理工作。

城市轨道交通所在地城市交通运输主管部门或者城市人民政府指定的城市轨道交通运营主管部门（以下统称城市轨道交通运营主管部门）在本级人民政府的领导下负责组织实施本行政区域内的城市轨道交通运营监督管理工作。

第二章 运营基础要求

第五条 城市轨道交通运营主管部门在城市轨道交通线网规划及建设规划征求意见阶段，应当综合考虑与城市规划的衔接、城市轨道交通客流需求、运营安全保障等因素，对线网布局和规模、换乘枢纽规划、建设时序、资源共享、线网综合应急指挥系统建设、线路功能定位、线路制式、系统规模、交通接驳等提出意见。

城市轨道交通运营主管部门在城市轨道交通工程项目可行性研究报告和初步设计文件编制审批征求意见阶段，应当对客流预测、系统设计运输能力、行车组织、运营管理、运营服务、运营安全等提出意见。

第六条 城市轨道交通工程项目可行性研究报告和初步设计文件中应当设置运营服务专篇，内容应当至少包括：

（一）车站开通运营的出入口数量、站台面积、通道宽度、换乘条件、站厅容纳能力等设施、设备能力与服务需求和安全要求的符合情况；

（二）车辆、通信、信号、供电、自动售检票等设施设备选型与线网中其他线路设施设备的兼容情况；

（三）安全应急设施规划布局、规模等与运营安全的适应性，与主体工程的同步规划和设计情况；

（四）与城市轨道交通线网运力衔接配套情况；

（五）其他交通方式的配套衔接情况；

（六）无障碍环境建设情况。

第七条 城市轨道交通车辆、通信、信号、供电、机电、自动售检票、站台门等设施设备和综合监控系统应当符合国家规定的运营准入技术条件，并实现系统互联互通、兼容共享，满足网络化运营需要。

第八条 城市轨道交通工程项目原则上应当在可行性研究报告编制前,按照有关规定选择确定运营单位。运营单位应当满足以下条件:

(一)具有企业法人资格,经营范围包括城市轨道交通运营管理;

(二)具有健全的行车管理、客运管理、设施设备管理、人员管理等安全生产管理体系和服务质量保障制度;

(三)具有车辆、通信、信号、供电、机电、轨道、土建结构、运营管理等专业管理人员,以及与运营安全相适应的专业技术人员。

第九条 运营单位应当全程参与城市轨道交通工程项目按照规定开展的不载客试运行,熟悉工程设备和标准,察看系统运行的安全可靠性,发现存在质量问题和安全隐患的,应当督促城市轨道交通建设单位(以下简称建设单位)及时处理。

运营单位应当在运营接管协议中明确相关土建工程、设施设备、系统集成的保修范围、保修期限和保修责任,并督促建设单位将上述内容纳入建设工程质量保修书。

第十条 城市轨道交通工程项目验收合格后,由城市轨道交通运营主管部门组织初期运营前安全评估。通过初期运营前安全评估的,方可依法办理初期运营手续。

初期运营期间,运营单位应当按照设计标准和技术规范,对土建工程、设施设备、系统集成的运行状况和质量进行监控,发现存在问题或者安全隐患的,应当要求相关责任单位按照有关规定或者合同约定及时处理。

第十一条 城市轨道交通线路初期运营期满一年,运营单位应当向城市轨道交通运营主管部门报送初期运营报告,并由城市轨道交通运营主管部门组织正式运营前安全评估。通过安全评估的,方可依法办理正式运营手续。对安全评估中发现的问题,城市轨道交通运营主管部门应当报告城市人民政府,同时通告有关责任单位要求限期整改。

开通初期运营的城市轨道交通线路有甩项工程的,甩项工程完工并验收合格后,应当通过城市轨道交通运营主管部门组织的安全评估,方可投入使用。受客观条件限制难以完成甩项工程的,运营单位应当督促建设单位与设计单位履行设计变更手续。全部甩项工程投入使用或者履行设计变更手续后,城市轨道交通工程项目方可依法办理正式运营手续。

第十二条 运营单位承担运营安全生产主体责任,应当建立安全生产责任制,设置安全生产管理机构,配备专职安全管理人员,保障安全运营所必需的资金投入。

第十三条 运营单位应当配置满足运营需求的从业人员,按相关标准进行安全和技能培训教育,并对城市轨道交通列车驾驶员、行车调度员、行车值班员、信号工、通信工等重点岗位人员进行考核,考核不合格的,不得从事岗位工作。运营单位应当对重点岗位人员进行安全背景审查。

城市轨道交通列车驾驶员应当按照法律法规的规定取得驾驶员职业准入资格。

运营单位应当对列车驾驶员定期开展心理测试,对不符合要求的及时调整工作岗位。

第十四条 运营单位应当按照有关规定,完善风险分级管控和隐患排查治理双重预防制度,建立风险数据库和隐患排查手册,对于可能影响安全运营的风险隐患及时整改,并向城市轨道交通运营主管部门报告。

城市轨道交通运营主管部门应当建立运营重大隐患治理督办制度,督促运营单位采取安全防护措施,尽快消除重大隐患;对非运营单位原因不能及时消除的,应当报告城市人民政府依法处理。

第十五条 运营单位应当建立健全本单位的城市轨道交通运营设施设备定期检查、检测评估、养护维修、更新改造制度和技术管理体系，并报城市轨道交通运营主管部门备案。

运营单位应当对设施设备进行定期检查、检测评估，及时养护维修和更新改造，并保存记录。

第十六条 城市轨道交通运营主管部门和运营单位应当建立城市轨道交通智能管理系统，对所有运营过程、区域和关键设施设备进行监管，具备运行控制、关键设施和关键部位监测、风险管控和隐患排查、应急处置、安全监控等功能，并实现运营单位和各级交通运输主管部门之间的信息共享，提高运营安全管理水平。

运营单位应当建立网络安全管理制度，严格落实网络安全有关规定和等级保护要求，加强列车运行控制等关键系统信息安全保护，提升网络安全水平。

第十七条 城市轨道交通运营主管部门应当对运营单位运营安全管理工作进行监督检查，定期委托第三方机构组织专家开展运营期间安全评估工作。

初期运营前、正式运营前以及运营期间的安全评估工作管理办法由交通运输部另行制定。

第十八条 城市轨道交通运营主管部门和运营单位应当建立城市轨道交通运营信息统计分析制度，并按照有关规定及时报送相关信息。

第三章 运营服务

第十九条 运营单位应当按照有关标准为乘客提供安全、可靠、便捷、高效、经济的服务，保证服务质量。

运营单位应当向社会公布运营服务质量承诺并报城市轨道交通运营主管部门备案，定期报告履行情况。

第二十条 运营单位应当根据城市轨道交通沿线乘客出行规律及网络化运输组织要求，合理编制运行图，并报城市轨道交通运营主管部门备案。

运营单位调整运行图严重影响服务质量的，应当向城市轨道交通运营主管部门说明理由。

第二十一条 运营单位应当通过标识、广播、视频设备、网络等多种方式按照下列要求向乘客提供运营服务和安全应急等信息：

（一）在车站醒目位置公布首末班车时间、城市轨道交通线网示意图、进出站指示、换乘指示和票价信息；

（二）在站厅或者站台提供列车到达、间隔时间、方向提示、周边交通方式换乘、安全提示、无障碍出行等信息；

（三）在车厢提供城市轨道交通线网示意图、列车运行方向、到站、换乘、开关车门提示等信息；

（四）首末班车时间调整、车站出入口封闭、设施设备故障、限流、封站、甩站、暂停运营等非正常运营信息。

第二十二条 城市轨道交通票价制定和调整按照国家有关规定执行。

城市轨道交通运营主管部门应当按照有关标准组织实施交通一卡通在轨道交通的建设与推广应用，推动跨区域、跨交通方式的互联互通。

第二十三条 城市轨道交通运营主管部门应当制定城市轨道交通乘客乘车规范，乘客应当遵守。拒不遵守的，运营单位有权劝阻和制止，制止无效的，报告公安机关依法处理。

第二十四条 城市轨道交通运营主管部门应当通过乘客满意度调查等多种形式，定期对运营单位服务质量进行监督和考评，考评结果向社会公布。

第二十五条 城市轨道交通运营主管部门和运营单位应当分别建立投诉受理制度。接到乘客投诉后，应当及时处理，并将处理结果告知乘客。

第二十六条 乘客应当持有效乘车凭证乘车，不得使用无效、伪造、变造的乘车凭证。运营单位有权查验乘客的乘车凭证。

第二十七条 乘客及其他人员因违法违规行为对城市轨道交通运营造成严重影响的，应当依法追究责任。

第二十八条 鼓励运营单位采用大数据分析、移动互联网等先进技术及有关设施设备，提升服务品质。运营单位应当保证乘客个人信息的采集和使用符合国家网络和信息安全有关规定。

第四章 安全支持保障

第二十九条 城市轨道交通工程项目应当按照规定划定保护区。

开通初期运营前，建设单位应当向运营单位提供保护区平面图，并在具备条件的保护区设置提示或者警示标志。

第三十条 在城市轨道交通保护区内进行下列作业的，作业单位应当按照有关规定制定安全防护方案，经运营单位同意后，依法办理相关手续并对作业影响区域进行动态监测：

（一）新建、改建、扩建或者拆除建（构）筑物；

（二）挖掘、爆破、地基加固、打井、基坑施工、桩基础施工、钻探、灌浆、喷锚、地下顶进作业；

（三）敷设或者搭架管线、吊装等架空作业；

（四）取土、采石、采砂、疏浚河道；

（五）大面积增加或者减少建（构）筑物载荷的活动；

（六）电焊、气焊和使用明火等具有火灾危险作业。

第三十一条 运营单位有权进入作业现场进行巡查，发现危及或者可能危及城市轨道交通运营安全的情形，运营单位有权予以制止，并要求相关责任单位或者个人采取措施消除妨害；逾期未改正的，及时报告有关部门依法处理。

第三十二条 使用高架线路桥下空间不得危害城市轨道交通运营安全，并预留高架线路桥梁设施日常检查、检测和养护维修条件。

地面、高架线路沿线建（构）筑物或者植物不得妨碍行车瞭望，不得侵入城市轨道交通线路的限界。沿线建（构）筑物、植物可能妨碍行车瞭望或者侵入线路限界的，责任单位应当及时采取措施消除影响。责任单位不能消除影响，危及城市轨道交通运营安全、情况紧急的，运营单位可以先行处置，并及时报告有关部门依法处理。

第三十三条 禁止下列危害城市轨道交通运营设施设备安全的行为：

（一）损坏隧道、轨道、路基、高架、车站、通风亭、冷却塔、变电站、管线、护栏护网等设施；

（二）损坏车辆、机电、电缆、自动售检票等设备，干扰通信信号、视频监控设备等系统；

（三）擅自在高架桥梁及附属结构上钻孔打眼，搭设电线或者其他承力绳索，设置附着物；

（四）损坏、移动、遮盖安全标志、监测设施以及安全防护设备。

第三十四条 禁止下列危害或者可能危害城市轨道交通运营安全的行为：

（一）拦截列车；

（二）强行上下车；

（三）擅自进入隧道、轨道或者其他禁入区域；

（四）攀爬或者跨越围栏、护栏、护网、站台门等；

（五）擅自操作有警示标志的按钮和开关装置，在非紧急状态下动用紧急或者安全装置；

（六）在城市轨道交通车站出入口 5 m 范围内停放车辆、乱设摊点等，妨碍乘客通行和救援疏散；

（七）在通风口、车站出入口 50 m 范围内存放有毒、有害、易燃、易爆、放射性和腐蚀性等物品；

（八）在出入口、通风亭、变电站、冷却塔周边躺卧、留宿、堆放和晾晒物品；

（九）在地面或者高架线路两侧各 100 m 范围内升放风筝、气球等低空飘浮物体和无人机等低空飞行器。

第三十五条 在城市轨道交通车站、车厢、隧道、站前广场等范围内设置广告、商业设施的，不得影响正常运营，不得影响导向、提示、警示、运营服务等标识识别、设施设备使用和检修，不得挤占出入口、通道、应急疏散设施空间和防火间距。

城市轨道交通车站站台、站厅层不应设置妨碍安全疏散的非运营设施。

第三十六条 禁止乘客携带有毒、有害、易燃、易爆、放射性、腐蚀性以及其他可能危及人身和财产安全的危险物品进站、乘车。运营单位应当按规定在车站醒目位置公示城市轨道交通禁止、限制携带物品目录。

第三十七条 各级城市轨道交通运营主管部门应当按照职责监督指导运营单位开展反恐防范、安检、治安防范和消防安全管理相关工作。

鼓励推广应用安检新技术、新产品，推动实行安检新模式，提高安检质量和效率。

第三十八条 交通运输部应当建立城市轨道交通重点岗位从业人员不良记录和乘客违法违规行为信息库，并按照规定将有关信用信息及时纳入交通运输和相关统一信用信息共享平台。

第三十九条 鼓励经常乘坐城市轨道交通的乘客担任志愿者，及时报告城市轨道交通运营安全问题和隐患，检举揭发危害城市轨道交通运营安全的违法违规行为。运营单位应当对志愿者开展培训。

第五章 应急处置

第四十条 城市轨道交通所在地城市及以上地方各级人民政府应当建立运营突发事件处置工作机制，明确相关部门和单位的职责分工、工作机制和处置要求，制定完善运营突发事件应急预案。

运营单位应当按照有关法规要求建立运营突发事件应急预案体系，制定综合应急预案、专项应急预案和现场处置方案。运营单位应当组织专家对专项应急预案进行评审。

因地震、洪涝、气象灾害等自然灾害和恐怖袭击、刑事案件等社会安全事件以及其他因素影响或者可能影响城市轨道交通正常运营时，参照运营突发事件应急预案做好监测预警、信息报告、应急响应、后期处置等相关应对工作。

第四十一条 运营单位应当储备必要的应急物资，配备专业应急救援装备，建立应急救援队伍，配齐应急人员，完善应急值守和报告制度，加强应急培训，提高应急救援能力。

第四十二条 城市轨道交通运营主管部门应当按照有关法规要求，在城市人民政府领导下会同有关部门定期组织开展联动应急演练。

运营单位应当定期组织运营突发事件应急演练，其中综合应急预案演练和专项应急预案演练每半年至少组织一次。现场处置方案演练应当纳入日常工作，开展常态化演练。运营单位应当组织社会公众参与应急演练，引导社会公众正确应对突发事件。

第四十三条 运营单位应当在城市轨道交通车站、车辆、地面和高架线路等区域的醒目位置设置安全警示标志，按照规定在车站、车辆配备灭火器、报警装置和必要的救生器材，并确保能够正常使用。

第四十四条 城市轨道交通运营突发事件发生后，运营单位应当按照有关规定及时启动相应应急预案。运营单位应当充分发挥志愿者在突发事件应急处置中的作用，提高乘客自救互救能力。

现场工作人员应当按照各自岗位职责要求开展现场处置，通过广播系统、乘客信息系统和人工指引等方式，引导乘客快速疏散。

第四十五条 运营单位应当加强城市轨道交通客流监测。可能发生大客流时，应当按照预案要求及时增加运力进行疏导；大客流可能影响运营安全时，运营单位可以采取限流、封站、甩站等措施。

因运营突发事件、自然灾害、社会安全事件以及其他原因危及运营安全时，运营单位可以暂停部分区段或者全线网的运营，根据需要及时启动相应应急保障预案，做好客流疏导和现场秩序维护，并报告城市轨道交通运营主管部门。

运营单位采取限流、甩站、封站、暂停运营措施应当及时告知公众，其中封站、暂停运营措施还应当向城市轨道交通运营主管部门报告。

第四十六条 城市轨道交通运营主管部门和运营单位应当建立城市轨道交通运营安全重大故障和事故报送制度。

城市轨道交通运营主管部门和运营单位应当定期组织对重大故障和事故原因进行分析，不断完善城市轨道交通运营安全管理制度以及安全防范和应急处置措施。

第四十七条 城市轨道交通运营主管部门和运营单位应当加强舆论引导，宣传文明出行、安全乘车理念和突发事件应对知识，培养公众安全防范意识，引导理性应对突发事件。

第六章 法律责任

第四十八条 违反本规定第十条、第十一条，城市轨道交通工程项目（含甩项工程）未经安全评估投入运营的，由城市轨道交通运营主管部门责令限期整改，并对运营单位处以2万元以上3万元以下的罚款，同时对其主要负责人处以1万元以下的罚款；有严重安全隐患的，城市轨道交通运营主管部门应当责令暂停运营。

第四十九条 违反本规定，运营单位有下列行为之一的，由城市轨道交通运营主管部门责令限期改正；逾期未改正的，处以5 000元以上3万元以下的罚款，并可对其主要负责人处以1万元以下的罚款：

（一）未全程参与试运行；

（二）未按照相关标准对从业人员进行技能培训教育；

（三）列车驾驶员未按照法律法规的规定取得职业准入资格；

（四）列车驾驶员、行车调度员、行车值班员、信号工、通信工等重点岗位从业人员未经考核上岗；

（五）未按照有关规定完善风险分级管控和隐患排查治理双重预防制度；

（六）未建立风险数据库和隐患排查手册；

（七）未按要求报告运营安全风险隐患整改情况；

（八）未建立设施设备检查、检测评估、养护维修、更新改造制度和技术管理体系；

（九）未对设施设备定期检查、检测评估和及时养护维修、更新改造；

（十）未按照有关规定建立运营突发事件应急预案体系；

（十一）储备的应急物资不满足需要，未配备专业应急救援装备，或者未建立应急救援队伍、配齐应急人员；

（十二）未按时组织运营突发事件应急演练。

第五十条 违反本规定第十八条、第四十六条，运营单位未按照规定上报城市轨道交通运营相关信息或者运营安全重大故障和事故的，由城市轨道交通运营主管部门责令限期改正；逾期未改正的，处以5 000元以上3万元以下的罚款。

第五十一条 违反本规定，运营单位有下列行为之一，由城市轨道交通运营主管部门责令限期改正；逾期未改正的，处以1万元以下的罚款：

（一）未向社会公布运营服务质量承诺或者定期报告履行情况；

（二）运行图未报城市轨道交通运营主管部门备案或者调整运行图严重影响服务质量的，未向城市轨道交通运营主管部门说明理由；

（三）未按规定向乘客提供运营服务和安全应急等信息；

（四）未建立投诉受理制度，或者未及时处理乘客投诉并将处理结果告知乘客；

（五）采取的限流、甩站、封站、暂停运营等措施，未及时告知公众或者封站、暂停运营等措施未向城市轨道交通运营主管部门报告。

第五十二条 违反本规定第三十二条，有下列行为之一，由城市轨道交通运营主管部门责令相关责任人和单位限期改正、消除影响；逾期未改正的，可以对个人处以5 000元以下的罚款，对单位处以3万元以下的罚款；造成损失的，依法承担赔偿责任；情节严重构成犯罪的，依法追究刑事责任：

（一）高架线路桥下的空间使用可能危害运营安全的；

（二）地面、高架线路沿线建（构）筑物或者植物妨碍行车瞭望、侵入限界的。

第五十三条 违反本规定第三十三条、第三十四条，运营单位有权予以制止，并由城市轨道交通运营主管部门责令改正，可以对个人处以5 000元以下的罚款，对单位处以3万元以下的罚款；违反治安管理规定的，由公安机关依法处理；构成犯罪的，依法追究刑事责任。

第五十四条 城市轨道交通运营主管部门不履行本规定职责造成严重后果的，或者有其他滥用职权、玩忽职守、徇私舞弊行为的，对负有责任的领导人员和直接责任人员依法给予处分；构成犯罪的，依法追究刑事责任。

第五十五条 地方性法规、地方政府规章对城市轨道交通运营违法行为需要承担的法律责任与本规定有不同规定的，从其规定。

附录 F　轨道交通票务规则

第一章　总则

第一条　为使广大市民遵守轨道交通票务管理规定，明晰重庆轨道交通系统收费标准及票务处理原则，根据《重庆市轨道交通条例》、重庆市物价局《关于轨道交通一、三号线票价的通知》（渝价〔2011〕249号）及《重庆市轨道交通乘坐规则》（渝交法〔2019〕1号）等相关规定，制订本规则。

第二章　基本票制

第二条　实行里程计价、递远递减的计程票价：乘客乘坐轨道交通1次，在180 min内，按照乘坐里程计算票价。最低票价2元，最高票价10元。票价标准为：起步价2元[0～6 km（含）]，3元[6～11 km（含）]，4元[11～17 km（含）]，5元[17～24 km（含）]，6元[24～32 km（含）]，7元[32～41 km（含）]，8元[41～51 km（含）]，9元[51～63 km（含）]，10元[63 km以上]。

第三章　车票管理

第三条　车票种类。

（一）单程票：乘客购买后，限本站当日1次乘车使用，出闸时回收。单程票仅限单人、单次于车票发售当日限时使用，仅限于购票站进闸，不能挂失。乘客持票超程或超时出闸，需按规定补票。

（二）纪念票：根据重大节日或有纪念意义的活动，有计划发行的车票，其使用规则以当次发行票卡规定为准。纪念票售出后概不退换，在规定的有效期内限单人使用，车票不回收、不可挂失。

（三）定次票：发行时限定使用次数，在有效期内限单人使用。车票不回收、不挂失、不退票。

（四）计期票：发行时限定有效使用期，在有效期内限单人不限乘车次数使用。车票不回收、不挂失、不退票。

（五）畅通卡：由重庆城市通卡支付有限责任公司发行，包括畅通卡普通卡、免费卡（含敬老卡和爱心卡）、爱心优惠卡以及需开通电子钱包功能后才可乘坐轨道交通的学生卡、成人优惠卡等。畅通卡各类票卡购买及使用参照重庆城市通卡支付有限责任公司相关规定执行，乘坐轨道交通限单人使用。

第四条　车票有效期。

（一）单程票：在乘客购买车票的当日、当次使用有效。

（二）纪念票：根据车票标注的有效期确定，超过有效期或规定次数车票失效。

（三）定次票：根据车票标注的有效期确定，超过有效期或规定次数车票失效。

（四）计期票：根据车票标注的有效期确定，超过有效期车票失效。

（五）畅通卡：根据重庆城市通卡支付有限责任公司相关规定执行。

第五条 车票优惠政策。

（一）畅通普通卡、开通电子钱包功能的成人优惠卡，乘车可享受单程票价9折优惠。

（二）开通电子钱包功能的学生卡乘车可享受单程票价的5折优惠。

（三）残疾军人、因公致残的人民警察、盲人持有效证件免费乘坐轨道交通。

（四）本市行政区域内年满65周岁的老人持有效证件免费乘坐轨道交通；其他一级二级残疾人凭有效证件办理免费卡，凭卡免费乘车；三级四级残疾人凭残疾人证办理爱心优惠卡半价乘车；残疾人携带随身必备的辅助器具应予免费。

（五）身高1.3 m（含）以下的儿童免费乘坐轨道交通，若为学龄前儿童须有人监护陪同方可免费乘坐轨道交通。

（六）乘客持同1张"畅通卡"使用电子钱包时，在规定时间内可在主城区轨道交通与公共汽车之间，实行相互优惠换乘。具体的优惠政策参照相关规定执行。

第四章 车票使用规定

第六条 车票的购买及使用范围。

（一）乘客在车站可通过现金或扫码支付方式购买单程票。

（二）实行1人1票。

（三）身高超过1.3 m的儿童须购全额车票。

（四）每位乘客携带的物品重量不得超过20 kg，长、宽、高之和不得超过2 m。超过上述规定的，不得携带进闸、乘车。

（五）乘客凭有效车票通过刷卡进闸乘车，凭同1张车票刷卡出闸。

（六）需要报销凭证的乘客，可在购票或充值的车站索取报销凭证。

第七条 超时乘车规定。

乘客每次乘车从入闸到出闸，时限为180 min。超过时限，须按线网最高票价另交全额超时车费（轨道交通原因导致的除外）。

第八条 超程乘车规定。

单程票车资不足以支付所到达车站的实际车费时，需补交超程车费（轨道交通原因导致的除外）。

第九条 超时、超程乘车规定。

乘客乘坐1个车程既超时、又超程，须按线网最高票价另交全额车费（轨道交通原因导致的除外）。

第十条 车票损坏及遗失规定。

乘客进入进站闸机后，遗失车票、人为损坏车票、使用过期、伪造、涂改车票或者利用其他欺骗手段乘车的，视为无票或持无效车票乘车，需按线网最高票价另交全额车费。

第十一条 车票进、出次序错误处理规定。

车票已有进闸记录而乘客未进闸的，可在20 min内在发售站免费办理消除记录手续；从有进闸记录之时起超过20 min乘客未进闸的，单程票作废，由车站予以回收，乘客需重新购票；畅通卡车票按所使用车票种类的最低单程票价支付车费。

第十二条 畅通卡使用规定。

使用畅通卡乘坐轨道交通，应遵守重庆城市通卡支付有限责任公司相关使用规定。畅通卡在使用过程中出现异常时，由重庆城市通卡支付有限责任公司负责处理。若畅通卡余额不足时，应先在轨道交通车站票亭或自动售票机充值再刷卡出闸。也可购买同程单程票。

第十三条 退票规定。

（一）单程票：当日售出且无入站信息的单程票，乘客可在售出车站按购入价值退票；轨道交通因故障不能正常运行的，可为乘客办理退票。

（二）纪念票、定次票、计期票：一经售出不退票。

参考文献

[1] 汪武芽. 城市轨道交通概论[M]. 北京：机械工业出版社，2020.

[2] 张宝生. 城市轨道交通概论[M]. 北京：机械工业出版社，2019.

[3] 杨旭丽. 城市轨道交通应急处置[M]. 上海：上海交通出版社，2018.

[4] 李宇辉. 城市轨道交通应急处置[M]. 北京：人民交通出版社，2017.

[5] 王博. 城市轨道交通应急处置[M]. 上海：上海交通出版社，2017.

[6] 曲秋莳. 城市轨道交通车站设备[M]. 北京：人民交通出版社，2016.

[7] 操杰. 城市轨道交通车站行车工作[M]. 北京：人民交通出版社，2014.

[8] 王明生. 城市轨道交通概论[M]. 北京：人民交通出版社，2012.

[9] 张莹. 城市轨道交通供电技术[M]. 北京：人民交通出版社，2010.

[10] 杨艳娟，徐永能，任宇超. 城市轨道交通信号设备故障应急处理措施[J]. 科技与创新，2018（12）：94-95.

[11] 王海荣. 地铁道岔故障下的行车组织探讨[J]. 现代城市轨道交通，2015（5）：55-58.

[12] 孙文海，李斌兵. 地铁火灾应急预案的制定[J]. 武警学院学报，2010（4）：19-22.

[13] 郭小蕊，陈念，廖贞星.城市轨道交通应急处置[M]. 成都：西南交通大学出版社，2021.